山城翠香

短命のジャーナリスト

高良勉 編著

不二出版

←①近代沖縄が生んだジャーナリスト・評論家・思想家山城翠香。その生涯はほとんど知られていなかった。

←②明治39年か42年、弟・長秀が仙台へ旅立つ前の記念撮影。後列左から弟・長秀、翠香、長秀の妻尚子（伊波普猷の妹）、前列中央が妻カナ。

→③明治維新後、琉球王府が明治政府へ初めて派遣した「維新慶賀使」。後列左が翠香ら山城家のルーツ、山里親雲上。

←④八重山時代に翠香を援助したと思われる伊波普助（後列中央）と山城長秀（同右）、尚子（前列左）夫妻。

→⑤山城長秀夫婦

⑥伊波　普猷
（尚子の兄・登のおじ）

⑦山城　尚子

⑧伊波　普助

⑨山城　長秀

→⑩伊波月城。伊波と翠香は世界同時性的な思想・感性を持っていた。

←⑪末吉麦門冬。麦門冬は、和漢折衷の文語体を基調にした翠香の文体について、「いつも長いので後回しにする」と語っていた。

↑翠香と親しい間柄にあった⑫山城正忠（左）と⑬島袋全発（右）

←⑭自叙伝「年月とともに」で河上肇と伊波普猷の親交を指摘した比嘉春潮。写真は「沖縄朝日新聞」記者当時。

←⑮田岡嶺雲。嶺雲の死に対し翠香は熱い追悼の辞を寄せた。

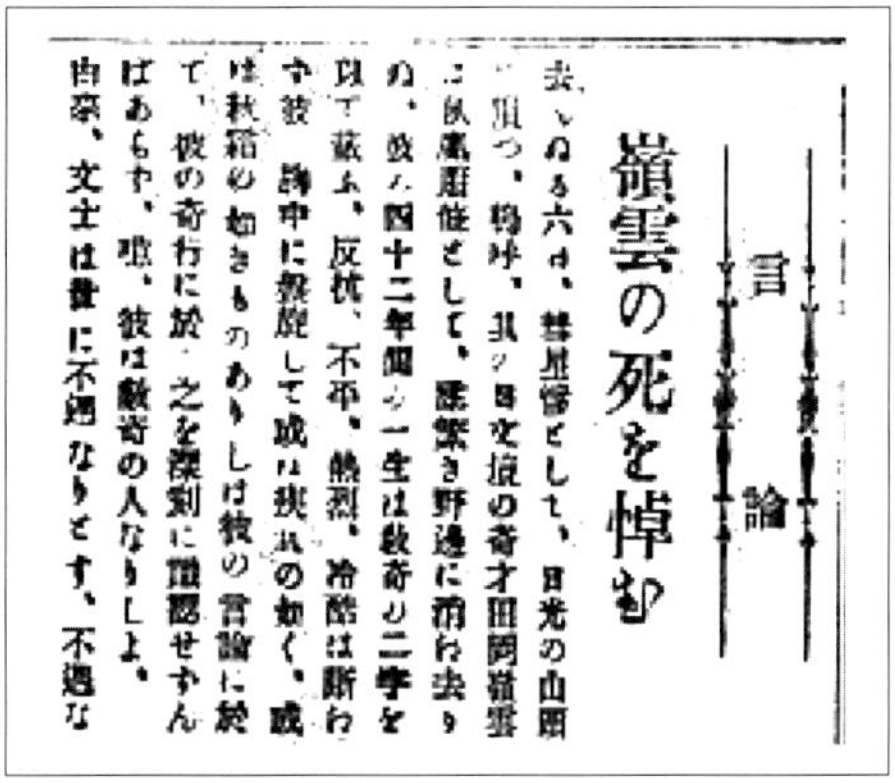

言論

嶺雲の死を悼む

去ぬる六日、彗星然として、日光の山間に消つ、嗚呼、其の日文壇の奇才田岡嶺雲は飄颻として、[illegible]き野辺に消え去りぬ、彼が四十二年間の一生は数奇の二字を以て蔽ふ、反抗、不平、熱烈、冷酷は断わず彼が胸中に盤旋して或は[illegible]の如く、或は秋霜の如きものありしは彼の言論に於て、彼の奇行に於て、之を深刻に[illegible]せずんばあらず、噫、彼は数奇の人なりしよ。由來、文士は常に不遇なりとす、不遇な

↑⑯山城翠香「嶺雲の死を悼む」（『沖縄毎日新聞』大正元年９月22日）

本書107〜108頁収録

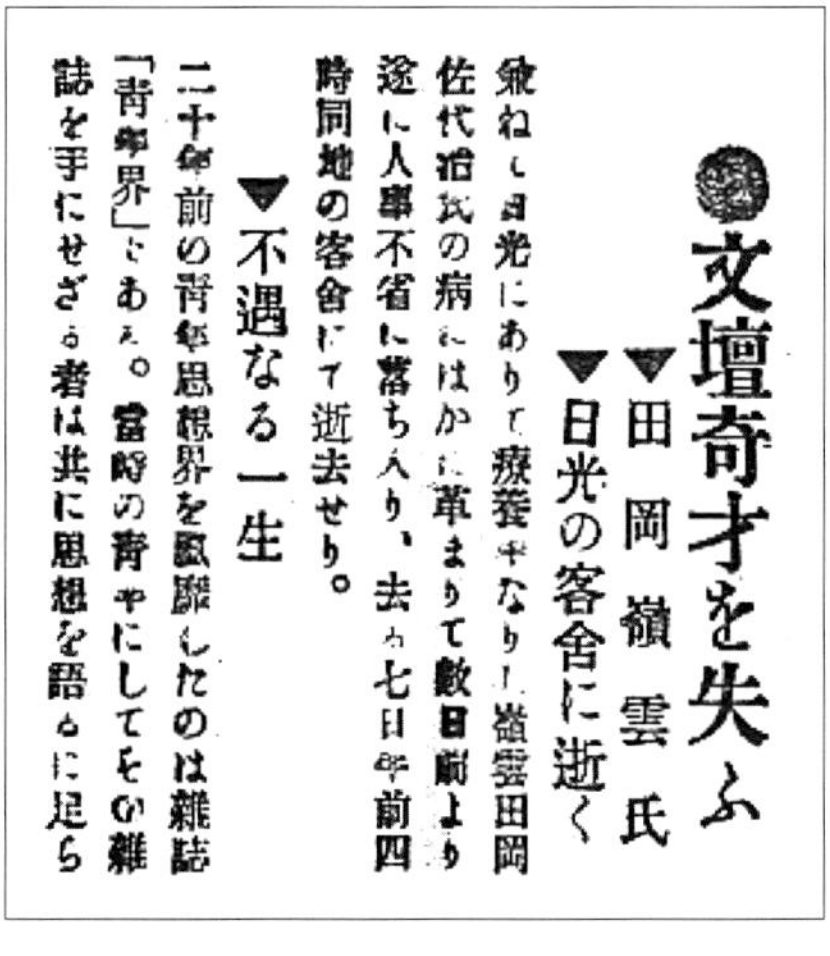

文壇奇才を失ふ

▼田岡嶺雲氏

▼日光の客舎に逝く

兼ねて日光にありて療養中なりし嶺雲田岡佐代治氏の病にはかに革まりて数日前より遂に人事不省に落ち入り、去る七日午前四時同地の客舎にて逝去せり。

▼不遇なる一生

二十年前の青年思想界を風靡したのは雑誌「青年界」である。当時の青年にしてその雑誌を手にせざる者は共に思想を語るに足ら

←⑰山城翠香「文壇奇才を失ふ」（『沖縄毎日新聞』大正元年９月20日）

本書109〜110頁収録

→⑱「舌禍事件」で沖縄を追われるように離れた河上肇。翠香は伊波月城とともに彼を擁護した。

←⑲河上の講演「矛盾と調和」が行われた久米の明倫堂。

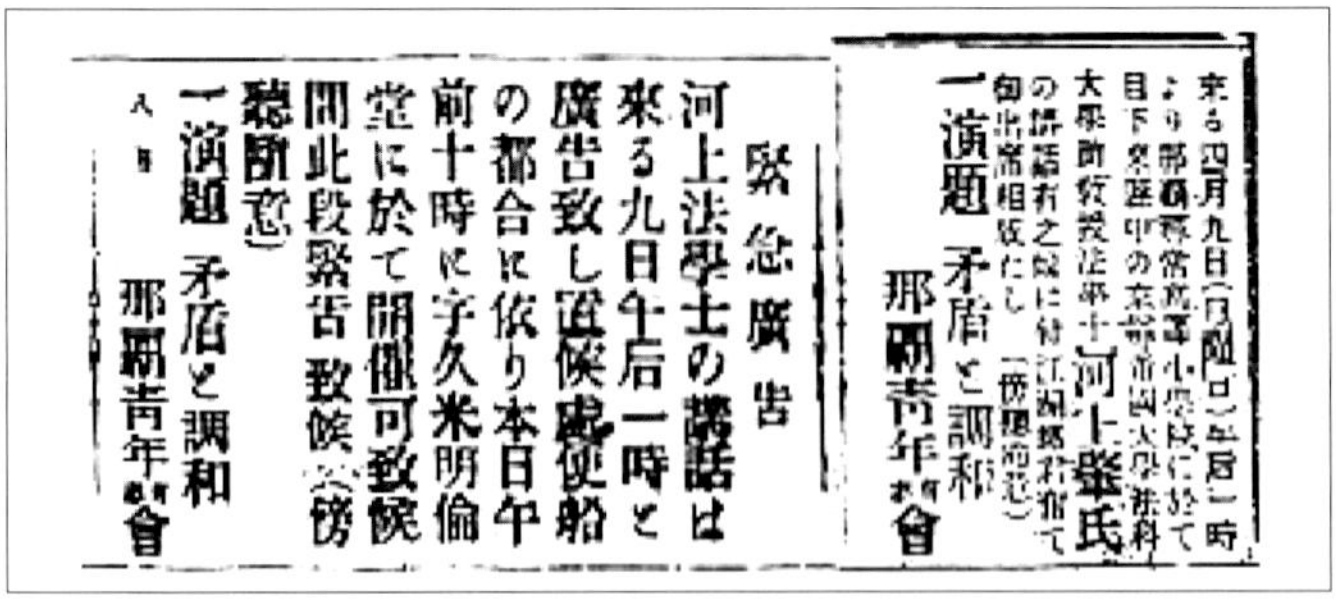

來る四月九日（日曜日）午后一時より那覇尋常高等小學校に於て目下來遊中の京都帝國大學法科大學教授法學士河上肇氏の講話有之候に付江湖諸君揃て御出席相成たし（傍聽隨意）

一演題 矛盾と調和

那覇青年會

緊急廣告

河上法學士の講話は來る九日午后一時と廣告致し置候處便船の都合に依り本日午前十時に字久米明倫堂に於て開催可致候間此段緊告致候（傍聽隨意）

一演題 矛盾と調和

那覇青年會

↑⑳「沖縄毎日新聞」に掲載された河上肇の講演の広告。場所と日時が変更されている。

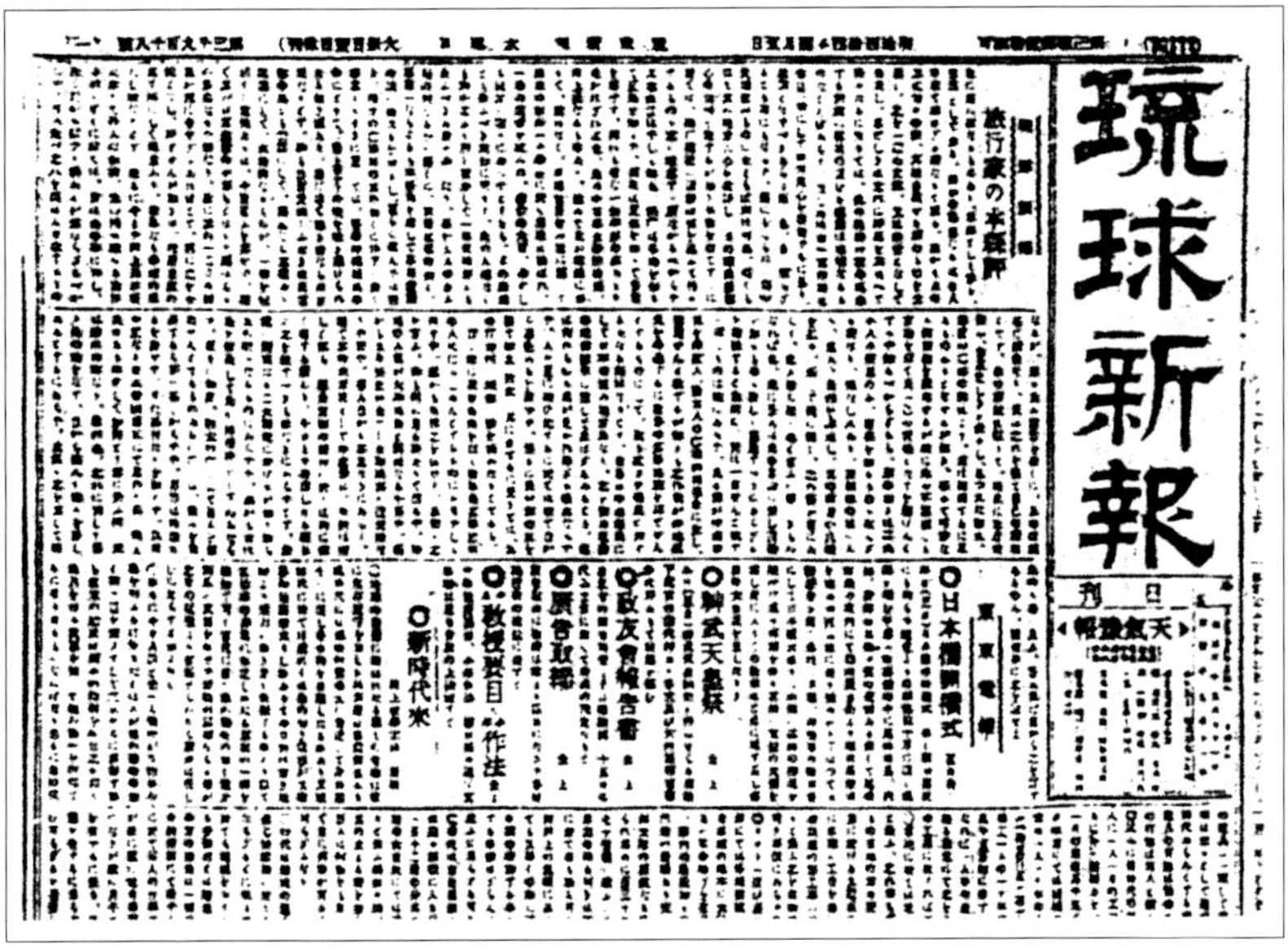

↑㉑河上肇の発言に対して「旅行家の本県評」と題して、批判記事が掲載された『琉球新報』明治44年４月５日の紙面。

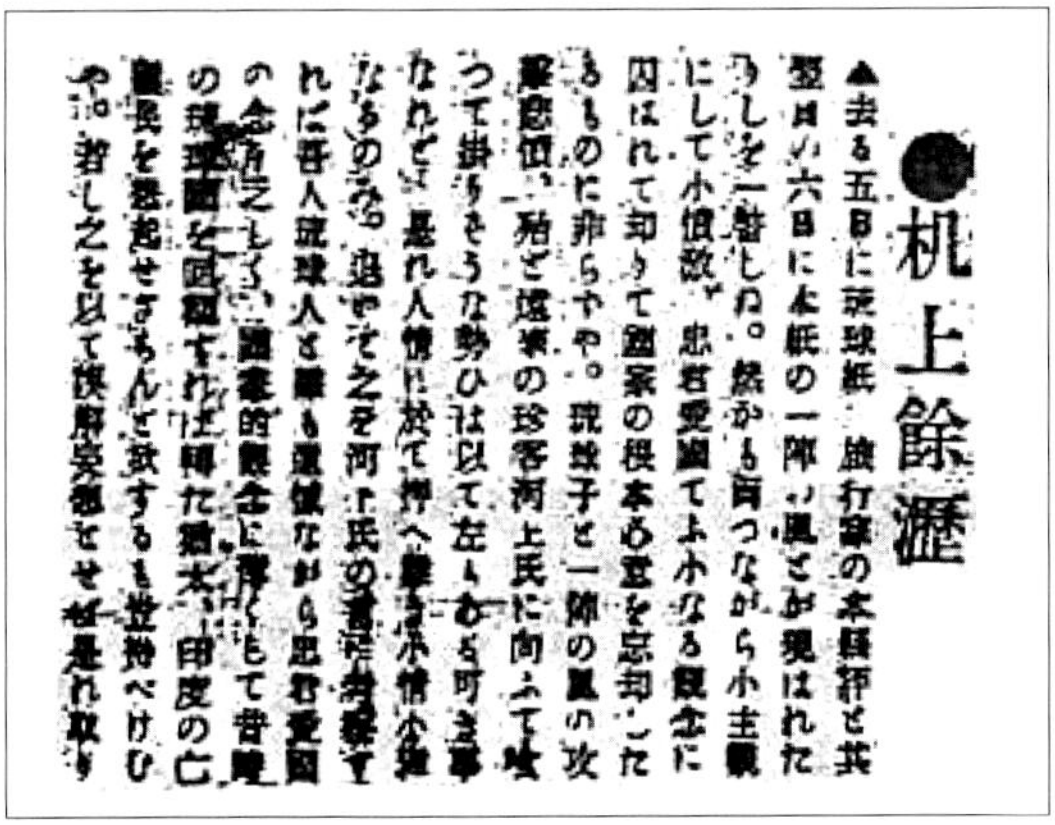

↑㉒『琉球新報』などの河上攻撃に対して、翠香が批判を加えた常設コラム「机上餘瀝」

（『沖縄毎日新聞』明治44年４月８日）

本書「Ⅱ「机上餘瀝」抄」（67〜92頁）に収録

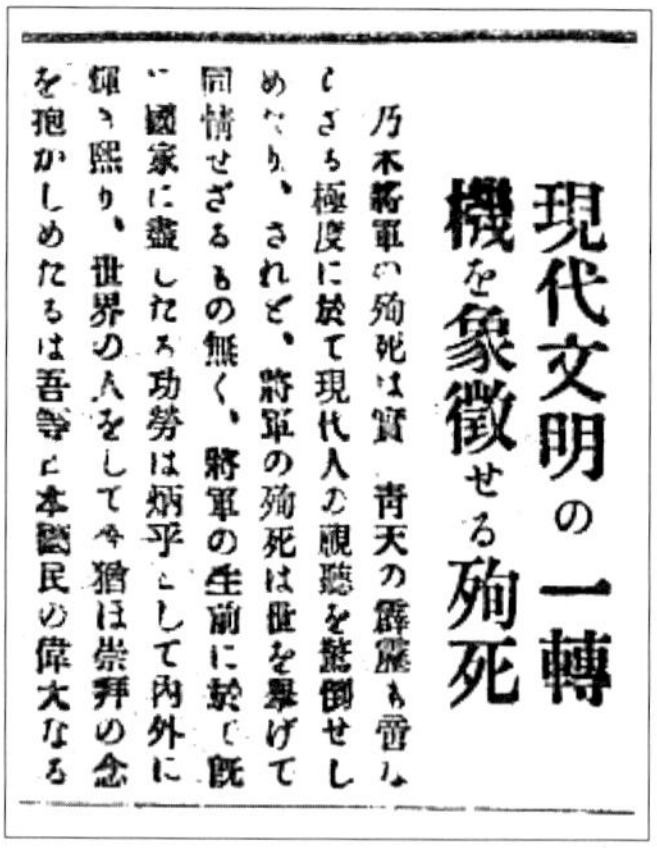

現代文明の一轉機を象徴せる殉死

乃木將軍の殉死は實に青天の霹靂も啻ならざる極度に於て現代人の視聽を聳動せしめたり、されど、將軍の殉死は世を擧げて同情せざるもの無く、將軍の生前に於て既に國家に盡したる功勞は炳乎として内外に輝き照り、世界の人をして今猶ほ崇拜の念を抱かしめたるは吾等日本國民の偉大なる

→㉓翠香「現代文明の一転機を象徴せる殉死」（『沖縄毎日新聞』大正元年９月26日）

本書155〜156頁収録

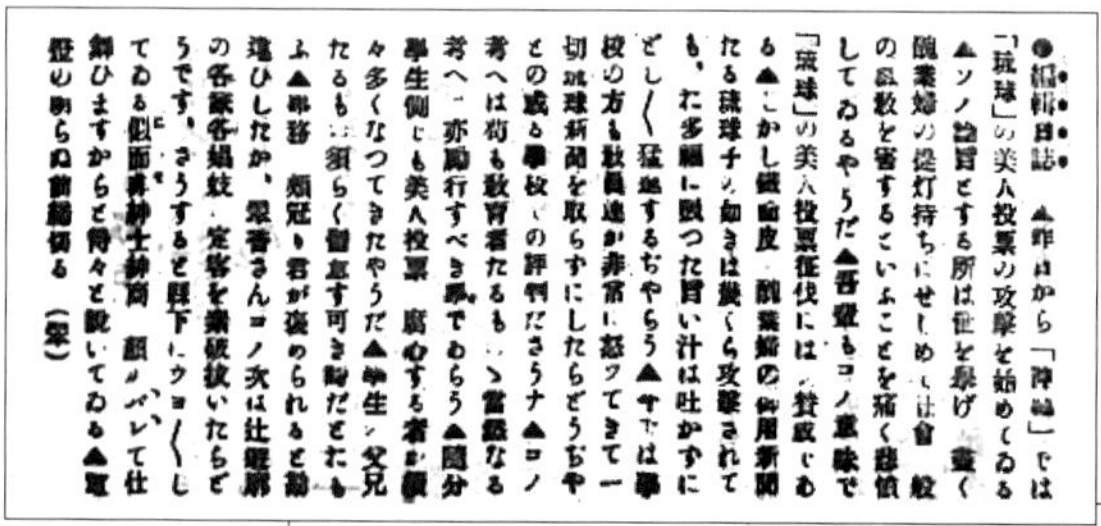

●編輯日誌　▲昨日から「沖縄」では「琉球」の美人投票の攻撃を始めてゐる▲ソノ論旨とする所は世を擧げ盡く醜業婦の提灯持ちにせしめ、社會一般の風紀を害するといふことを痛く悲憤してゐるやうだ▲吾輩もコノ意味で「琉球」の美人投票征伐には一賛成であるが▲しかし鐵面皮、醜業婦の御用新聞たる琉球子の如きは幾くら攻撃されても、た多寡に酔つた甘い汁は吐かずにどし／＼猛進するぢやらう▲すでは學校の方も教員連が非常に怒つてきて一切琉球新聞を取らずにしたらどうぢやとの或る學校での評判だそうナ▲コノ考へは苟も教育者たるものゝ當然なる考へで亦斷行すべき事であらう▲國分學生側でも美人投票腐心する者が頗る多くなつてきたやうだ▲學生の父兄たるものは須らく留意す可き點だとたもふ▲那覇、頰冠り君が褒められると勘違ひしたか、翠香さんコノ次は辻遊廓の各家各娼妓、定客を素破抜いたらどうです、さうすると胆下にウヨ／＼してゐる假面紳士紳商、頗るバレて仕舞ひますからと得々と説いてゐる▲蓋世の明らぬ前總領（翠）

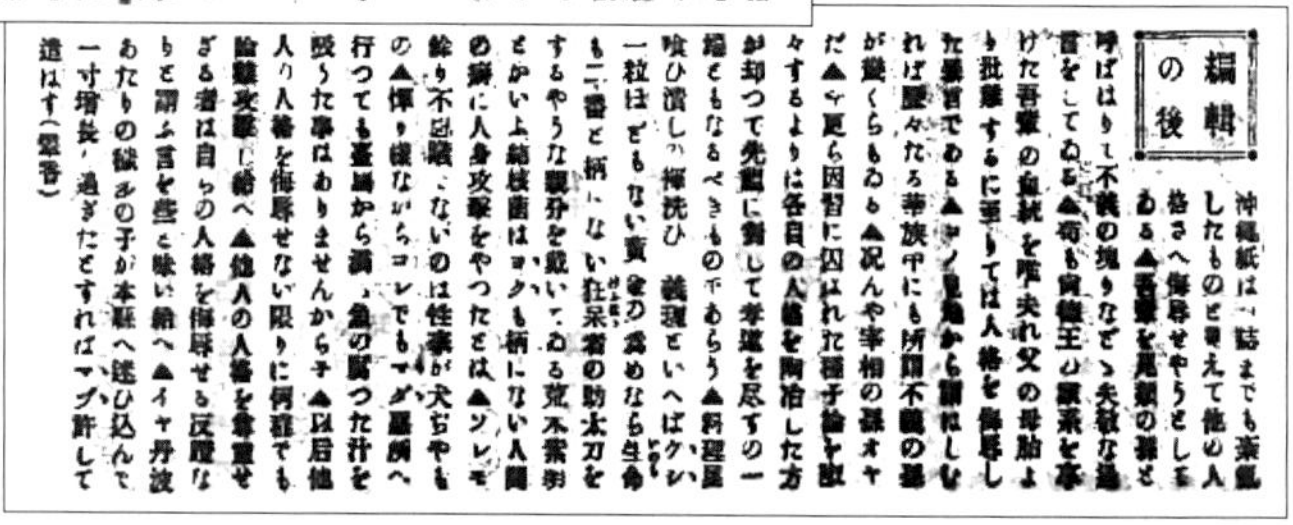

編輯の後

沖縄紙は一時までも楽観したものと見えて他の人格さへ侮辱せやうとしてゐる▲吾輩を見越の雑さ呼ばはりして不義の塊りなどゝ失敬な言を吐いてゐる▲苟も貴様王の眷系を享けた吾輩の血統を唾失れ父の母胎より批難するに至りては人格を侮辱した暴言である▲コノ見地から論ずれば歴々たる華族中にも所謂不義の暴が幾くらもゐる▲況んや宰相の孫オヤだ▲今更ら因習に囚はれた種子論を敵々するよりは各自の人格を陶冶した方が却つて先覺に對して孝道を盡すの一端ともなるべきものであらう▲料理屋一粒はどもない貢食の爲めなら生命も二番と柄にない狂呆者の助太刀をするやうな職分を取いてゐる荒不案内とかいふ紬披歯はヨクも柄にない人間の辯に人身攻撃をやつたぞは▲ソレモ餘り不認識ないのは性來が犬ぢやもの▲憚り様ながらコレでもマダ瘋癲へ行つても量漏から漏いた汁を啜つた事はありませんからチ▲以居他人の人格を侮辱せない限りに何程でも論難攻撃に給へ▲他人の人格を尊重せざる者は自らの人格を侮辱せる反證なりと謂ふ言を些と味い給へ▲イヤ丹波あたりの猿の子が本紙へ迷ひ込んで一寸増長し過ぎたとすればマア許して遣はす（翠香）

↑㉔「編輯日誌」「編輯の後」

（『沖縄毎日新聞』明治44年３月14日〜同45年６月29日）

本書203〜232頁収録

沖縄毎日新聞掲載（創刊 明治四十一年十二月十日 廃刊 大正三年三月三日）

翠香山城長馨著

机上餘瀝

―翠香の遺稿―

→㉕翠香の二男長正氏によって、自費出版された翠香の常設コラム『机上餘瀝』の単行本

高良 勉編著『山城翠香――短命のジャーナリスト――』目次

〈Ⅱ〉『机上餘瀝』抄

凡例（〈Ⅱ〉「机上餘瀝」抄／〈Ⅲ〉山城翠香セレクション／〈Ⅳ〉「編輯日誌」「編輯の後」一覧）

一、現資料中の旧漢字、異体字および変体仮名等は、新漢字および平仮名、片仮名に改めることを原則とした。ただし旧仮名づかいの表記は原文のままとした。

二、原文にルビが無い漢字も難読と思われるものには、編者が適宜、振り仮名を付した。原文引用中における（）内の振り仮名は編者が付したものである。

三、地名、人名等についても、原則として新漢字に改めた。

四、判読不能な文字については字数分の□で示した。なお、そのうち『田岡嶺雲全集』第五巻（法政大学出版局、一九六五年十一月）、および山城長正『机上餘瀝――翠香の遺稿――』（自費出版、一九八八年三月）を参照して文字を施した箇所がある。

五、明らかな誤記・誤植は訂正を施した。

六、句点と思われる箇所に読点が入っている場合は句点に改めた。また、適宜、句読点を補った箇所がある。

七、引用資料文中には、今日の人権擁護の見地に照らして不適当と思われる語句や表現があるが、発表時の時代的背景を考え合わせ、また著者（山城翠香）が故人であるという事情に鑑み、初出のまま収録した。

〈序文〉　奇跡的に　―まえがき―

あれから、三〇年が経った。私は、一九九四年に『沖縄タイムス』紙の企画「人物列伝　沖縄の言論百年」で「山城翠香」評伝を担当し、三四回にわたって連載した。その原稿と新聞コピーは、私の書庫で眠ったママであった。

その後、二〇〇七年に沖縄県教育庁文化課史料編集室の『史料編集室紀要』第三二号に、小論「山城翠香の年譜・資料紹介」を執筆・掲載した。これらの内容は、本書によって全文を読むことができる。

これで、「もう山城翠香とは縁が切れる」と思っていた。新聞連載のコピーは、単行本にまとめられる事も無く、私の死後はバラバラに焼かれてしまうだろうと。

しかし、今年（二〇二四）奇跡的に不二出版社と船橋治会長の企画のおかげで、『山城翠香』が出版される事となり、旧稿が日の目を見ることになった。

短い期間ではあったが、『沖縄毎日新聞』の記者になり、鋭いジャーナリスト、思想家、批評家として活躍した翠香の執筆記事のうち、文芸欄常設コーナー「机上餘瀝」の抜粋は、次男の山城長正の自費によって一九八八年に『机上餘瀝――翠香の遺稿――』として出版された。これは、非常に貴重な文献となった。ただし、残念ながらこの遺稿集は手に入れる事が難しく、図書館で閲覧する方法しかない。

また、長正の「あとがき」にもあるように「永年の歳月のためか原本そのものにも不明（欠部）部分」があり、翠香言論の全貌をつかむことは困難であった。

だが、今回船橋会長が研究者顔負けの情熱と能力で国会図書館や沖縄県立図書館の『沖縄毎日新聞』資料のほぼ全部を閲覧・調査し、翠香言論のコピーを収集し、私にも恵贈して下さった。その大部分の資料は、私が今まで一度も見たことのない重要な物であった。

それらが、「机上餘瀝」の未収録部分を先頭に本書の「Ⅱ　「机上餘瀝」抄」、「Ⅲ　山城翠香セレクション」、「Ⅳ　「編輯日誌」「編輯の後」一覧」に収録・編集されている。これらによって、翠香の思想、評論がどんなに鋭く豊かであったかが感得できるようになった。

私が、『沖縄タイムス』紙に「山城翠香」を書いたときは、資料はほとんど『机上餘瀝』に頼っていたため、主に「琉球民族自覚の時代」と「河上肇舌禍事件への評論」、「乃木大将殉死事件への批判」を中心に評価して論ずることしかできなかった。

ところで、今回は新資料により、山城翠香による「田岡嶺雲論」を中軸に「Ⅲ　山城翠香セレクション」を編集した。また、この新資料に基づいて、新たに「山城翠香と田岡嶺雲」の「補論」を書き下ろした。この拙文によって、翠香の嶺雲論がいかにレベルが高く貴重であるかが分かるだろう。

一方、新たに収録されたエッセー群は、翠香の取材と批評の多様で幅の広さを物語っており、読んでいて楽しい。また、今回初めて収集された『沖縄毎日新聞』の「編輯日誌」は貴重な資料である。そして、それら記事を読み込む事によって、一九一〇（明治四三）年頃から一三（大正二）年頃の琉球と日本の世相が分かる一種の歴史史料にもなっている。

今回の、船橋会長の新資料調査・収集によって、山城翠香執筆の記事はほぼ完全に見渡せるようになった、と言えよう。したがって、これ以前も、これ以後も、これ以上の『山城翠香』は現れないであろう。この一冊をもって、若き短命の鋭いジャーナリスト、思想家、批評家であった山城翠香が「沖縄の言論百年」にしっかり位置付けられ、日本近代思想史に正当に評価され、願わくは広く多くの人々に読んでもらいたい、と祈っている。

二〇二四年一月

I

山城翠香論

〈I〉山城翠香論

一、知られてない短い生涯

二十世紀の世紀末を迎えて〈近代〉という歴史を掘り下げ、対象化していく。すると、日本や沖縄の〈近代化〉という時代状況と悪戦苦闘し、オピニオンリーダーの役割を果たしながら、その業績が十分評価されず、刀折れ矢尽きて、失意と生活苦の中で人知れず死んでいった一群の先人たちがいる。それらの先駆者たちは、歴史の地下鉱脈に埋もれたままだ。その一人が山城翠香《やましろすいこう》＝本名・長馨《ちょうけい》である。

翠香こそ、近代が生んだ筆鋒鋭いラジカルなジャーナリスト・評論家・思想家の一人にちがいない。しかし彼の三十八歳の短い生涯については、ほとんど調べられていないし、知られていない。初めて翠香の業績を意欲的に発掘し、高く評価した比屋根照夫筆の『沖縄大百科事典』の項目でも、「やましろすいこう　生没年未詳　新聞記者。本名長香。」としか紹介されていない。

今回、「人物列伝・沖縄言論百年」の企画に参加した時、比屋根から「君には翠香が一番いいよ、翠香も詩人・評論家だから」と謎めいた推薦をいただいた。その時、私の基礎知識と資料には『沖縄大百科事典』と『自由民権思想と沖縄』に収録された比屋根論文や『沖縄の民衆意識』（大田昌秀）などしかなかった。まったく不安でおぼつかない船出であった。しかし、「明治末から大正期の『沖縄毎日新聞』と『琉球新報』を丹念にめくれば、何かが視えてくるよ」という声に激励されて、手さぐりの翠香との出合いが始まった。

比屋根は前記論文で翠香を次のように高く評価している。「明治末期から大正初期に伊波月城《げつじょう》とともに文芸・政治・社会など多方面にわたる言論活動を展開した。とくに『沖縄毎日新聞』紙上に連載された「机上餘瀝」は硬派の言論人としての翠香の面目を十分に発揮した評論であった。

また〈河上肇講演事件〉にさいして伊波月城ら革新的な青年言論人とともに河上言説を支持し、当時の『琉球新報』などの河上批判論説にたいして、〈小主観にして小憤激、忠君愛国てふ小さなる概念〉と批判、盲目的な国家主義思潮に一矢をむくいた。

さらに翠香は一九一二年九月、明治天皇のあとを追って自決した乃木将軍の殉死事件にたいしても果敢な批判を展開するなど、言論人の真骨頂を遺憾なく発揮した」（『沖縄大百科事典』）。

また『自由民権思想と沖縄』（比屋根照夫著）所収の「伊波周辺の青春群像」という論文では〈翠香と乃木殉死事件〉の章を設け、詳細に論考している。その評論の内容に関しては後に紹介、検討することにして、ここでは比屋根の印象的な一行を揚げておこう。

「時代の波間に消え去っていったむくわれない言論人として、このごろしきりに気になる人物の一人であります」

二、遺稿集に生没年の記録

さて、半年余、翠香の軌跡を調べていく間に、まず生没年が判明した。翠香は一八八二（明治十五）年に那覇区西町で生まれた。一九一九（大正八）年、八重山で死去している。まだ若き三十八歳であった。

私が翠香の生没年を最初に知ったきっかけは琉球アイルランド友好協会・準備会の会合で在野の歴史研究者『琉文手帖』の編集発行人でもある新城栄徳との出会いであった。彼は、その生没年をすでに『新沖縄文学』第七十六号の「近代沖縄の新聞人群像」で発表していた。また『新沖縄文学別冊91・沖縄近代文学作品集』の巻末「沖縄近代文学年表」でも明記すると同時に、翠香の注目すべき活動も紹介している。

新城はこれらの資料を示唆すると同時に、翠香の遺族が那覇市内に在住していることと、子息の編集による遺稿集が沖縄県立図書館に存在することを教えてくれた。新城もまた「翠香は君にふさわしいよ。彼は生まれた時代が早かったかもしれない」と謎めいた激励をしてくれた。

今年（一九九四年）の七月末から八月、私は翠香の調査に集中した。まず、県立図書館で二男・山城長正氏の自費出版による『机上餘瀝――翠香の遺稿――』を閲覧することができた。しかしこの遺稿集は郷土資料室保管で貸出禁止であった。

長正氏は、その「あとがき」で翠香の生没年のようすを次のように記録している。

「父長馨と母カナは明治十五年（旧暦午《うま》どし）生れで同年でした。那覇西で、のちの米次《よねつぎ》漆器店の所であったと聞いたことがあります。／父は一中を卒業したのか不明ですが、一時期県庁に勤めたことがあったとの事で、そこを辞して明治四十四年に沖縄毎日新聞社に入社、大正二年二月までこの「机上餘瀝」を執筆しましたがあとは途絶えました。子供は長男長憲、長女登美子、二男長正の五人家族でありました」

「いよいよ八重山へ移住するはめになり、登野城の或る民家の裏座敷（四畳半）を借りましたが、生活難はここでも続き、父はどんな目的があったのか一人で川平へ行きましたが、大正八年八月頃三十八歳の時にマラリヤで死去しました」

私はぜひ山城長正氏に会いたいと思った。山城一家は、なぜ那覇では生活できなくなったのか。八重山では、どんな活動をしていたのか。わずか三十八歳で病に倒れなければならなかった翠香は、どんなに無念であっただろう。生前の翠香の軌跡と人物像についてもっともっと聞きたいことがたくさんあった。

そして、やっと那覇市仲井真在の山城家を捜し当て連絡を取ることができた。しかし、まことに残念なことに長正氏も『机上餘瀝――翠香の遺稿――』を出版なさった一九八八年に故人になられたとのことであった。

それでも気を取り直して、一九九四年八月二日に山城家を訪問し、長正氏のトシ子夫人に面会することができた。トシ子夫人からは、保管なされていた『机上餘瀝』を分けていただき、貴重な話を伺うことができた。夫人の証言では「翠香は色が白くて、あだなは〈ラッチョー（ラッキョウ）ぐわー〉と呼ばれていた」そうだ。少しは翠香の容姿が浮かんできた。

三、伊波普猷・月城らと親交

山城翠香の言論活動が明確になるのは、一九〇八（明治四十一）年二十七歳ごろからである。それ以前の翠香の軌跡はやみの中にチラホラ見えるだけだ。それでも、彼の書いた新聞記事を丹念に読むと、いくらかはその姿がみえてくる。

それについては、後に述べるとして、今は明治四十四年の「机上餘瀝」で自らを再三「肥満、強固なる余の健康体」（七・二四）とか「余は依然として円肥にして元気旺盛なる」（十一・十六）と書いてあることを記憶しておこう。

さて、一九〇八年七月三十日の『琉球新報』をめくると「〇球陽文芸会　球陽文芸会にては八月一日午後三時字西の伊波普猷氏宅に於て発表式を兼ねて第一回の講演会を開く由当日は傍聴随意にして広く同志の来会を望むと云ふ講演者は左の如し／球陽文芸に就て―伊波普猷／詩歌の三方面―漢那憲行《けんこう》／血笑記《けっしょうき》を評す―山城長馨／文芸と社会―伊波普成／自然主義に就て―島袋全発」という記事が確認できる。

これを読むと、私たちは山城翠香（長馨）が、伊波普猷、伊波月城（普成）兄弟をはじめ、漢那浪笛《ろうてき》（憲行）、島袋全発（涛韻《とういん》）というそうそうたる同志と「球陽文芸会」を結成したことがわかる。ちなみに漢那浪笛は「沖縄近代詩の創始者」（仲程昌徳『沖縄近代詩史研究』）と高く評価されている詩人である。

この「球陽文芸会講演会」について仲程昌徳は「文芸の啓蒙と共に、社会の開明を志した若者たちによって催されたものであったと言えるはずである」（『伊波月城』）と評価しているが、その詳細な活動については「あとは全く解からないのである」とも述べている。しかも、この講演会は、伊波普猷、月城兄弟にとってはキリスト「教会の外に乗り出していく」重要な第一歩であった。

そこで弱冠二十七歳の翠香は、どんな内容の講演をしたのであろうか。「血笑記を評す」という演題から推測すると、彼の得意な文芸批評の分野だったかもしれない。だが、肝心のその講演録資料が見つからない。しかし、ここで私たちは山城翠香が沖縄近代文芸、言論史に占めている重要な位置を確認することができる。

沖縄県尋常中学校を卒業したかどうかもはっきりしない翠香が伊波普猷や月城、島袋全発などという高学歴を持った学者、言論人たちと交友関係を結び、同志となり、共に第一線の演題に立っていたのである。

そして、彼もまた、月城と共に伊波普猷の影響を受け、その信奉者であると同時に良き理解者であった。

この「球陽文芸会」の同人グループは、おそらく『沖縄毎日新聞』に継承され、活動の場を移していったのではないか。伊波月城を中心に普猷や翠香、浪笛、全発も同紙の主要な執筆陣になっていくのである。

四、多彩で豊かな交友関係

山城翠香が『沖縄毎日新聞』（以下『沖縄毎日』と略称する）に入社したのは一九一一（明治四十四）年三月。三十歳の春であった。社長は当間重慎《とうまじゅうしん》で当時の主筆は諸見里朝鴻《もろみざとちょうこう》である。

沖縄県尋常中学校（後の県立一中）時代から十代、二十代前半までの翠香の軌跡はなかなかつかめない。しかし『沖縄毎日』明治四十四年十一月十六日付「机上餘瀝」を読むと、次のような姿が浮かんでくる。

「余が三念君（高江洲康健《こうけん》筆者注）を壺屋／煙里舎に訪ひしは明治二十六七年の頃なりき」「彼れは本県大学の四年を牟途退学して芝高輪の仏教大学に転校し学ぶこと一星霜、朝夕緇徒《（しと）》と相伍して日々信念篤かりし時、余は当時越後の某会社に在り」、「余と彼とは書信月の繁く台湾放浪中に実に余を慰安したる者は彼れと涛韻（島袋全発―筆者注）君となり。あゝ、涛韻君は又京大に学びつゝ、意気軒昂」「余が三四年前、妻子を携へて一時東風平村字富盛に関治しける時、講習の為め久米島より出覇したる三念君は一夜正忠君と共に帰らず余の関治を襲ひ来り、三人徹夜して痛飲したる」

この一文は十日前に死んだ俳人・三念《さんねん》高江洲康健（一八八五―一九一一年）を追懐して書かれたものである。ちなみに三念の絶句は「夏至南風の涼しき頃を、死なん哉」であった。

ここから私たちは最低次のような翠香の軌跡を描き出すことができる。まず、翠香は越後（新潟県）で会社勤めをしたり、台湾放浪をして、沖縄外に見聞を広げた体験を持っていること。その時期は二十代前半（一九〇二年―一九〇六年）頃だと思うが、現時点では断定できない。また、妻子とも東風平《こちんだ》村富盛《ともり》に閑居したことがあった。彼は二十三歳の若さで長男・長憲の父親となっている。

さらに、その交友関係の豊かさである。先述の俳人・高江洲三念とは十五年間の交誼があったことが書かれている。そして、この三念と涛韻・島袋全発（一八八八年―一九五三年）こそ、翠香の良き後輩であり親友であったといえるだろう。

周知のように島袋全発は西幸夫のペンネームをもち、後に歌人、沖縄学の研究者として大成していく。山城正忠《せいちゅう》（一八八四年―一九四九年）は沖縄の近代小説と短歌の開拓者で第一人者だ。すでに一九〇七年には与謝野晶子・鉄幹夫妻の経営する「新詩社」の同人になっていた。

すると、翠香のまわりの青春群像は、先述した「球陽文芸会」同人の伊波普猷（物外《ぶつがい》）、普成（月城）兄弟や詩人・漢那憲行（浪笛）、歌人・山城正忠、島袋全発（涛韻）、俳人・高江洲三念と実に多彩で豊かなものであったことがわかる。

これらの文芸者、思想家たちと相互い研鑽を積みながら、翠香は『沖縄毎日』に活躍の場を移していく。そこには、二年前に入社した伊波月城らが待っていた。

五、「努力」誓う入社の辞

翠香の『沖縄毎日』入社のころの様子は同紙の一九一一（明治四十四）年三月十一日付の「入社の辞」に鮮やかに描かれている。

「汝の立つ所を深く掘れ、其処に泉あり（ニーチェ）／去る八日午後四時であつた。私の家を月城君と一緒に出て雪峰（神山—筆者注）君の別荘に行く途中、一寸雪峰君を毎日社に訪ふたら南香（諸見里朝鴻—筆者注）先生が編輯局から出られて私を応接所に呼ばれた其時私はそれが何んだといふいとを直覚して了つた。『明日から社に出て貰はう。かねて浮鴎（当間重慎—筆者注）君の話もあったから……』と先生の云はれたから刹那！　私の頭は変な所に動き出した。そして私に明日からは新聞記者に成るかと次に考へ出すと何んだか私の心は暗い世界から捉へられて一時に明るい世間に投り出された様に感じ出すと私の心と身体が案外初めて小さかった赤い恥ぢた心を自分ながら覗き込まずにはいられなかつた。」

「果して私共の如き者が記者の使命を完ふすることが出来るか否や？に考へて来ると私は押へ難き不安の念と羞恥の情に堪えなくなつたので然かも入社の初頭に立ちて天下に私の主義とか抱負とかを公開する大胆な勇気があらう乎。然し私は茲で江湖諸氏と唯だ一言盟ひの握手をしたいのは夫れ其の努力の二字を以て私の記者生活を始終したい覚悟であるといふことである。あゝ私は私の能ふ限り私の立つ所に努力したい。」

この翠香の決意もまた、有名なニーチェの一行から始まるところが興味深い。事実、彼の書いた記事に頻繁に登場するのが、ニーチェやショーペンハウエル、イプセンらである。明治末の沖縄の知的青年たちが自己の思想確立のために、どのような西欧思想を読み、受け入れていたかが翠香を通してもわかる。

そして彼も「私の立つ所」を深く掘ろうとしたのだ。この一行は伊波普猷によって「深く掘れ己の胸中の泉　余所たよて水や汲まぬごとに」と琉歌に翻案されて広く紹介された。翠香もまた、伊波兄弟との交流の中からニーチェを読み、信奉するようになったかもしれない。彼らは先に見たように文学・思想上の同志であった。

一方、入社に当たっての不安が「天下に私の主義とか抱負とかを公開する大胆な勇気があらう乎」と自問するところが、いかにも翠香らしい。この自問には、もちろん謙遜の念が込められている。逆に言えば、翠香は新聞というものを「私の主義とか抱負とかを公開する場」と考えていたのだ。ここに翠香の言論人としての関心が自己の主義や思想の確立と主張に重きを置いていたことが分かる。

この「入社の辞」を伊波月城のそれと比較してみるのもおもしろい。月城は「誓閑寺時代の回顧（以て入社の辞に代ふ）」（『沖縄毎日』明治四十二年三・十九）で「所が文章一つ書けない自分がどうして記者などになれる」と思って兄・普猷に相談したという。月城が創作者としての自己に表現力の自信と不安を持っていたとすれば、翠香は評論家としての自己の主義や思想に自信と不安を持っていたと言えるだろう。

六、〝舌禍〟に転化された締め

山城翠香の言論人としての活躍が、今日まで高い評価を受ける事件が入社早々起こった。それが明治四十四年の〈河上肇舌禍事件〉であった。

まずは、この事件を今日的見地から検討し、翠香の思想の特徴を見てみよう。

当時、京都帝国大学の助教授であった河上肇は「旧地割制度の調査研究のために」明治四十四年四月一日琉球に来た。

当時の沖縄は本土から著名な学者や文化人が来島すると、その新知識を学ぼうとして講演会を依頼する例が多かった。河上肇も予期せぬ県当局の依頼を受けて県教育会で講演をした。

四月三日のことで、場所は松山尋常小学校であった。

その日の演題は「新時代来る」で、その講演の要旨が翌々日の『沖縄毎日』と『琉球新報』に掲載されている。

『沖縄毎日』は四月七日まで三回に分けて連載し『河上肇全集』（岩波書店）の第五巻にも、この記者文責の要旨が収録されている。その内容を小見出しを並べて見てみると次のようだ。

「命題の理由」「動物の征服」「人類の長所」「道具と機械」「交通の便」「一寸四十円の工費」「社会革命」「経済上の風雨」「分業の利」「自足経済」「営利経済」「婦人問題」「貧富の懸隔」「社会主義」「愉快な時代」（未完）となっている。

この内容は専門の経済学をふまえて、機械文明の発達と近代化がもたらす「新時代」の特徴を述べただけで、それ自体はなんら問題にはされなかった。ところが講演の末尾で述べたと言われる次の発言が舌禍事件へと転化されてしまったのである。

「余倩《つらつ》ら沖縄を観察するに沖縄は言語、風俗、習慣、信仰、思想其他あらゆる点に於いて内地と其歴史を異にするが如し。而して或は本県人を以って忠君愛国の思想に乏しと云ふ。然れどもこれは決して嘆ず可きにあらず。余は之なるが為めに、却って沖縄人に期待する所多大なると同時に又最も興味多く感ずるものなり。（中略）今日の如く世界に於いて最も国家心の盛なる日本の一部に於て、国家心の多少薄弱なる地方の存するは、最も興味あることに属す。如何となれば、過去の歴史に就いても見るに時代を支配する偉人は多く国家的結合の薄弱なる所より生ずるの例にてキリストのユダヤに於ける釈迦の印度に於けるいずれも亡国が生み出したる千古の偉人にあらずや。若しユダヤ、インドにして亡国にあらずんば、彼の者はついに生まれざるなり故に仮令《たと》い本県に忠君愛国の思想は薄弱なりとするも現に新人物を要する新時代に於いて余は本県人士の中より他日新時代を支配する偉大な豪傑の起らん事を深く期待しつつ且つこれに対して特に多大の興味を感ぜずんばあらざるなり」（『琉球新報』明治四十四・四・五）

七、「旅行家の評」を批判

この河上肇の発言（記者文責）に対して、さっそく明治四十四年四月五日の『琉球新報』一面トップに「旅行家の本県評」と題して、次のような批判が掲載された。

まず「旅行家の本県評」は「忽然として来り、忽然として去る」種々の旅行家が、その沖縄印象に「評語を加はへて得々たるに至りては、此の種旅行家の経過する到処の住民の蒙むる迷惑は痛切なるものなくんばあらず」と書き出している。

そして河上助教授の「演舌の大旨、必ずしも批評の限りにあらずとするも」「本県民を指して忠君愛国の誠に欠けたるを云々し、更に進んでは猶太《ユダヤ》、印度《インド》の亡国民の其の如くに評下して顧慮《こりょ》するなきに至っては、吾等沖縄県民の身にとりて、面上三斗の唊を吐きかけられたる如き感あり、甚だ以て聴き捨てならぬ言葉なりとす」と激怒している。

その主な根拠を『琉球新報』は二点を挙げている。

一つは「抑も忠君愛国てふ如き国民道徳の最とも崇高にして厳止なる意義あり深遠にして、大体的なるものが、一切を包括する意義あるは、今更言ふを要せず、随て其の日常生活の中形となりて顕はるるの多様なるや明なり、故に其の一二の外観我が意に合わせざるあればとて、俄に之を全体となし、評下せんが如きは、軽薄者流の為す所にして用意あり敦厚なる学者の慎む所なりとす」。

さらに、二つめに「氏は我が沖縄県民をインド人、ユダヤ人の亡国的同運命に比し、慰藉せんと欲するが如きも之れ我が沖縄県民を待遇するに世界の劣等民族を以てせんとするものにして、取も直さず県民に対する大なる侮辱なりとす」と述べている。

そして「吾等は釈迦たるを要せず、また基督《キリスト》たるを期せず、只だ中正なる日本国臣民にて足れり」と結論づけているのである。

長々と引用してきたが、できる限り〈河上舌禍事件〉の実相に迫ってみたかったからである。また、この『琉球新報』に対する山城翠香の批判をできるだけ客観的に評価してみたかったからである。

おそらく、この「旅行家の本県評」だけなら〈河上舌禍事件〉は起こらなかったであろう。事実『琉球新報』も自らその「新時代来る」の講演を評価し、その記者による記録要項を掲載しているのだから。

また同日の『沖縄毎日』には講演の要旨と同時に、「河上学士の講和」と題して「既報の如く一昨日午後二時より那覇松尾校に於て京大助教授河上学士の『新時代来る』てふ題□にて滔々《とうとう》一時間半に亘り講和ありき名声咳々に接せん為大久保森山両校長を初め各視学、教育家、学生、紳士緒属及び婦人等約五百名場外に溢れ荘重《そうちょう》の弁、赴味多き比喩とは一句一節毎に拍手起り供英堂を揺かし聴衆をして転た酔へるが如く多大の成興と深き印象を与へられしは聴者一同の衷心より感謝する所也」と大好評の感想記事を載せている。

八、対立反映した舌禍事件

一方、河上肇の「新時代来る」の講演に対し、当時二十九歳の青年教師で聴衆の一人であった比嘉春潮は日誌「大洋子の日録」の明治四十四年四月四日（火）で、その講演要旨と感想を記録している。

比嘉は河上に対して「人を馬鹿にした様な其顔容、率直なる話振り、僕はあんなにして天下を闊歩したい、と羨ましくなった」「昨日の演舌は、聴者の中の白髪頭等に異端視せられたに違ひない、併し、数多青年をして首肯せしめたに違ひない。而して、師範学校、中学校、其他学校に招聘を受くる煩を予防したに違ひない」(『比嘉春潮全集』第五巻)と好意と羨望をもって書いている。

すると問題は四月五日から八日のわずか四日間で〈舌禍事件〉へと激変した。なぜだろう。この事実経過に関する従来の研究者たちの論文は荒っぽすぎ、〈舌禍〉という悪いイメージだけが一人歩きしがちで、現在までの研究レベルで充分論議され尽くしたとは言えない。

例えば、河上批判に関しては『沖縄毎日』や『琉球新報』、『沖縄新聞』の間には重要な立場の違いがあった。『沖縄新聞』の第一次資料を読むことができないのは残念だが、『沖縄毎日』は四月六日の時点では「河上氏の講話 河上法学士は来る八日午后二時より(土曜)那覇有志青年会の招聘に依り那覇尋常高等小学校に於て講話をなす由なるが演題は未定との事なり」と好意的な予告記事を載せている。

ところが、同じ紙面で「一陣の風」のコラムでは河上発言は「曖昧なる意見」で、「県民は之の評語を聞き恐縮と憤慨とに絶へないのである寧ろ一歩を進めて彼と格闘せん計りであろう其躊躇し居るは其□京都帝国大学助教授たる人であるからであろう」と批判している。つまり、『沖縄毎日』は最初河上支持で、後に社内分裂におちいったのである。

その一方で、四月七日の紙面に那覇有志青年会の河上肇講演会の案内広告を載せ、翌八日にも「河上法学士の講話は来る九日午后一時と広告致し置候処便船の都合に依り本日午前十時に字久米明倫堂に於開催可致候間此段緊告致候(傍聴随意) 一演題 矛盾と調和」という「緊急報告」を掲載している。

これに対し『琉球新報』は同日八日号に「非国民的精神の鼓吹者再び演壇に顕れんとす」の題で論説を載せ「沖縄

県民は此人によりて再度何等の言を聴くことを要するや」「一面に於ては侮辱を加はへ一面に於ては非国民精神の発揚を鼓吹す是の如き人が我が日本帝国に存在するの必要ありや」「当日の出所如何は重大なる結果をもたらすなきやを恐るる」と脅迫的批判を行った。

これらの事実経過から、私たちは〈河上肇舌禍事件〉の背景に、沖縄内部に於ける政府・県庁・教育界、『琉球新報』の連合勢力と、それに反対する勢力との対立や、旧人対新人の対立、首里対那覇の対立などが反映していたことがわかる。

とりわけ河上の最後の講演会場が〈那覇尋常高等小学校〉から〈久米明倫堂〉に変更なったことなどを見ると、わずか四日間に『琉球新報』と教育界の暗躍と影響力の行使が推察されるのである。

九、「小主観にして小憤激」

当時の『琉球新報』『沖縄毎日』『沖縄新聞』の河上攻撃に対し、河上を正面から擁護し同調したのは山城翠香、伊波月城ら青年知識層の人々であった。

翠香自身は四月三日の講演を直接には聴かなかったようだが、『琉球新報』や『沖縄毎日』の論説を自分の常設コラム「机上餘瀝」八日号で次のように批判した。

「去る五日に琉球紙に旅行家の本県評と其翌日の六日に本紙の一陣の嵐とが現はれたりしを一瞥しぬ。然かも両《ふた》つながら小主観にして小憤激、忠君愛国てふ小なる観念に囚はれて却りて国家の根本心意を忘却したるものに非らずや」

「河上氏の言に考察すれば吾人琉球人と雖も遺憾ながら忠君愛国の念に乏しく、国家的観念に薄くして昔時の琉球国を回観すれば転た猶太《ユダヤ》、印度《インド》の亡国民を想起せざらんと欲するも豈得べけむや。若し之を以て誤解妄想とせば是れ取りも直さず琉球の史実を無視し吾人琉球人の祖先より推移したる意識状態を閑過したるに過ぎざるのみ」

「琉球人は小なる国家的観念より超脱し忠君愛国てふ狭隘なる家より進みて真個国家の理想たる世界平和の理想に達せむとするは天地の使命たらずや。斯く使命を果たしてこそ真に忠君愛国の本旨に渾一徹底したるものなれ」

「河上肇氏が従来の沖縄観察者と其の選を異にして忌弾なき事を放言したるは却りて琉球人の箇性に光彩を投じたる点に於て必竊に嘉納《かのう》する所也。嗚呼、吾人は今にして琉球人を真解したるの知己をえて深く感謝せずんばある可からず」（『沖縄毎日』明治四十四・四・八）

ここで翠香は河上肇の主張に同調し、自分も琉球人も「忠君愛国の念に乏しく、国家的観念に薄く」「猶太《ユダヤ》や印度《インド》の亡国民を想起」されて、それと比較されても当然だと言い切っている。

それは「大和民族より永く岐《わか》れたる我が琉球人の祖先」からの歴史体験や明治政府による琉球処分・亡国という事実に根拠があると肯定しているのである。

そして『琉球新報』や『沖縄毎日』の一部分が「河上氏に向ふて喰つて掛りそうな勢ひは」心情的には理解できるが、それは「小主観にして小憤激」「小情小理なるのみ」と批判しているのである。翠香は河上氏を「琉球人を真解したるの知己」とまで評価している。

さらに「琉球人は小なる国家的観念より超脱し忠君愛国てふ狭隘なる家より進みて」「世界平和の理想」に努力した方が、真の忠君愛国になると主張したのであった。

この翠香の河上擁護の特徴は、彼が琉球の歴史に立脚して世界史的な広い視野に立ち、狭量な識見や忠君愛国という狭い国家主義を批判した点にある。当時の三新聞を向こうにしても堂々と自己の主張を展開したのは、「入社の辞」にも見られたような言論人としての自覚と思想家としての自負、そしてニーチェなどに影響された〈超俗主義〉に支えられていたからだと言えるであろう。

十、河上の核心部分を理解

さて、河上肇は『琉球新報』を中心とする新聞の排撃キャンペーンにもかかわらず急きょ八日の午前十時より久米の明倫堂で『矛盾と調和』と題する講演を行った。

その時は翠香も直接聞きに行ったらしく「達弁、流るゝが如く毫も腹案なきもの、如くに殆ど一時三十分間淀みなく結論し去るや満場の諸君恰も講堂に於ける講話を聞く如く一同満足に散会せしは各自の顔面に自ら現はれたり」と四月十一日の「机上餘瀝」で紹介している。

河上肇の講演「矛盾と調和」も記者文責によって四月九日から十九日まで七回に分けて『沖縄毎日』に掲載され、それが今日全集に収録されている。これを読み返してみると、その趣旨は思想の徹底主義と弁証法的思考法を紹介したものと受け取っていいだろう。

「極端なる矛盾の中には自ら大なる調和がある。此の『大矛盾中の大調和!』私は之れを把持してこそ人生は真に価値があり意義があると思ふ」と強調している。

そして「近年諸学者が最も頭を痛めて居るのも此の東洋の日本の国家主義と西洋の個人主義との調和」でそれに関しても「真実の個人主義は真実の国家主義と調和すると断言して憚らぬ、而し私は此の点に於て当地で終に誤解を招いた」と述べている。

では翠香は河上の「矛盾と調和」講演をどのように受けとめただろうか。

先の「机上餘瀝」から引用すると「想ふに河上氏の論議する所は其の専攻たる経済学に立脚するも其の最後の結論に至るや経済学の根本を破壊して非根本的根本たる徹底経済学心意の理想に論及せざれば歇まさる底の勢なるを以て大抵の神経過敏の人間には多くの戸迷ひ者の生ずるの却りて尤もの事にして然かも徹底国家主義及び徹底個人主義の根本心意の理想を真解し得ざる無能力者には直ちに氏の言論に悩殺されたりしは元より当然の事ならずや」とまとめている。

翠香はこの講演の核心部分をしっかりととらえて紹介していたことが分かる。ところが、その河上は誤解された。「彼は三新聞とも恰も申し合はせし如き槍玉に掛けられ遂に社会主義、非国家主義の吹聴者てふ濡衣を着せられ了んぬ、彼は元より平凡中の非凡の男なれば誤解されたるピストルは快よく甘受せしと云ふよりは寧ろ冷笑せしなる可し。」と翠香は擁護した。

そして、三新聞の「野暮な琉球子と一陣の風」や「漫筆子《まんぴっし》」(『沖縄新聞』)などは「精神病の一種たる愛国愛県忠臣孝子妄想狂の傾向たるを免れず」と批判した。

おそらく、翠香には河上肇と対等に議論でき、真に理解できるのは「新時代」の「新人」たる自分たち以外にはないという自負があったはずだ。

それは「矛盾中の調和、調和中の矛盾、最終の徹底調和てふ確実性即ち唯一の真理に両主義とも相笑ふて握手調和せざる可からざるは強て之を河上氏一人のヒロソヒイに問はざるも少くとも哲学の一頁位ひを丸呑みにしたる豎子と雖も自ら理解したらん」という一文を見ても分かる。

十一、堂々と河上支持の論陣

また翠香は「一箇の腕白者たる彼の千山萬水楼主人《まんすいろう》（河上肇―筆者注）を容ること能はざりし沖縄の小天地に生れたりしを今更後悔せざるを得ざる也」と嘆いて「杌上餘瀝」を締めくくっている。

ここでも彼は河上を「一箇の腕白者」と親しみを込めて呼び、その言説を理解できない人々を「我が五十万の群豚」といまいましく軽蔑している。

山城翠香は四月八、十一、二十一日の三回にわたって「杌上餘瀝」で直接的に堂々と河上肇支持の論陣を展開した。ここまで河上擁護をやれたのは、おそらく翠香と伊波月城のみであっただろう。

河上は直接・間接的に「那覇青年有志会」をはじめとするこれらの「新人」たる青年知識人に激励されたに違いない。彼は「矛盾と調和」の講演の最後に「私は僅か数日の間に大なるインプレッションを得た、殊に青年諸君のことは一生私が忘れることは出来ない」と述べている。

一方、河上は京都に帰って琉球調査に基づく「琉球糸満の個人主義経済の研究」という論文を書き上げた。また同年十二月十日に発刊された伊波普猷の『古琉球』の跋文を書き、その中で「余は嘗て其の地に遊ぶや、一場の講演、端なくも識者の咎を蒙り、頗る其の非難攻撃を受く。既に舌禍を蒙る、たとひ思ふ所ありと雖も、豈に復た重ねて筆禍を買ふに耐ふべけんや」（全集・第五巻）と述べている。

この〈河上肇舌禍事件〉の社会思想史的な意味を問い、伊波月城や山城翠香らの活躍を最初に発掘したのは大田昌秀であった。大田は『沖縄の民衆意識』の中で〈河上肇舌禍事件〉の問題点を次のように指摘している。

「このような論調の背後に、卑屈感のとりこになっていた沖縄県人の本能ともいうべき反発心が見られるのではないか。河上助教授の舌禍事件は当時官憲からもっとも忌み嫌われた社会主義云々について、権力者の側から拘束を受けたのではなく、『沖縄県民に対する評言』によるものであったことにとくに注目する必要があろう。／しかも、本来なら誰よりも先に言論の自由を要求して闘うはずの言論機関が、一致して抑圧したものであったことも異常であった。／この事実は、沖縄人の『差別意識』とも関連して沖縄の言論史に特記されなくてはなるまい。」

その一方で大田は「興味深いのは『沖縄毎日新聞』の伊波普成や山城長馨ら文壇グループの言動である。彼らは、一記者としては河上助教授の発言を論難する社の方針に、反対しえなかったが、個人的には同調している」と評価している。極めて重要である。

しかし、惜しむらくは、伊波普成（月城）の論説を重視するあまり、山城長馨（翠香）の具体的言説は一つも取り上げていない。

〈河上肇の舌禍事件〉への評価は今後も再検討する必要があると思う。

十二、河上と伊波普猷の親交

このような時代背景の中で河上肇は琉球調査に来島したのである。すでに『社会主義評論』や『貧乏物語』などの著書を通じて知られていた河上は新時代の「新人」青年知識層に期待と歓迎を込めて迎えられたのだった。

河上肇が「舌禍をこうむり」琉球から去った後も『沖縄毎日』には、彼の最後の講演「矛盾と調和」の全記録が掲載されたし、四月九日には「一新人」署名による「河上先生を送る」と題し「新時代の曙光は今や方さに来らんとする先生と会ふたのは吾等に於ては決して偶然の事ではないと思う」と書かれた送別文が載っている。

さらに四月十九日と二十日の二回にわたって「木水生」署名の「京大助教授河上肇氏と本県教育界」と題する評論が掲載され「遠慮なく云えば本県教育界は河上氏の懇篤なる講演によりて新時代及び新思潮に就いて一層の確なる知識を得たのである、此の意味に於いて河上氏は、旧人から少なからざる本県教育界に、新人の何物たるを知らせ、旧思想の未だ破壊せられざる本県教育界に向かって新思潮の何物たるを紹介された一大恩人であると云はねばならぬ最後に臨んで河上氏の健在を祈る」と謝辞を述べている。

これらを読むと、〈河上肇舌禍事件〉に関しては、従来『琉球新報』『沖縄毎日』『沖縄新聞』の三新聞があたかも同一歩調で排撃したように誤解されている面があったが、その態度は微妙に違っていたことが分かる。

翠香や月城らの活躍で『沖縄毎日』はむしろ河上擁護の記事が多くなっているのである。おそらく、その背後には月城の兄・普猷がなんらかの影響を与えていたにちがいない。

と言うのも、後年に比嘉春潮が自叙伝「年月とともに」に書いているように「河上と伊波さんとは非常に親しくなり、お互い心を打ち割って話し合うようになっていた」からである。

しかし、伊波普猷は公然と河上擁護の論陣を張ることはなかった。ただし比屋根照夫は『近代日本と伊波普猷』に収録された「伊波普猷の生涯」論文で〈河上講演事件の衝撃〉の章を設け、この事件を詳細に分析すると同時に、その注記で先述の「木水生」による評論に対し「この論文は伊波普猷の論文ではないかと思われる」と注目すべきことを述べている。

いずれにしても〈河上舌禍事件〉は比屋根が総括するように「河上講演は、このように、明治末期の沖縄の政治・思想状況に、国家と個人、国家と社会というものの在り方について鋭い問題提起を行う形となって表面化したのであった。その反響は、前述のような言論界のみならず、教育界、青年達の間へと拡がった」のである。

その思想的な意味が沖縄近代史の中でどれほど重要だったかは大田昌秀、比屋根照夫、新川明らと続く論文を読んでもわかる。

しかも、そこで提起された諸問題は今日でも充分議論され尽くしたとは言えない。それゆえ、伊波月城と並んで山城翠香の活躍がきちっと評価されなければならない。

十三、河上擁護を支えた実績

私もまた、〈河上肇舌禍事件〉の社会思想史的な意味について、まだ十分に議論されていない側面から論考したい衝動がある。しかし、いまはそれを抑制して、山城翠香のトータルな評価を議論する時まで機が熟するのを待っておこう。

いずれにしても、入社当時から翠香の評論の力量は、かなり高く評価されていたことが分かる。そもそも、入社から一カ月も経たないうちに、当時の新聞ではめずらしい常設のコラム欄である「机上餘瀝」コーナーを持つことができたことだけでも異例のことではないか。

しかも、そのコラムの当初から河上肇擁護の論陣を張る幸運にめぐまれている。しかし翠香には、それだけの評価と自負を支える実績があった。

と言うのも、翠香は入社以前の明治四十四年の一月一日号から、四回にわたって「琉球に生れたる悲哀を告白して琉球民族の自覚時代に論及す」という注目すべき長論文を発表しているからだ。

この論文は、翠香の「琉球民族観」や当時の思想・心情レベルを知る上で極めて重要な資料である。と同時に、私たちはこれを通じて明治末期の沖縄青年知識層の思想・心情のある断面を見ることができる。

現在確認できる翠香の文章資料の中で、一番長いこの論文は〈本篇転載の理由〉から始まり五章から構成されている。

その理由を読むと、この論文は最初『沖縄公論』が明治四十三年の十二月号から「形式内容共に一大新面目に革まり」発行される予定であった〈新雑誌〉に掲載するつもりで書かれたようだ。しかも、「二三の知己の勧誘と公論記者の再三の依頼に促され」て起稿したと翠香は書いている。

ところが、約束と違って、『沖縄公論』は旧態のままで発行され、また当時「眼前焦眉」の課題である那覇の「埋立事件」への態度が翠香の意見と合わなかったなどの理由によって出稿を拒否したようだ。そこで、彼は『沖縄毎日』に寄稿し四回に分けて転載してもらったのである。

この論文のタイトルを見ても翠香たちが当時の状況を「琉球民族の自覚時代」ととらえていたことがよくわかる。まさに河上の講演を直接聴かなくても「新時代来る」という意識が充満していたのだ。

さて「琉球に生れたる悲哀を告白して琉球民族の自覚時代に論及す」という長論文の内容を一言で表すと〈琉球人の内面生活における劣等感やコンプレックス（複合性）を直視し、琉球民族が他府県人とは別種の個性を持っている必然性を解明して、琉球民族としての自覚と誇りを持って各方面で活動し進歩していくことを呼びかけたもの〉と言えるだろう。

翠香はまず「『貴君のお国は何処らですか』と他県人から聞かれる場合には、『私は、沖縄県でございます』と答えた後に何となく侮辱されたやうな心持ちになる」と自己の精神内部を切開することから論じ始める。

十四、琉球民族の個性を自覚

なぜ「私は、沖縄県でございます」と答えたら「侮辱されたやうな心持ちになる」のだろうか。翠香は「かくの如き心的経験は屡々《しばしば》我等琉球人の当然享く可き昔から迫害になつて居る」（『沖縄毎日』明治四十四・一・一）とこの精神のコンプレックスが長い歴史性をもっている根拠を解明していくのである。

彼は、その社会心理学的、哲学的分析と解明のために、ショーペンハウエル、デカルト、スペンサー、スピノザ、メンデル、ダーウィン、ツルゲーネフ、イプセンなどと、西洋近代の哲学、科学、文学の新知識を援用して持論を展開している。

そして「琉球に生れたる悲哀を告白」する翠香に「君は、現代の明治の世で、よくも、そんなことがいへたものだ」と反論する人々に対しては「こんな言い振りはよく平凡な官能を有する人や、単純な思想家にありそうな談義だ」とか知識の「殻中に隠れて居る核を知らない人々」と断定、批判しているのである。

この論文を読むと県立尋常中学校中退と思われる翠香のすさまじい勉強ぶりと、思想的奮闘ぶりがよく伝わってくる。おそらく山城翠香こそ〈近代沖縄で哲学を論じ思想家をめざした先駆者の一人〉と言えるのではなかろうか。

さて、翠香は「本県の廃藩置県以前に於ける琉球民族の実生活の内部状態」をふまえて「当時の琉球民族には日本といふ国家的観念の無かったのも心理学上の証明でも争はれぬ事実であつたのである」と分析する。

それゆえ、琉球民族と他府県人との「暗闇」は「『個性と個性との衝突』といってはどうか。もツと切り込むと『血液と血液との反抗』とまでに云はると思ふ」と述べている。

このように琉球民族の個性は他府県人のそれと別種であるという自覚に立って、翠香は今後の進むべき方向を次のように結論づけている。

「日本固有の大和民族より分裂したる琉球民族が我々祖先より境遇上の必要より起つて勢ひかくの如き個性となつた事も最早や自覚して居るからには教育、政治、軍隊、警察を持った我が帝国の下で忠実に各方面に活動し、且又、実生活の上より国家的観念に適応する赤誠を将来倍々進歩せしめねばならぬ」

この論文での翠香の「琉球民族観」を整理してみると、彼は第一に「大和民族」に対して「琉球民族」という別種の個性を持った民族を対置している。したがって、第二に「琉球に生れたる悲哀」というコンプレックスには歴史的根拠があると自覚している。それゆえ、第三に現在は「琉球民族の自覚時代」と言え、今後は第四に「国家的観念に適応する赤誠を将来倍々進歩させよう」と主張したのである。

これが書かれたのが一九一〇年、翠香二十九歳の頃であった。これだけ、琉球民族の精神史や「日本といふ国家観念の無かつた」ことを自覚していたからこそ、彼は河上肇の講演に対して動じなかったばかりか、むしろ「我が意を得たり」と喜んだであろう。

十五、民族の自覚　背負い立つ

翠香が『沖縄毎日』に入社する以前に、すでに論客として注目され、評価されていたことは、この「琉球に生れたる悲哀を告白して琉球民族の自覚時代に論及す」を読めば納得できる。当時の彼は、論敵から「生意気」だとか「反抗児」だとか「左程有り難くもない濡れ衣を強いられるやうに速断されて了つた」と自ら書いている。

ところで、この長論文を最初に発掘し、その存在を教えてくれたのは大田昌秀の「新聞にみる沖縄近代史」（『沖縄タイムス』一九六五年一月十五日）という連載論文であった。

大田は翠香の論文を「彼がもっていたような悲哀ないし絶望感というものは、多かれ少なかれ、伊波普猷、その弟の伊波普成（月城）、島袋全発など当日の文人的インテリに共通なものであったことは、否定できません」と評価している。

しかし、大田は「伊波普成を当時の最高の新思想家、文人として」みながら翠香との比較では「山城らが悲哀感に打ちのめされ前進への意欲をそがれぎみであったのにくらべて、彼のばあい、むしろ沖縄人の内面生活を容赦なくえぐり出し、精神変革によって、新しく出直そうとする激しい気概をもっていました」と述べている。

残念ながら、大田は翠香を「悲観論者」としてみたのである。

しかし、すでに検討してきたように、この長論文を書いた頃の翠香は「悲観論者」どころか、「琉球民族の自覚時代」を背負って立つ自信と自負に満ちあふれていた。「前進への意欲をそがれぎみ」どころか、劣等感を克服して「国家的観念に適応する赤誠を将来倍々進歩させよう」と呼びかけていたのである。

翠香も月城と同様、激しく「精神変革」を訴えていたのである。大田は月城を高く評価するあまり、翠香を過少に評価したと言える。

この長論文は伊波兄弟らと「球陽文芸会」を組織してから『沖縄毎日』入社にいたるまでの翠香の思想状況を知る上で貴重な論文と言える。ところが、この資料はなかなか見つからなかった。

というのも、私がまず翠香に言及した大田昌秀論文の存在を知ったのは山城長正出版の『机上餘瀝』であった。ところが、そこに引用された「新聞にみる沖縄近代史」の出典日付は「昭和四十・一・十四」となっていた。しかし実際の資料は「一月十五日」の『沖縄タイムス』紙であった。

一方大田論文には、「沖縄毎日新聞（明治四十二年初旬）に、山城翠香というのが、『琉球に生れたる悲哀を告白して琉球民族の自覚時代に論及す』と題する論稿を二週間近く連載しています」と紹介されている。これは、この論文が収録されている『沖縄の民衆意識』でも訂正されていない。だが、明治四十二年の『沖縄毎日』をいくらめくってもこの論文は見当たらない。

おまけに、翠香自身も「明治四十三年の春の頃」この論文を公開したと「机上餘瀝」（大正元年・八・三十一）に書いてある。ところが明治四十三年の新聞を読み返しても出てこない。

私はこの長論文を捜し出すのに一週間近くもかかってしまった。それ故、何気なく開いた明治四十四年一月一日号の『沖縄毎日』に、この論文を発見したときは、踊り出さんばかりに喜んだものである。

十六、高まる民衆意識の自覚

さて、ここで山城翠香が『沖縄毎日』に入社し〈河上肇舌禍事件〉が起きた明治四十四年前後の時代状況を振り返っておこう。

この年は翠香・三十歳で公私とも時代の一大転換期であった。翌四十五年には明治天皇が死に、大正元年を迎えたのである。

文字通り明治の末期であった。一九〇四年（明治三十七年）に日露戦争が起き、一九一〇年に朝鮮併合・植民地化した大日本帝国は、国家主義、軍国主義、植民地主義が強まり海外侵略を拡大しつつあった。

朝鮮植民地化の年には、〈大逆事件〉と呼ばれる弾圧事件が起こり無政府主義に走った幸徳秋水ら十二人の人々が死刑に処せられた。以後、日本では言論・思想の統制が強まり、若き詩人石川啄木が「時代閉塞の現状」と嘆いたのがこの時期である。

啄木は朝鮮併合に対し

地図の上
朝鮮国にくろぐろと
墨をぬりつつ秋風を聴く

と歌っていた。

しかし、国家権力がこれだけの弾圧体制を強化した背景には、社会や民衆の広範、公然たる国家権力批判が存在したからにほかはらない。

すでに一八九四年には大阪の天満紡績会社で労働争議がおこり、一九〇一年には社会主義運動の政党である「社会民主党」が、安倍磯雄、片山潜、幸徳秋水らによって結成された。また一九〇六年には堺利彦らによって「日本社会党」も組織されている。幸徳らは「平民新聞」を発行し、日露戦争中も反戦運動を展開した。

したがって、明治末期とは一九〇〇年に制定された「治安警察法」によって天皇制権力の人民統制、思想、言論弾圧が強化されるのに対して公然たる反体制の抵抗運動が展開された時期とも言える。そして、一九一二年（大正元年）には、政友会と国民党が民衆の強い支持を背景に「第一次憲政擁護運動」をおこし、時の桂内閣を成立後わずか五十三日で打倒してしまったのである。

一方、沖縄の方はどうだっただろうか。一八九四年（明治二十七年）の日清戦争による日本の勝利は沖縄内の「琉球救国派」の王国復活の夢を最終的に打ち砕いた。そして、日露戦争からは志願兵も現れ、宮古の「久松五勇士」の話のように戦時体制に積極的に協力していく民衆も出てきた。

沖縄でも帝国主義、軍国主義が強まる中で一九〇六年（明治三十九年）には初の文学士・伊波普猷が帰郷したのである。そして、同年起きた「県庁移転問題」から一九〇九年に初の県会議員選挙、一九一二年（明治四十五・大正元年）の初の衆議院議員選挙まで民衆意識の広範な自覚と高まりが政治的にも文化的にも見られた。

一九〇九年、先に『沖縄毎日』に入社した伊波月城はこの時期を「文芸復興の時代」＝ルネッサンスと表現し、自ら「三十字詩」運動という琉歌革新運動を主導したのである。

また翠香も「琉球民族の自覚時代」と表現したように、先述の球陽文芸会や沖縄読書会などが組織され、沖縄芝居の隆盛、郷土芸能団体の結成などが見られ、また沖縄県立図書館の開館など教育の普及による新しい青年知識層による新思潮が台頭してきたのであった。

十七、論説にみる豊かな思想

翠香は『沖縄毎日』に入社するやいなや明治四十四年から四十五年（大正元年）にかけて常設コーナーの「机上餘瀝」を中心に大活躍をする。

現時点で確認できるこのコラムは、明治四十四年が四十八篇、翌年が十一篇合計五十九篇である。その内の四十八篇が、二男の長正によって『机上餘瀝』として編集され、自費出版されたのである。

ここで、その全五十九篇を内容的に分類してみることで、翠香の言論人としての関心の広がりと深さを大観してみよう。

この内容は、あくまでも筆者が分類したものである。したがって、一篇の「机上餘瀝」の中にも多岐の内容が論説されているため、篇数には重複がある。しかし、そこから私たちは、翠香の思想の豊かさと特徴を読みとることができるであろう。

まず、圧倒的に多い論説はⅠ新思潮と哲学、科学などに関係するもので、五十九篇中、三十五篇にわたって言及している。

その内容をさらに細かく見ると、①思想、哲学、科学、時代精神一般について論考したのが十篇。②琉球（人）問題や琉球研究について論じたのが七篇。③特に伊波普猷論が二篇。④人間や友人、知人の死をめぐっての生死観を論じたのが四篇。⑤宗教や宗教界批判を論じたのが三篇。⑥国家や個人、あるいは家族関係を論じたのが三篇。⑦そして〈河上肇舌禍事件〉やその学問について述べたものが五篇となっている。

次に多いのはⅡ文学、演劇、芸術に関する論評で、合計十九篇を数えることができる。その内⑧文学、文芸批評、芸術論について論考したのが十一篇。⑨沖縄芝居を中心にした批評・演劇論が八篇となっている。

さらに翠香はⅢ政治、経済、教育界に対する批判を展開している。合計で十七篇。⑩政治や政党、県庁や官界を批判したのが六篇。⑪経済問題を論じ県経済界を批判したのが五篇。⑫文部省、教育界批判が三篇。⑬そして、当時の時代状況として首里対那覇の政治的利害対立や、その解決について述べたのが三篇となっている。

最後にⅣ社会問題やその他について論じたものを見ると、合計五篇にまとめることができよう。これも、時代状況を反映して⑭遊廓の風紀取締について言及したのが三篇。⑮医療衛生問題を論評したのが二篇となっている。

このように「机上餘瀝」のみを整理してみても、いかに翠香が「思想、文芸」面で活躍していたかが一目瞭然に解かる。また、自ら「蓬莱奄主人《ほうらいあん》」に「君は本県思想界の権化と思はるゝ」と評されたエピソードを書き記している（明治四十四・四・二十六）。その一篇一篇を読んでみても、翠香がどのように新思潮の内面化と紹介、そして新時代精神や琉球（人）問題の革新に努力していたかがよくわかる。

十八、独学で哲学・思想を学ぶ

ここで、「机上餘瀝」を中心にして、山城翠香の思想の特徴を整理しておこう。

彼はほとんど独学で哲学や思想を学んだと言っていい。当時の中学校教育を完全に卒業したかどうかも定かではない彼（弟・長秀は、沖縄県立第一中学校を卒業）が、「本県思想界の権化」とまで許されたのだから、その努力に驚くばかりである。

翠香もまた、明治末期の新時代に新思想を身いっぱいに浴びた青年知識人の一人であった。それ故、西欧近代思想の吸収につとめ大きく影響を受けた。

まず、私たちは翠香の問題意識や視野、そして論拠が常に全世界や日本全国に拡がっていたことに驚かされる。その点は、伊波月城などもそうであった。

彼らにとっては、世界＝日本＝アジア＝琉球＝自己を語り、内省し、批判することは、全く同時代的で同一の課題であった。それは、今日から見れば「世界主義」「全国主義」と呼んでもよい。たとえ、その時の世界が西欧中心であり、全国と言っても東京中心の限られた情報でしかなかったにしても。普遍的思想への志向は極めて強かったと言える。

翠香の思想に強い影響を与えた西欧近代思想家は、ニーチェやショーペンハウエルであり、文芸の方からはイプセンやツルゲーネフであっただろう。これらの新思想家の名前やその言説が翠香の論説にしばしば登場することからもわかる。

とりわけ、初期の石川啄木や伊波月城らもそうであったように、ニーチェの強烈な個人主義と「天才主義」や「超人」の思想に翠香の情念的共感が強かったと思われる。

事実、彼の文章には再三、再四「我が五十万の群豚」という表現が見られる。当時の無理解な沖縄県民大衆は「新人」の自負強い翠香らにとって「群豚」と比喩せざるを得ない存在に見えたのである。

近代的個人主義の確立をめざす翠香にとって盲目的国家主義や愛国主義には反対であった。それ故、〈河上肇舌禍事件〉の時の河上擁護の論説にも見られたように、まず個人の確立が第一の優先課題であった。

前にも述べたが、おそらく翠香には新思想や哲学を理解し、ニーチェや河上と対等に語れるのは自分しかないという情熱と自負があったはずだ。それ故、彼の論調は徹底主義であった。

翠香の思想に共通する表現に「小主観」批判がある。彼は多くの論敵の言説を「小主観」と批判し、自らは「純主観」に立っていると優位性を主張した。この「純主観」対「小主観」の対決軸を中心に理論化していく方法は、翠香の独特な個性と言っていいだろう。

この「小主観」批判は、一種の認識論とも言えよう。翠香は、視野が狭くて、不徹底な認識に基づく論拠を「小主観」と言って批判したのである。したがって、自分こそは広い視野で、物事を徹底して認識した上での「純主観」に基づいて正論を述べていると自負していたのである。

十九、琉球民族の自覚は後退

ところで、翠香の「琉球問題」や「琉球人観」については詳細に検討する必要がある。と言うのも、彼の論説は数年の間に微妙に変化しており、私たちはそこに伊波普猷の影響を考慮に入れざるを得ないからである。

翠香の「琉球問題」や「琉球人観」については、既に先述のように、まず「琉球に生れたる悲哀を告白して琉球民族の自覚時代に論及す」という長論文で確認することができる。

彼は、この論文で「日本固有の大和民族と同一人種の系統を踏んで居る琉球民族が昔から日本本土の住民とその境遇上政治上又は生活方法の相違した為め、今や已に業に個々人の個性に於ても他県人の個性と画然別種になつてゐる」（『沖縄毎日』明治四十四・一・三）と認識している。

つまり、その民族概念はあいまいでも「琉球民族」を独立した存在としてとらえていたのである。

したがって、「琉球民族の自覚」を持って、今後は「教育、政治、軍隊、警察を持つた我が帝国の下で忠実に各方面に活動し、且又、実生活の上より国家的観念に適応する赤誠を将来倍々進歩せしめねばならぬ」（同・一・七）と結論づけていたのである。

この段階での翠香は琉球民族と「国家への赤誠」の調和を主張していたと言える。

しかし、〈河上舌禍事件〉での論説では、「琉球人は小なる国家的観念より超脱し忠君愛国てふ狭隘なる家より進みて真個国家の理想たる世界平和の理想に達せむとするは天地の使命たらずや。斯く使命を果たしてこそ真に忠君愛国の本旨に渾一徹底したるものなれ」（『沖縄毎日』明治四十四・四・八）と言い切っている。つまり、琉球人を「世界平和の理想」へ向かって解き放そうとしていたのである。

ところが、翠香は伊波普猷の『琉球史の趨勢』を読んで強い衝撃を受けると同時に激しく影響されたようだ。七月三十日の「机上餘瀝」は次のように書き出されている。

「物外先生の『琉球史の趨勢』を読み了へたりし後、余は如何なる印象を胎したるか。コレを一言に謂へば実に『琉球史の趨勢』は吾人に過去の琉球を語ると共に今后、『琉球民族は如何に生く可きか』を暗示したるものと評せずんば有る可からず」

そして、翠香が考えた琉球民族の今後の生きる方向は「琉球民族の個性に流れたる血液と分化作用を為さしむる手段、方法として琉球と本土人との雑婚を奨励するにあり」と結論づけている。

ここに、私は翠香と当時の時代精神の「琉球問題」における思想的挫折を見ざるをえない。あれほど「世界平和の理想」へ開かれていた琉球民族の将来が「本土人との雑婚」という狭くて歪小な選択にせばめられてしまったのである。

そして「琉球民族」という自覚はやがて「沖縄県民」という概念へと敗北し、今や「沖縄人」という狭い概念へと後退してしまったのである。

一方で翠香は「嗚呼、琉球人の思想は年々、歳々外来者の流金屋に征服されて亡び行くを見づや」（明治四十四・九・一四）とか「是れ即ち琉球民族の滅亡の声にあらずして何ぞや」（大正元年八月三十一日）と嘆きつつ。

二十、自然主義の文学に共感

翠香の評論活動で新思想や哲学に関する分野に次いで多いのが、文学、演劇、芸術のジャンルである。翠香が伊波普猷らと「球陽文芸会」を結成した一九〇八（明治四十一）年から『沖縄毎日』で活躍する大正初期にかけては文字通り一つの時代の終わりであると同時に、文芸思潮の上でも一大転換期であった。

日本本土では、明治四十年代の主流であった「自然主義の文学」が、一九〇九年ごろ、島崎藤村や田山花袋らの活躍で絶頂期を迎えていた。そして、その影響は沖縄まで波及していた。

一方、反自然主義の文学が夏目漱石や森鷗外などの作品によって大きな力を示しつつあった。いわゆる「高踏派」と呼ばれる文芸思潮の台頭である。

さらに大正初期の文壇をリードしていた武者小路実篤や志賀直哉らの「白樺派」の同人誌『白樺』も一九一〇（明治四十三）年には創刊されていた。

このような転換期に、翠香の評論は自然主義の文学に共感し大きな影響を受けていた。とりわけ、彼が強く支持したのは自然主義の作家・評論家の正宗白鳥であった。

正宗白鳥（一八七九―一九六二）は読売新聞社で文芸時評を担当すると同時に『塵埃《じんあい》』で自然主義文学の代表的作家の一人として評価されるようになった。

同じく新聞記者をやりながら文芸評論を志す翠香は正宗の作品をよく読み注目していた。

明治四十四年五月十六日には「机上餘瀝」の全スペースを使って正宗白鳥の『モルヒネ』（文章世界五月号所載）の

批評を行っている。その中で翠香も「当代第一流の作家」と白鳥を評価している。

また六月二十日には『ホトトギス』（六月号）に掲載された山城正忠の〈出世作〉『九年母』への批判を展開している。

ここで、翠香はホトトギス派の作品を「含蓄なき背景に上塗のみコテリと描き然かも一の庭石てふ観念に低徊して連想を生み以て一種のセンチメンタルの抒情文を小説と心得ゐたるホトトギス派の創作に幾何の人生観の含有せる者あるや、頗る疑はしき所也」と酷評し反対の立場を明確にしている。

その一方で「白鳥氏等の創作背景に深刻な人生観の含蓄しある」と強く支持しているのである。

しかし、その自然主義文学は先述のように強大な反自然主義の「高踏派」や「白樺派」の潮流を生み出しつゝあった。その状況を翠香は「日本の小説界は二三年前のナチュラリイズムの影響を享け遂に新ロマンチズムを分裂して（七・三）いるととらえていた。

そして、今後彼が求める理想的な創作は「人物の性格を明刻に現はして其処に相異れる種々の特殊的個性を全人生に結び付ける一点を以て実生活よりヨリ以上の仮想生活を暗示」するような作品であると論評しているのである。

二十一、学歴劣等感が思想規定

翠香が当時台頭しつつあった漱石や鷗外らの「高踏派」や武者小路、志賀らの「白樺派」よりも、正宗白鳥らの自然主義文学の方を支持していたということは、当時の彼の思想状況を考える上で示唆的である。

と言うのも「高踏派」は海外留学の経験を持つ、漱石や鷗外の博学と高い教養主義に支えられていた。

一方、学習院出身の恵まれた家庭の子弟らを中心に組織された「白樺派」はトルストイズムに影響されて、理想主義・人道主義を標榜《ひょうぼう》していたからである。

では、なぜ翠香は自然主義にこだわり続けたか。ここに、当時の自然主義文学運動の社会思想的意味について興味深い指摘がある。

「おもしろいことに、自然主義文学は東京や大阪、京都などの大都会出身者ではなく、地方の旧家出身で、家に反逆し、笈を負い上京し大学に学び、放浪者《エキザイル》になったいわば田舎出の文学者によって支えられていて、東京育ちの文学者のほとんどは反自然主義文学になっています。いわば自然主義文学は田舎者の野暮な書生たちによる江戸的美学に対する反逆の文学だったともいえます」（奥野健男『日本文学史』中公新書）。

この奥野の評論は島崎藤村などの軌跡を想い浮かべれば、鮮やかに肯定できる。

おそらく翠香も「高踏派」のエリート性や教条主義には付いて行けなかったのではあるまいか。翠香の学歴に対する劣等感と、その裏返しの向学心と自尊心の追求は深く彼の内面と思想を規定しているように思われてならない。

一方、翠香は明治の青年知識人や伊波普猷、月城などをとらえていたキリスト教には距離を置いていた。という以上に、彼はあらゆる宗教を信じていなかった。

その点、ニーチェのニヒリズムに深く影響されていたと言えるだろう。それ故、明治四十四年八月二十七日や四十五年七月十三日、十四日の「机上餘瀝」などに見られるような、宗教や宗教界への批判は激越した内容になっている。キリスト教も信じなかったこと、このことが、トルストイズムや「白樺派」への距離を拡げていったことは、ほぼまちがいないだろう。

そして、学歴劣等感とキリスト教への冷淡さは翠香と伊波普猷、月城兄弟との微妙な距離感をもたらしていたように思える。

ここに当時、翠香が独学によってどのように学んでいたか、その読書傾向を示すおもしろい資料がある。明治四十三年五月二十三日の『沖縄毎日』には次のような記事が見える。

「図書館へ書籍寄贈　那覇区字東山城長馨氏は左記の書籍を県立図書館へ寄贈したり／校訂五山文学全集詩文部／露西文学研究／純正哲学／むら雲／進化論／迷想的宇宙観／批判解説弾学新論／二葉亭四迷／白夜集／計十一冊」であった。

これらは翠香の蔵書の一部分であっただろう。おそらく彼はその大部分を読み終わってから県立図書館へ寄贈したにちがいない。

二十二、乃木将軍殉死に鋭い批判

さて、翠香の言論活動は〈五十九篇〉の「机上餘瀝」以外にも多岐にわたっている。その中でも言論史上無視できず、高く評価されているのが〈乃木将軍殉死事件に対する批判〉の論説である。

周知のように、一九一二（大正元）年九月十三日、明治天皇の大葬の礼当日に陸軍将軍の乃木希典と静子夫人は自殺した。これは当時のジャーナリズムによって「乃木将軍殉死事件」として報道された。

この年明治天皇の死と乃木将軍夫妻の殉死は多くの言論人の心情をゆさぶり、数々の文学作品に反映された。有名な作品だけでも夏目漱石『こころ』、森鷗外『興津弥五右衛門の遺書』、徳富蘆花『みみずのたわごと』などがある。

明治維新という天皇制の大々的復活と強化の下で、近代化と資本主義、帝国主義化を推し進めつつあった状況での明治天皇の死。それは、当時の表現者たちの存在をゆさぶり近代思想の成熟度を占う試金石ともなったのである。

例えば、夏目漱石の『こころ』（大正三年刊）の五十五、五十六章では次のように表現されている。

「すると夏の厚い盛りに明治天皇が崩御になりました。その時私は明治の精神が天皇に始まって天皇に終わったような気がしました。最も強く明治の影響を受けた私どもが、その後生き残っていまの必竟時勢遅れだという感じが激しく私の胸を打ちました。」（五十五章）。

「御大葬の夜私は何時もの通り書斎に坐って相図の号砲を聞きました。私にはそれが明治が永久に去った報知の如く聞こえました。後で考えると、それが乃木大将の永久に去った報知にもなっていたのです。私は号外を手にして、思わず妻に殉死だ殉死だと云いました。／私は新聞で乃木大将の死ぬ前に書き残していったものを読みました。西南戦争の時敵に旗を奪われて以来、申し訳のために死のう死のうと思っていて、ついに今日まで生きていたという意味の句を見た時、私は思わず指を折って、乃木さんが死ぬ覚悟をしながら生きながらえて来た年月を勘定してみました」

「それから二三日して、私はとうとう自殺する決心をしたのです」（五十六章）。

これは、主人公の〈先生〉の遺書という形の中の描写だが、そこには明治の知識人の内面や作者の心情も反映されていると見ていいだろう。「明治の精神が天皇に始まって天皇に終わったような気がしました」という感想が強く印象に残る。

ところで、翠香はこの〈乃木将軍の殉死〉を「現代文明の一転機を象徴せる殉死」と把え、同タイトルで大正元年九月二十六日の『沖縄毎日』において批判を展開している。

しかも彼は乃木将軍へ〈弔意〉を表明しながらも、その殉死に関しては「箇人の意志を満足せしめんが為めに殉死する如きは国家の大典を犯すと同時に、畏れ多くも、先帝の御遺志に背きたるを奉察せずんばあらず」と厳しく批判しているのである。なぜか。

二十三、現代文明に背反と強調

翠香は〈乃木将軍の殉死〉を「国家の大典を犯すと同時に」「先帝の御遺志に背」く二重の誤りを犯していると批判した。その論拠として、まず「憲法を以て殉死又は自殺を禁じられたる現代」だから「国家の大典を犯す」行為だと批判したのである。

また「先帝の御遺志に背く」とは、まずすでに殉死は「崇神天皇の時代」より絶えており、そのうえ「四百五十年間の近世の文明を明治四十五年間に収縮して文化発達せる現代の我が日本人の思想は殆ど世界的文明の極度に到着するのは大勢なるに今更ら古代の遺物として武士道の幣風たる手段を以て極端なる頑迷不霊の殉死を遂げたるは行為に於て現代文明に背反せる」ものであり、それ故近代化をもって推進してきた明治天皇の「御遺志」に背く行為であると批判したのである。

一方、翠香は乃木将軍の「殉死は現代の浮華なる文明を批判」し「文明の極度に発達せる我国現代の一転機を暗示したる」ものとも冷静に評価していた。

この翠香の論説を、琉球大学の比屋根照夫は「伊波周辺の青春群像」で〈翠香と乃木殉死事件〉の章を設け、次のように高く評価している。

「何故、翠香の殉死批判が当時において高い水準にあったかと言うことであります。直木賞作家であり、すぐれた自由民権期の研究家でもある井出孫六氏によれば、この時期全国的にみても、殉死をこのような形で批判した言論は少なく、中央の言論紙もほとんどこの事件を正面から取り上げなかったとのことです。わずかに、長野の『信濃毎日新聞』の主筆・桐生悠々のみがこの事件を同紙に明治四十五年九月十九日から三日間にわたって『陋習打破論――乃木将軍』と題して長文の批判を展開致しました。」

「翠香の論説は当時の地方新聞というものがもっていた高い思想的水準の一端を示すものであります。そして、さらに、乃木事件への対応は悠々とも共通して、そこに明らかに権威・権力への批判、盲目的愛国心・忠誠心への批判をもっていたのであります。」（『自由民権思想と沖縄』）

翠香は明治憲法と明治天皇の遺志という範囲で乃木将軍の自殺行為を批判したのだが、比屋根の評価は妥当だと言えよう。夏目漱石でも作品上とはいえ〈乃木将軍の殉死〉には共感して追随する態度しかとれなかったのに、翠香の盲目的愛国心・忠誠心への批判の思想は極めてラジカルであったと評価できる。

比嘉春潮は、当時の各新聞に現れた反響を皮肉まじりに「一、旧式のひとで学者政治家の考え＝武士道の権化、壮烈。二、新思想の学者青年の考え＝無意味、偽善、旧思想の犠牲。三、思想の如何なる者たるを知らず、単に生活していく一般の人々の考え＝えらい。谷本富博士が乃木大将を笑って、包囲攻撃に逢って居る」（「大洋子の日録」大正元年十・八）と記録したが、翠香の論説は二のタイプに近いように見えながら、その水準をはるかに超えていた。

二十四、見逃せない死生観

翠香の思想を語る上で、彼の生死観は欠かすことのできない一つの要素である。

彼の少ない文章資料の中でも実に多くの友人、知人に対する追悼文を見ることができる。明治、大正の青年知識人たちにとって、いかに「死」が日常身近なものであったかがわかる。

末吉麦門冬が死んだのが三十九歳。翠香自身も三十八歳で若死にしている。

翠香の書いた追悼文のなかで「嶺雲の死を悼む」（『沖縄毎日』大正元・九・二十二）の一文も高く評価されている。

田岡嶺雲は一九一二（大正元）年九月七日に四十二歳の若さで死んだ。さっそく『沖縄毎日』は九月二十日に「文壇奇才を失ふ」という社説で彼の略歴を紹介し追悼の意を表している。

「二十年前の青年思想界を風靡したのは雑誌『青年界』である。当時の青年にしてその雑誌を手にせざる者は共に思想を語るに足らずと云つた風であった。其の雑誌を読む人にして先づ第一に嶺雲の署名ある記事に憧憬の眼を開かなかつた者はない」

「中国民報の筆たるの時、論たま〳〵県治の可否に渉つて官憲と意相反し官吏侮辱の罪名を以て獄に投ぜられた」

「氏の著書には「志那文学大綱」中の一篇「嶺雲揺曳」「雲のちぎれ」「壺中記」「下獄記」等があるが殊に「嶺雲揺曳」は当時の青年を感化する所浅くなかつたのである」

また、嶺雲は「芸術的社会主義」を自称し「萬朝報」の記者をしたり、「平民新聞」に寄稿したりもしている。その嶺雲に対して翠香は次のように悼辞をささげている。

「余輩は彼の言論に於て夙に彼の人と為りを壮烈とせり、而して今日に於て彼を追懐せば齋藤緑雨、北村透谷の二奇才を連想す。透谷も緑雨も共に轗軻《かんか》不遇の文士にして両つながら芸術の為めに倒れたるの二天才たらずんばあらず」

「彼は漢文専攻者にして然かもショペンハウエルの原書を読破して他日新機軸の哲学を建設せんとしたるも、迸る熱血の押へ難くして常に断片の文字を成すに忙殺されて思索に日を送りて哲学の系統を成すに至らざりしは彼が終世の悢事たりしならん、然れども、彼の遺書たる『嶺雲揺曳《ようえい》』、『下獄記』、『壺中観《こちゅう》』、『鱗雲』、『むら雲』中の翻訳ゴルキーイの『三人』等と新聞雑誌に散見せる時事評論、又は婦人観等を綜合して彼の思想を観察せば其の根本思想にはショペンハウエルの思想が高く聳えて世を超越したるの感なくんばあらず」

この翠香の追悼文に対して比屋根照夫は「明治国家のもとにおいて、その著書の大半が発禁に会った異端の思想家の死を論説で取り上げ、その著書を正当に評価した地方新聞はおそらく全国的にもあまり類例がないのではないかと思われます」（『自由民権思想と沖縄』）と高く評価している。

翠香は「新機軸の哲学を建設」する余裕のなかった嶺雲の接遇に自分の姿を重ねていたと言えるだろう。

二十五、「沖縄警醒新報」を創刊

翠香が旺盛に健筆をふるって『沖縄毎日』紙上で活躍する絶頂期は、現存する資料を見る限り一九一一（明治四十四年）から翌十二年のわずか二カ年間に限られている。

明治四十五年の七月からは元号も大正に変わった。この年、本土では「天才歌人」と呼ばれた石川啄木も二十七歳の若さで死んでいる。そして、沖縄の三新聞は激しい生き残り戦の競争に巻き込まれていった。（詳細は大田昌秀著『沖縄の民衆意識』を参照）

この『沖縄毎日』、『琉球新報』、『沖縄新聞』の闘争を見てみると、主な原因は読者拡大の経営競争や、初の国政参加をめぐる政治派閥闘争、そして、社内外の人事をめぐる派閥人脈の分裂や闘争であった。

そのなかの読者拡大の経営競争は、主に『沖縄毎日』と『琉球新報』の間で争われた。

両紙の間では相互の記事内容や社員の生活行動に対する誹謗中傷合戦までくり拡げられた。また明治四十五年の二月から三月にかけて、『琉球新報』はなんと「美人投票」キャンペーンをくり拡げ、沖縄中の遊廓の女性たちを対象とした美人・人気投票を呼びかけた。

これは新聞を買わない限り投票ができないシステムになっており、『沖縄毎日』や『沖縄新聞』は猛反発をして反対キャンペーンを張った。しかし、結果は『琉球新報』の圧倒的な読者拡大の勝利に終わった。

そのキャンペーン中の同紙は発行部数を約一千部から五千部に増大させたと言われている。

一方、政治派閥闘争は『沖縄毎日』、『琉球新報』連合対、『沖縄新聞』という構図の下に闘われた。その頂点が明治四十五年五月に初めて実施された国政参加選挙だったのである。

この選挙で、『沖縄毎日』はかつての宿敵『琉球新報』と連合して政友会の高嶺朝教《ちょうきょう》と岸本賀昌《がしょう》を公然と応援した。これに対し、『沖縄新聞』は民友派の神村吉郎と新垣盛善を応援した。そして、沖縄初の衆議院議員選挙は高嶺と岸本の勝利に終わったのである。

このような、激しい闘争は各新聞社内外の人脈を分裂させ社員間の闘争も巻き起こしていった。『沖縄毎日』のかつての主筆諸見里朝鴻は『沖縄新聞』と共に新垣の応援に回るというぐあいであった。多くの社員たちが一方の新聞から他方の新聞へ転社する例が見られた。

そして、とうとう『沖縄新聞』が廃刊に追い込まれた。また一九一五（大正四）年になると『沖縄毎日新聞』も『沖縄毎日新報』へ紙名を変更することを余儀なくされ、翌一六年に伊波月城が社長と同時に主筆となっている。

この激動の時代に翠香がどのような動きをしたかは、資料が乏しく詳しくは分からない。ただ彼は、この新聞界の再編期に『沖縄毎日』を辞めたようだ。

そして、新城栄徳の「近代沖縄の新聞人群像」によれば、その年に翠香は楚南明徳《そなんめいとく》、真栄田勝朗《まえだかつろう》らと『沖縄警醒新報』という新しい新聞を創刊したらしい。しかし、残念ながら、この新聞の実物資料が発見されていない。まだどこかに保存されているのであろうか。

二十六、恵まれない記者生活

翠香が『沖縄毎日』の記者を辞めるということは、彼の人生にとって重要な意味を持っていた。翠香は同志でもあり、義兄弟でもある月城とも別れたのである。なぜそうなったのであろうか。その肝心の理由がわからないのである。

義兄弟だと書いたが、翠香の弟・山城長秀のお嫁さんは、伊波普猷、月城兄弟の妹・尚子《なおこ》であった。それ故、伊波兄弟と翠香とは義兄弟の仲だったのである。したがって、翠香と伊波兄弟の関係は、私たちが想像する以上に重要な交流があったと考えられる。

その月城が社長を務める『沖縄毎日新報』に、翠香は参加しなかったのである。なぜだろうか。いま考えられる最大の理由は、給料などの経済的待遇の問題ではなかっただろうか。『沖縄毎日』も、何度も休刊や給料の未払いを繰り返していた。

翠香の家計も、だいぶ苦しかったようである。一九〇四（明治三十七）年三月には長男・長憲が誕生している。翠香は弱冠二十三歳で父親になったのである。そして、長女・登美子に続き、二男長正が一九一二（大正元）年に誕生したのであった。この話は長憲夫人のツルさんからうかがった。したがって『沖縄毎日』を辞めるころには、一家五人の生活を支えなければならなかったのである。

当時の新聞記者の生活がいかに恵まれてないものであったか。一九一八（大正七）年、教員から新聞記者に転職した比嘉春潮は次のように記録している。

「もっとも月給なんてものではない。金がなくなると、野村さんのところへ行って十円とか、十五円とかもらう。月額三十円ぐらいだったと思う。『毎日』にいた時はもっとひどくて、ただの十円。あまり少ないので渡す方も気がひけるらしく、／『比嘉さん、もう少し記事を出すと十一円ぐらいにはなるんですがね』／というのが、常であった。当時は、新聞というものは企業というよりも、同志相集まって自由なる言論をくりひろげるという性格が強かったから、働く記者も金が入るものと考えていなかった」（「年月とともに」・『比嘉春潮全集』四巻）。

そのころの新聞購読料が月三十五銭で、東京での家賃が約九円だから、月額約十円の給料がいかに安かったかがわかるであろう。二男長正は『机上餘瀝』の「あとがき」で次のように回想している。

「新聞社を退き収入のない家庭になったので、一人の食いぶちをへらそうと考えたのか、丁度台湾の鉄道部に、子どもが居ない叔父（父の弟）夫婦が居りましたので、私は三、四歳の頃に養子の形で、叔父の所へ預けられました。しかし母恋しさのあまり泣くことしきりで、その上、沖縄方言を使うので、来客がある時は押入れに閉じ込められることもありました。三、四ヶ月してやっと母のもとへ帰ることが出来ました。」

それは一九一五（大正四）年のころで、翠香は三十三歳の若さであった。

二十七、八重山のマラリアで提言

翠香は『沖縄毎日』を辞めて、家庭の経済的危機を乗り切るため、二男のまだ幼い長正を台湾の弟夫婦にまで預けねばならなかったのである。

おそらく起死回生の想いで『沖縄警醒新聞』を創刊したのであろう。

この新聞の主な出資者は楚南明徳であった。彼の本業はパナマ帽製造会社の社長だったという。しかし、この新聞もうまくはいかなかった。おそらく、一年もたたなかったと思われる。

したがって、一九一六（大正五）年から一九一八年までの三カ年間の翠香の軌跡は今のところ全くわからない。

私は八月になると、すぐに八重山に行って〈翠香の八重山時代〉の調査を開始した。しかし、具体的な手がかりを得ることはできなかった。

ただ唯一の収穫は『石垣市史』第一巻に翠香が書いた「八重山の風土病研究を何故に政府の事業に附せざる歟」（『沖縄毎日』明治四十四・十二・十六）の論説文が収録されているのを確認できたことであった。

この論説で、翠香は当時の八重山のマラリア問題を詳細に論じ、その解決策を具体的に提言している。

まず翠香は「嘗て京大の教授松下博士は我が県下に同情し以て八重山郡の部落を救済せむと企て其の風土病研究の任を日比知事に諮りたりしも日比知事は当時松下博士の意見を容る丶能はず、博士は薬品は大学の風土病研究の科目の下にて幾何なるも応ずる事にして博士の旅費と助手の年俸千五百円を県より支給するを得ば以て六年間に八重山の風土病を研究し了ん事を言明したるも日比知事は到底県費を以て助手の年俸を支給し能はざるを以て博士の意見と衝突し折角の博士の厚意を拒みたりしと」と批判している。

そして「然らば県費を以て支給し能はざる八重山郡の完全、急速なる風土病研究は之れを国庫の支出より為すも亦可ならずや」と提案しているのである。

翠香は「由来八重山は本県の宝庫と称へたり。而して今や八重山の風土病研究は県の経済政策よりは寧ろ人道問題」であるから「尋常の政策問題と同一視」してはならないと県当局日比知事に迫っている。またこのマラリア問題は栃木県の「足尾銅山の鉱毒事件」に匹敵する人道問題だとも指摘している。

思えば、翠香の論説は常に住民の利益や個人の立場をふまえて、人道主義や個人主義に基づく権力や権威を批判する主張が多かった。しかも、当時の政府や県庁、教育界、経済界、宗教界などを牛耳っていた権力者は、その多くが本土出身の《大和人》であったことに注意する必要がある。

八重山のマラリアが完全撲滅させられるのは第二次世界大戦後一九六〇年代までかかってしまった。なんと、翠香はこの論説を書いた九年後に、八重山でマラリアにかかって死んだという。これを歴史の悲惨と言わずに、なんと言えよう。それにしても、なぜ八重山に行ったのか。

二十八、若き日の貴重な証言

この翠香論のための調査も末尾に入った九月十八日（一九九四年―本書注）、私は翠香の甥・山城登氏に会って取材することができた。

登氏は翠香の弟・長秀と伊波普猷、月城兄弟の妹・尚子夫妻の二男である。長男は泰氏。

那覇市識名の山城家へは翠香の長男・長憲夫人ツル氏と娘さんが案内して下さった。そこで、長秀、尚子夫妻の話や、山城家のルーツ、伊波家の話など、翠香のエピソードを中心に貴重な証言を聴くことができた。

そして、数々の資料の中から、とうとう若き日の翠香の写真が出てきた（この連載の一、二回目に掲載した写真がそれである――初出時注、本書では口絵1頁に掲載――本書注）。

初めて見る翠香の写真に、私は思わず合掌し深々と頭を下げた。翠香はとても気品があって理知的でハンサムであった。数ヵ月間探し求めて、しかもあきらめかけていた写真がやっと見つかったのである。

登氏の話によると、山城家は〈明氏〉で名乗り頭は〈長〉である。本家は那覇市泊在の山里家である。翠香の祖父の代には、この山里家から「明治維新の慶賀使」一行の一員として山里親雲上《ぺーちん》・長賢が出ている。この山里親雲上の写真は正使伊江王子や副使宜野湾親方朝保とともに写ったものが残っている。

山城家も伊波普猷家と同様、祖父の代には海外貿易などに従事して、かなりの財を蓄えたらしい。しかし、翠香の父の代にやはり明治維新「琉球処分」の影響を受けて家運が傾いたようだ。

したがって、翠香が中学校へ進学するころは経済的にもかなり苦しかったようで、彼が中退したのも家運のせいではないかと思われる。

それでも翠香兄弟は向学心と知識欲おさえがたく、五歳下の長秀は中学校から〈仙台高等工業学校〉へ進学している。翠香が「仙台の愛弟より先日春の紅葉の満開したるを報じ来れり」と「机上餘瀝」（明治四十四・五・二十三）に書いたころは、三年生になっていたのでは、ということである。

弟の長秀は仙台高等工業学校（現在の東北大学工学部）を卒業すると台湾総督府交通局鉄道局の技師として就職し、保線区主任まで務め上げている。

交通局の工務課には、伊波普猷の同期生・照屋宏が課長になっており、その勧誘で台湾に渡ったようである。そして、照屋課長宅には伊波の妹・尚子が花嫁修業をしながら住み込んでいた。

長秀と尚子は大正一、二年ごろに結婚したが、約十年間子宝に恵まれなかった。そこで、翠香の二男・長正を養子にしようと預かったらしい。

それは翠香一家を経済的に援助すると同時に、沖縄の伝統的知恵である〈ミシクーガ（見せ卵）〉の側面を持っていたようだ。

つまり、ニワトリの巣に常にミシクーガとして卵を一個残しておくと、たくさんの卵を産むという経験から、なかなか子どものできない夫婦に二、三歳の子どもを預けて育てさせるのである。その効用あってか、長秀・尚子夫妻は泰、登と二男に恵まれたのである。

二十九、登野城で生活難の連続

ところで、山城登氏の説では、翠香一家は伊波普猷の弟・普助《ふすけ》を頼って八重山に移住したのでは、ということであった。

と言うのも、伊波普助は名古屋医専を卒業して、那覇で開業医をやったが、当時は八重山で村医になっていたとのことである。

普助は最終的には台湾で客死したようだが、八重山時代は翠香一家を援助する余裕があったかもしれない。

一方、在野の研究者・新城栄徳は翠香が『沖縄警醒新聞』失敗の借金を一人で背負い込んだために那覇で生活できなくなったのでは、と推論している。

その根拠として、新城は他の経営陣である楚南明徳と真栄田勝朗が、その後も那覇や大阪で他の事業を展開している事実を挙げていた。真栄田勝朗は後に『琉球芝居物語』という著書を残している。

いずれにしても、八重山の登野城での間借り生活でも、翠香一家は生活難の連続だったようだ。もはや、翠香には言論人としての活動の場はなかったように思われる。

かつて、『沖縄毎日』での記者生活の絶頂期には、多いに論じ、酒を飲み、芝居を見物したりして議論を交わす、貧しくても楽しい日々があった。

翠香が書いた『沖縄毎日』の「編輯日誌」（明治四十四・十・一）の一つには「▲サテ、何を書いて天下の耳目を聳やかそうとしてゐる際、家の憲坊が俥で彼岸祭の餅や肴を運んで呉れたからモク、バクの両君と編輯局から失敬して応接所にコ、ツ、ソ、リと陣取つて泡盛と一緒に活動し始めた―中略―▲モク君が黙然と一言なきは『男女の性欲の弱点と一夫一婦論』を読みながら片手に酒盃を持つてゐたからである▲午后五時締切」と描かれている。

そこには、当時七、八歳ぐらいの長男・長憲が持ってきてくれた肴で、末吉麦門冬らと楽しく飲み始める幸福そうな翠香の姿がある。それと比べて、八重山で飲む酒は、どんなに苦い味がしただろうか。

一方、そのころの『沖縄毎日』の記者たちの評判を比嘉春潮は「大洋子の日録」（明治四十四・十・九）でつぎのように記録している。

「昨夕、奥平で『毎日新聞』主筆諸見里南香氏に遇ふ。焼酎で叩いて見たら地金の音は左の通り。／△社の翠香は徹底しない薄っ平らな議論を吐く。中学師範の学生から『小主観』とあだ名されて居る。／△麦門冬はえらい、文学趣味があって、常識がある。安心して新聞がまかせられる。―後略―」（『比嘉春潮全集』第五巻）。

ここで比嘉は諸見里の人物評を皮肉まじりに聞き「僕にはトンと感心できなかった」と述べている。それでも、私たちは翠香が中学校や師範学校の学生からあだ名をもらうほど注目されていたことが読み取れる。翠香の栄光の日々であった。

しかし、翠香も、麦門冬も、あまりにも若くして死に、月城もまた非業の最期をとげたのであった。八重山の地でマラリアに侵されながら、翠香はどんな思いで死んでいったのであろうか。いずれも、言論人としての使命に忠実であった人々の最期は恵まれることの少ない時代であった。

三十、世界同時性的に広く言説

この翠香伝を終わるに当たって、私の評価をまとめておきたい。翠香が一番嫌った「小主観」にならないことを祈りつつ。

まず、すでに翠香の主要な論説を検討して分かるとおり、彼は沖縄で初めて哲学の研究と思想の探求とその実践を真正面から自覚的に論じた先駆者であった。

この翠香像は、当初の「ジャーナリスト・評論家」という評価だけでは足らないくらいスケールの大きい言論人であった。もし、〈学問・思想の伊波普猷〉、〈文芸・思想の月城〉という言い方が許されるなら、彼は〈哲学・思想の翠香〉と形容することができるだろう。

そして、その論じる対象領域が幅広く、哲学、思想、文芸、政治、経済、教育、社会問題など、どの分野でも、筆《ひっ》鋒《ぽう》鋭く根底的（ラジカル）であった。

しかも、その論拠や心情は常に下層の経世済民を考えた正義感と人道主義に基づくものであった。彼の反権力、反権威の批評精神は非妥協的で、終生変わらなかったと言えるであろう。

また翠香は世界同時性的な思想・感性を持ち自負と気概にあふれた人であった。自立、独立心の強い人であった。彼の言説には中央（東京）／地方（琉球）という狭い思考回路はなかったと言える。自己＝琉球＝日本＝世界という同時代性の視野と感性を持ち続けていた。当時、そのような世界同時代性的な思想・感性を持っていたのは翠香や月城のみであったと言っていい。

それ故、彼にはニーチェ、ショーペンハウエル、イプセンなど新時代の新思想を論じ、河上肇や正宗白鳥、田岡嶺雲や乃木将軍などをはじめ、同時代の時事思潮を、東京や大阪などのジャーナリズムと同レベルで論じているという誇りと自負があった。

したがって、その論説は当時の〈地方紙〉の中では極めて高いレベルの水準を保っていたと今日でも評価されている。そして、そのころは大日本帝国の植民地主義の結果、朝鮮、中国、台湾の問題は、常に「国内問題」として情報が入り議論されていたことに注意する必要がある。良きにつけ、悪しきにつけアジア・世界は言論人の視野を広め、自己の問題として突きつけられていたのであった。

翠香は政府、権力者が押しつけてくる帝国主義、忠君愛国主義、国家主義に対し、個人主義、地方主義による「個性発揮の声」を重視するよう高らかに主張した。「机上餘瀝」（大正元年九・二）で「今や一般国民の帝国主義の積弊の苦痛に呻吟しつゝあり」「租税の軽減と帝国主義の根本的改善とを熱誠に実行あらん事を期待するものなり」と主張していることは注目されなければならない。

翠香は明治の終年と大正の元年の大転換期にペンを武器にして闘った。彼は組織的な人間にはなれなかった。沖縄に社会主義やアナーキズムの組織運動が起こるのは大正の中期、比嘉春潮たちの時代まで待たなければならなかったのである。

三十一、義兄弟の比較研究課題

ここまで翠香論を書き進めて、やり残した課題はまだたくさんある。

まず、彼の文章の資料収集も完全とは言えない。『沖縄毎日』を可能な限り丹念にめくってみたが、今回は明らかに〈翠香〉と署名された資料だけを対象にした。しかし、彼の雅号やペンネームは〈翠香〉以外にもあることが考えられるし、無署名の論説もあるだろう。

例えば、「机上餘瀝」のコラムは明治四十四年の十月から、四十五年の六月まで極めて少なくなっている。しかし、明治四十五年の一月から『沖縄毎日』では〈山城鳥江《ちょうこう》〉や〈鳥江生〉なる書名の文章が目に付く。一月五日から七回にわたって掲載されている「老子より観たる一の字」という長い論文は、明らかに翠香の文章と思われるが、どうだろうか。

また〈翠香〉という雅号そのものが、石川啄木が盛岡中学校時代の明治三十四、五年ごろ『岩手毎日新聞』や『岩手日報』への投稿で使っていたペンネーム〈石川翠江〉を連想させるが、その関連はどうだろうか。なにしろ、翠香の友人であった山城正忠（一八八四―一九四九年）が、石川啄木と親しかったが故に、気になるところである。

一方、彼の思想形成とその変遷の過程に対する研究も、もっと詳細に論じなければならない。その為にも年譜による軌跡を充実させ、十代から二十代前半の翠香像を研究する必要がある。

翠香は石川啄木が自己超克したように、ニーチェの「超人」思想やショーペンハウエルの「厭世主義」を克服して、社会主義思想まで発展させることができなかった。

その最大の理由は自分の劣等コンプレックスを直視し、自己切開する思想的格闘が弱かったからだと言える。彼にとって、無理解な沖縄大衆は「五十万の群豚」としか表現しようのないイラダチがあった。近代知識人たちが陥りがちだった生活力での劣等感の裏返しである。

自己切開という点では、伊波月城の方がはるかに徹底し、思想的成長を遂げていた。英語力に秀で、原書で外国の文芸思潮を読みこなせた強みであろうか。月城だけは、その当時、帝国主義や国家主義、植民地主義批判を徹底し、朝鮮、中国、台湾、フィリピン、アイヌなどの被抑圧民族に同情的であった。(詳細は比屋根照夫論文「伊波月城のアジア観——日露戦後の社会批判の視角——」一九九三年参照)。

一九一一年(明治四十四年)、伊波普猷の『古琉球』発刊前後の時点では、彼も翠香もアイヌや台湾、朝鮮民族への差別感は克服されていなかった。この二人は〈琉球民族の血統〉にこだわりすぎていた、と言えるであろう。

翠香、普猷、月城という〈義兄弟〉たちの相互影響や思想の比較研究も今後の課題である。

私たちにとって、まず『伊波月城全集』のような資料の出版が望まれるが、その時には山城翠香の評価の相対的比重も増してくるはずだ。伊波普助、尚子という〈義兄弟〉たちの評価とともに。

三十二、高かった漢学、英語知識

翠香の思想を検討するとき、彼の論説の文体については興味深いし、避けて通れない。

彼の文体は〈和洋折衷の文語体〉が基調であった。

今回私は長々と引用してきたが、読者はきっと読みづらかっただろう。

同僚の末吉麦門冬ですら「『言論欄』に翠香君の『田岡嶺雲を憶ふ』と云ふ文章が眼についた翠香君の文は長いので何時もは後回しにして雑報記事から見るのであるが嶺雲と云ふ文字に心引かれてそれから真先に読下した」（『沖縄毎日』大正元年九・三十）と書いているほどである。

しかし、今回は翠香の文章があまり知られていないし、読まれていないという実情を考えて、できるだけ原文を引用してきた。

彼の文体を考えるとき、明治の末期まで沖縄にはまだ「言文一致の口語体」による大和口（日本語）は浸透していなかった時代状況を無視することはできない。

日本本土では、すでに明治二十年ごろから二葉亭四迷の『浮雲』や山田美妙の「夏木立」などによって言文一致の小説が発表されていたのである。だが、沖縄ではまだまだ書き手も、読者も日本語になれていなかったのだ。

ここに、当時の状況を知る上で、おもしろい資料がある。明治四十三年二月二十七日の『沖縄毎日』を見てみると、県立尋常中学校の入試問題が掲載されている。その中の国語（作文）の問題を読むと、次のようだ。

「1・自己の在学せる学校の有様。（普通文章体。はなし言葉にて作るなかれ）／2・中学校入学試験の有様を問答する手紙。〈はなし言葉〉」。

当時の入試問題でも〈普通文章体〉と〈はなし言葉〉は分裂し、対立していたのである。沖縄の最高の知的エリートコースであった中学校の国語入試ですら。

おまけに、翠香の論説の主領域が思想や文芸の問題であった。したがって、彼の文章は長くなりがちで、センテンスも長い。しかも、問題を多角的視点から論じなければならないので、「あに〇〇〇べけんや」調の懐疑的な文体が多いのである。

さらに、断定的な文章が少ないのは琉球人全体の精神的コンプレックスに根ざしていると思われるが、翠香の場合は学歴に対する無言の劣等感も反映していると言えるだろう。

しかし、それ以上に驚かされるのは翠香の独学ぶりである。その文章から、彼の漢学や英語への知識が相当高いレベルであったことがわかる。英語や語学専門の研究者が、翠香や、月城の英語を全部調べて比較研究すると、きっと大きな成果を得るはずだ。

それは、私たちに漢語や日本語、英語の受容、吸収過程と思想の受容過程を教えてくれるにちがいない。また、異文化接触と交流、その変容過程にも、重要な資料を提供するだろう。それらの研究も、これからの課題であろう。伊波普猷が嘆いた「言葉の七島難」は現在でも越えられたかどうか。

三十三、「**演劇評論**」**でも先駆者**

翠香の文芸評論についても、もっと詳細に検討すべきである。もし、将来「沖縄近代文芸評論史」という分野が書かれるとしたら、伊波月城と共に山城翠香の名前は書き落とすことはできない。

それは、沖縄における文芸思潮としての「自然主義」の受容過程と同時に、その思潮の全国的な波及過程も明らかにすることができる。

すでに翠香は明治四十四年の時点で「小説批評するに当り須らく厳粛なる態度なかる可からず」「ソレ、小説の根本思想を取扱ふ態度も哲学の如く時代精神と国民性と而して個性の三方面より観察して之れを芸術の目的たる真、善、美、荘の四種の思想中に近代新価値を認容されたる、『真』即ち知に関する理想に確執して以て『人間は如何に生く可き乎』の人生観を解釈して其処に暗示されたる仮想生活を想像する能力有るや」（『沖縄毎日』七・三）というレベルに達していた。

この芸術観に立脚して、翠香は山城正忠の『九年母』を批評し、後輩の比屋根春樹や仲吉良光の評論にコメントを加えたのである。

その中でも、翠香は「比屋根春樹君のダヌンチオの『死の勝利』の梗概は近来の好文字也。」（『沖縄毎日』明治四十四・七・十五）と高く評価している。

一方では、当時早稲田大学の学生であった仲吉良光とは『死の勝利』の「イポリタなる女性」がイプセンの『人形の家』の主人公ノラと同様「新しき女」であるかどうかをめぐって論争があった。

翠香は、自分を批判した仲吉に対して「己に楽に批評の価値を知らざる者」（『沖縄毎日』明治四十四・七・十八）とこき下ろしている。この二人の論争も独立させて詳細に検討してみるべき価値があると思う。

さらに、「沖縄芸能史」における「演劇評論」の分野でも翠香は先駆者の一人として無視できない。

日本近代演劇史の中で画期的であったイプセンの『人形の家』が、文芸協会の第二回公演として松井須磨子らによって初めて上演されたのが一九一一（明治四十四）年十一月であった。その初演以前に、翠香たちは、すでに『人形の家』を含めて論争まで展開していたのである。

また、翠香や月城、麦門冬たちの楽しみは酒を飲むと同時に演劇を鑑賞することであった。翠香は「机上餘瀝」にだけでも八回の沖縄芝居や演劇批評を書いている。これらは、沖縄芸能史の研究の上でも貴重な資料である。沖縄の役者の中で、翠香は『柳生飛騨守』における伊良波尹吉の演技を賞賛している。彼らの観劇のエピソードは、当時の雰囲気を伝えていて読んでいても楽しいものがある。

その当時の劇団の活動状況や上演演目を整理していけば、沖縄芸能史の第一級資料となるであろう。残念ながら、今はその時間的余裕と紙幅がないが。

三十四、業績が徐々に明らかに

私が翠香論を書き進める上で、どうしても一九一五（大正四）年前後の新聞・言論史の詳細な研究発表が待たれた。周知のように、一九一四年には第一次世界大戦が起きている。それは沖縄社会に未曽有の経済的打撃と社会的転換をもたらした。

そして翌一五年に、新城栄徳の調査によれば、一月に『沖縄毎日新聞』の紙名が『沖縄毎日新報』に改題され、一九一六年（大正五）年には伊波月城が社長兼主筆となっている。

また、十一月には若手言論人が結成した「青年記者団」の末吉麦門冬、仲吉良光らを中心にして『沖縄朝日新聞』が創刊されている。

この年に翠香や月城、麦門冬らも大きな人生の転換期を迎えたのである。しかし、この言論人の離合集散の時期に翠香が何を考え、どう行動したのかは、現在のところほとんど分からない。

今後、島袋全発や仲吉良光の研究あたりから逆照射させて、何か手がかりがつかめたらありがたいのだが。

一方、翠香の文芸作品が一篇でも発見されればと祈らずにはいられない。翠香は、どちらかというと理論家の方だが、詩作品があるかもしれない。

そして、可能性としては、彼の漢学の素養や好みから推測して〈漢詩〉が考えられる。ちなみに、彼が評価した漢詩は文学博士・森槐南（公泰）翁（一八六三〜一九一一）作の

漢　陽

王気銷沈巳不堪
空言猶託暮情談
無端怨絶桓宣武
楊柳粛々老漢雨

という作品などであった。（『沖縄毎日』明治四十四年四月二十日）。

さて、翠香の論説を高く評価させることになった〈河上舌禍事件〉の再評価について検討するには紙幅も尽きてきた。私自身への重要な課題として他日を期したい。

この連載が開始される前日の十月二日に、翠香の生年月日が明確になった。甥の山城登氏が東北大学へ山城長秀の入学証明書を問い合わせたところ、保証人の欄に

山城長馨　明治十五年（一八八二年）十月三十日生

と明記された証明書が届いた。今年（一九九四年）は生誕百十二年、没後七十五年目に当たるわけである。この長い年月の間、御遺族の経済的困難はいかばかりであっただろうか。とりわけ、野原家から嫁いだ翠香の妻・カナの苦労は、今、二男の山城長正、甥・山城登氏をはじめとする御遺族の執念と努力によって言論人・山城翠香の業績が徐々に明らかになりつつある。

ここで、ひとまず山城翠香論の筆を置くにあたり、快く取材に応じ協力下さった山里ツル、山城トシ子、山城登氏をはじめとする御遺族の皆様に心より御礼を申し上げたい。ありがとうございました。

また貴重な資料提供や助言をいただいた新城栄徳氏に感謝申し上げます。さらに、このような機会を与え、有形無形の支援をして下さった比屋根照夫氏をはじめとする「列伝会」の皆様にも。いい勉強になりました。

II

『机上餘瀝』抄

＊各タイトルは、記事の内容をもとに本書編者（高良勉）が付したものである。

〈Ⅱ〉『机上餘瀝』抄

一、中学時代の旧師立津先生の思い出について／哲学とは何ぞや

▲昨日の本紙上に先覚者立津先生を迎ふるにてふ通信有りき。立津先生と云へば予等中学時代旧師なり。先生の快弁は所謂内地人化し能く法螺を吹きて生徒の快哉を博するの長所あり。然れども先生は応化性に乏しくして類化性無く適々人を馬鹿にしたるつもりなれど実は他人に馬鹿にされることあり。先生の短所は其処にあり。去れど先生は能く人を察し自らを考へ交際□裡には先づ以て花役者の一人たるべし。先生は境遇と箇性との衝突より成りたる性格を以て屢々小主観を暴露したることあり。然れども箇性てふものはそう一朝一夕に診じられるものに非らず。箇性問題も随分月並になりしが実は現代のサイエンスでも核糸の単純複雑に区別したる丈にて之をヒロスヒイにて突き止める段に来たると所詮本体論即ち本質論に逢著する故に今猶研究の域に逍遙するにあらずやと茲に至つて立津先生の小倉高女校時代を想起し色々の彩色と種々の構図とを組合はして先生の内部生活を想像して頗るインテレストをえたるものあり。先生は宮古に帰省されて高等校の校長に転任を聴くや予は今昔実感に堪えず。あゝ偉大なる箇性は境遇を超越するを獲ず。遂に箇性はその揺藍の旧境遇に帰るてにの真理即ち確実性を認識するに至り。終に先生に逢ひたきの情に堪えざるに至る。月雲を吐き小雨ぽつり〳〵と降る。

▲机上執筆中、某紳士入来り茶を啜りつゝ快談始まり、般若湯を吸みながら客の気焔虹の如く吐く、席に列したる人々皆一と癖ありそうな論客、揚げ足ござんなれと互に論戦数刻、或は琉球婦人罵倒論高等女学校罵倒論、或は憲法改正案の噂等ありて散会日暮れて遠く、霜なくして鳥阿房と啼けり▲予に親友あり。予に馴れ過ぎて予に問ふて謂ふ□曰く哲学とは何ぞやと予は今更驚きつゝ哲学とは実在の原理と認識の原理とを究明する学なりと応へて、予は如何なる学にても又文献の研究を無くしては證明するをゑずと一寸屁理屈だと思ひなから竪子誨ゆべしと相別れり。▲肉体の意識と記憶とに生活したる人間は要するに真の人間生活に非らず。知らずや鳥は日暮るれば巣に皈へり。雁は冬に到れば南に行くと聞く豈に啻

に人間のみ情に慕ひ子を愛せむ哉。人間が人間の分裂状態に対する一の本能欲は恰も無機物が自我を滅却せざる範固内に於ては乙異分子にを反撥して同分子を相吹取し相抱き合ふ現状を目撃きする人は誰かいての本能欲の単純ならざるを識別するならむ人間心理状態に於ける一箇人の精神活動にても意識の分化作用の複雑なるに随ひ一箇人格の完成を期するものを望をゑむとす。人格とはコンベンシヨナルの品性や技倆にあらず必ずや肉□完を元穫記憶□確実を意識し、概念の智識を充実するにありと聞けり。然りと雖も今の世、斯の如き聖君子幾人乎あるや。

（「机上餘瀝」『沖縄毎日新聞』明治四十四年四月一日）

二、去華堂主人・河上肇先生を迎えて

▲去日去華堂主人の河上先生を迎ふてふ四畳半録に於ても先生が年少気鋭にして如何に将来の大活動に天下を刮目せしめる底の面影を窺知するに足らむ。而して先生が京大政治科の講壇に登らるゝや。其の専攻たる経済史の講義は流るゝ如きの快弁なりと聞く。由来山口県は政治家の出産地にして然かも先生の法科を選ばれしは蓋し先輩諸氏に私淑せられし者之れ有りしならむ聞く如くんば先生の経済史の帰著する所はダルウヰンの生物進化論にも由来する所ありと、某大学生曰く河上先生の経済史もお始末にはダルウヰン一天張りになると、然り法政経済と雖も其の帰一する処はヒロソフヒイなれば其の前に博物学や生物学や心理学の準備智識無かる可からず。然れども進化論は原因を究明せず過去に於ける人類の人文推移の結果を示して之を以て未来を推理するのみ。到底人類の欲求其の物がサイエンスにて徹底し能はざるならむ。是に於て哲学は科学の結果たる諸々の現象即ち仮現の原理と認識の原理とを究明すには即ち哲学の定義也とは現代の哲学者の齊しく認知する所也と聞けり。余瀝子是迄で余計の雑言を放語し□つて端なく河上先生の講壇に於ける講義振りを想像するに至る。三十四五の若い学者の登壇せるを想へ。中背にして痩せぎすの細顔に短く髭を苅りたる眼鏡の青年有為の学者に想ひ至らば講堂の諸子先づ以て年少学者の才気煥発、風彩陸離たるに厭追せられずんばあらず。況んや先生は諸先輩と世人とに青年経済学者と至嘱され、其の学識や豊富にして其の謙遜

の徳や自ら人をして敬意を払はしむるに於ては吾人をして当年の□□の熱誠なる快弁と学徳とを想起せしめずんば非らざる也先生の重なる著述は経済原論、社会主義評論、農政学、人類原始の生活等とせり。▲人動むすれば人間論を浮かりと喋舌する者あり。斯等窮鼠輩を提へて其論旨を追究すれば至極簡単明瞭に応へて曰く「人間は嫌や□も生きて居る間は是非とも働いて食はなければ可けないものなり」と斯くの如き似而非真理の答案に対しては吾人の対手にならざるものとす。如何となれば其の生きんとする意志たる人間の欲求は単に科学上に取り扱はれたる感覚の表象や観念の聯合や或は人間思考の主観的に論明講究すること能はず必らずや生物の心意経済より出でたる形体的現象の事実即ち生物が現に生きつゝある当面の大事実を破壊し徹底して人類生存の欲求其の者を研究して究明せざる限りは人間は生きて居るから働かねばならぬなどゝは殆ど無意味なる可し。単に生活と云ひ生存の事実と云ふならば必らずしも人間論に限らず之を無機有機の両界に拡充して論ずるも敢て至難の業に非らず却りて容易の事ならずや。斯の如き生活てふ意味ならば微小なる虫類にも其の生存欲に対しては原始的本能の牢固として存しあるを知らずや然れども人間になると比較的他の生物と意識の明瞭に反省するに随ひ智識の拡充するに伴ひ遂に動機と行為との距離の短き禽獣虫魚の本能生活即ち機械的生活に複雑なる意識の分化作用を起し限り無き多くの本能欲を統一調和せしめて其処に道徳、倫理、教育、政治、哲学、宗教及び芸術に生活するものを真箇人間の夫れ其の真正な生活なりと是に於て箇性の完全を期し真の人たるを得む、県下の教育家、官吏、実業家中、真に本能生活機械生活中の諸々の本能欲を整正調和して高尚美的の生活を送る者は果たして幾人乎あるや。

(「机上餘瀝」『沖縄毎日新聞』明治四十四年四月三日)

三、河上肇の本県評と地元新聞の反応について／東京の安元碧海著『人物地理』について

▲去る五日に琉球紙に旅行家の本県評と其翌日の六日に本紙の一陣の風とが現はれたりしを一瞥しぬ。然かも両《ふた》つながら小主観にして小憤激、忠君愛国てふ小なる観念に囚はれて却りて国家の根本心意を忘却したるものに非らずや。琉球子と一陣の風の攻撃悲憤、殆ど遠来の珍客

河上氏に向ふて喰つて掛りそうな勢ひは以て左もある可き事なれども是れ人情に於て押へ難き小情小理なるのみ。退いて之を河上氏の言に考察すれば吾人琉球人と雖も遺憾ながら忠君愛国の念に乏しく、国家的観念に薄くして昔時の琉球国を回観すれば転た猶太、印度の亡国民を想起せざらんと欲するも豈得べけむや。若し之を以て誤解妄想とせば是れ取りも直さず琉球の史実を無視し吾人琉珠人の祖先より推移したる意識状態を閑過したるに過ぎざるのみ、以て猶ほ歯するを欲せず是に於て大和民族より永く岐れたる我が琉球人の祖先は其の政治と云ひ其の生活方法と云ふも有らゆる事情に於て他府県人即ち久しき以前より政治と生活とを類似にしたる本土人とは自ら其の軌を異にしたるは少しく智識あるもの丶首肯する所ならむ。然らば是を以て推するも本県人が日本に対する国家的観念を漸く意識し始めたりしは明治十二年の廃藩置県の時よりと云ふも敢て妨げ無かる可し。是に於て他県人が小さき国家的観念に束縛されつ丶自由思想を叫び国家主義の理想に憧憬するも所詮日暮れて道遠き感を抱かざらんや。是に於て琉球人は小なる国家的観念より超脱し忠君愛国てふ狭隘なる家より進みて真個国家の理想たる世界平和の理想に達せむとするは天□の使命たらずや。斯く使命を果たしてこそ真に忠君愛国の本旨に渾一徹底したるものなれ。要するに忠君愛国の観念に対する有無或は強弱を弁護せむとするは只た夫れ苦しき弁護のみ、小主観小憤激のみ吾人は同業者並に先輩に対して聊か遺憾とする所也。

然り而して河上肇氏が従来の沖縄観察者と其の選を異にして忌憚なき事を放言したるは却りて琉球人の箇性に光彩を投じたる点に於て心窃に嘉納《かのう》する所也。嗚呼、吾人は今にして琉球人を真解したるの知己をえて深く感謝せずんばある可からず。

▲東京の安元碧海君《やすもとへきかい》の『人物地理』は一月号より引き続きて四月号に至りて完結を為すまた碧海君自身の言に依れば洛陽の好評を博しえたりと吾人一瞥すれば成る程材料は伊波物外《いはぶつがい》先生*注1と東恩納《ひがしおんな》文学士*注2よりえたりしと雖も只だ型に敀りたる地理書に真似たれば差したる失敗もなひ変はりに何程の興味も無く其の人物短評に来ては殆どお都合に宜い事のみを放言知己の評には少しく念を入れたる面影あれども縁のない人には殆ど評と云ふよりは寧ろ仝君の狭き主観の顔が覗かれて却りて慇然たるものあり

き。例へば文学士伊波普猷氏は五百四十頁余の『古琉球』の著述を為し夙に其の校正を終つて今や琉球の哲学的研究中になるに拘はらず碧海君の知つた振りに曰く『文学士伊波普猷氏は熱心なる基督教の研究者で、そして何等かの抱負もあつたらしいが昨今どうして居るか分らない』と是れ其の一例にして普猷氏の斯の如きの評は昔の全氏ならいざ知らず今の氏の評なら全くの盲評にして天下之をしも人物評なら寧ろ評なきを幸とせずや。殊に其の『……昨今どうして居るか分らない』位ひにて好い加減にお茶を濁らすに至りては碧海君は得意として居るも斯る無責任な評は些と天下一品たらずや碧海君之を奈何と為す？

（「机上餘瀝」『沖縄毎日新聞』明治四十四年四月八日）

四、河上肇の講演に対する三新聞の反応について

▲京大の青年経済学者河上千山萬水楼《せんざんまんすいろう》主人＊注3去つて雲悠々、誰か『ある時はありのすさびに憎かりき無くてぞ人は恋しからまし』の古意に偲ばざるものあらんや。其の偲ぶも偲はざるも敢て介意するに足らざるも兎に角彼の珍

＊注1　伊波物外
伊波普猷（一八七六～一九四七年）の号。日本の民俗学者、言語学者。「沖縄学の父」と呼ばれる。沖縄県、那覇市出身。東京帝国大学で言語学を専攻して卒業した。帰郷すると、沖縄県立図書館の館長を務めた。学問の領域は、言語学、琉球文学、歴史学、民俗学、宗教学と多領域に及んだ。琉球人のアイデンティティーの形成を模索し、「日琉同祖論」を唱えた。伊波の業績を顕彰し、沖縄タイムス社によって「伊波普猷賞」が創設されている。代表著書は『古琉球』である。

＊注2　東恩納文学士
東恩納寛惇（一八八二～一九六三年）。沖縄県、那覇出身。日本の歴史学者、琉球史家。東京帝国大学卒業。法政大学、拓殖大学各教授を歴任。伊波普猷と共に、沖縄学の基礎を領導した。東恩納の業績を顕彰し、琉球新報社により「東恩納寛惇賞」が創設された。

＊注3　河上仙山萬水楼
河上肇（一八七九～一九四六年）。経済学者・社会思想家。山口県出身。京大教授。マルクス主義経済学の研究、紹介に務めた。「貧乏物語」、「自叙伝」が有名。一九一一（明治四十四）年に琉球調査研究に来た川上は「舌禍事件」に巻き込まれた。

客、その来るや何ぞ夫れ雷の如くその去るや何ぞ夫れ電の如く速かなりしよ。彼は三新聞とも恰も申し合はせし如き槍玉に掛けられ遂に社会主義、非国家主義の吹聴者てふ濡衣を着せられ了んぬ、彼は元より平凡中の非凡の男なれば誤解されたるピストルは快よく甘受せしと云ふよりは寧ろ冷笑せしなる可し。彼の松山黌《まつやまこう》に於ける一場の演説の末葉に稍々不穏なる口吻を洩したりしと聞く。その不穏なるは如何なるものかと云へば琉球人の忠君愛国の念に乏しく昔の猶太や印度の亡国に似し所あれば将来の偉人は本県より出づるなる可しとの意味を例へ彼の本意を発想するに未だ其の法を十分ならざりしとは云ふもの丶之を直ちに神経過敏なる三新聞紙は早や合点して日本の国家主義を破壊する社会主義吹聴と見做して遂に彼は国賊的危険物にされて殆ど放逐されたる如き迫害を感じつ丶琉球の小天地に容れられず、花の雲明け行く京洛に帰り去りんぬ。然り而して彼の去りし八日の当日午前十時より明倫堂に於て彼は『矛盾と調和』てふ演題の下に達弁、流る丶が如く毫も腹案なきもの丶如くに殆ど一時三十分間淀みなく結論し去るや満場の諸君恰も講堂に於ける講話を聞く如く一同満足に散会せしは各自の顔面に自ら現はれたりしを以て也。想ふに河上氏の論議する所は其の専攻たる経済学に立脚するも其の最後の結論に至るや経済学の根本を破壊して非根本的根本たる徹底経済学心意の理想に論及せざれば歇まさる底の勢なるを以て大抵の神経過敏の人間には多くの戸迷ひ者の生ずるの却りて尤もの事にして然かも徹底国家主義及び徹底個人主義の根本心意の理想を真解し得ざる無能力者には直ちに氏の言論に悩殺されたりしは元より当然の事ならずや。苟も主義主張と謂ふからには国家主義と雖も国家社会主義にして広汎の意味に於ける社会主義てふ問題は十百にして足らず区々たる諸説、翕然《きゅうぜん》*注4として一に帰らず、現代の学者が之に対する解説は殆ど十人十色の感なくんばある可からず。然らば一箇の河上氏なるものが例へ独り高標して社会主義の真解者と名乗るとも取て言責する程の野暮は無かる可し。然るに去る五月六日に野暮な琉球子と一陣の風の戸迷ひ子出でし后、亦々、去る七日に「沖縄紙」に漫筆子現はれて頻りに忠君愛国を呼ば丶り。以て草莽の臣高山彦九郎の二の幕を演じつ丶ありしを瞥たりぬ。抑々自ら予は愛国者也、忠臣孝子也と雄詰びるに至らば已に業に精神病の一種たる愛国愛県忠臣孝子妄想狂の傾向たるを免れず。漫筆子も亦久しく旧式の国家主義の古殿に安息して今や七日の漫筆に現はれたりし如く殆ど国家主義狂に振舞ひたりしを真に看破せし者は幾人ぞや。国家主義や国粋保存主義や或は武士道復興主義等と雖も元より主義たる以上は更めて言う迄も無く手段方便に過ぎず其主様の心意目的は主義の自我を滅却して其処に非主義的主義の全箇性を発輝するに到著せざる可からず。然らば国家主義と雖も事情を異にして然かも間断なく矛盾衝突しつゝありし個人主義と夫れ其最後の理想に於て論理上、哲学上の意味に於て且又実験意識の状態に於て必ずや矛盾の一致、衝突、抱合、霊肉、合一、並行線、相接、或は直線を無限に延長すれば終に円形を為すてふ数学上の仮定真理、或は矛盾中の調和、調和中の矛盾、最終の徹底調和てふ確実性即ち唯一の真理に両主義とも相笑ふて握手調和せざる可からざるは強て之を河上氏一人のヒロソヒイに問はざるも少くとも哲学の一頁位ひを丸呑みにしたる豎子と雖も自ら理解したらん。

＊注4　翕然
多くの物が、一つに集まり合うさま。

然るに今度、河上氏の有らゆる主義に対する徹底主義を振り廻はされて誤解者負傷者の少からぬ出でしは国民性に屈従したる小なる未熟の箇人性の烏合したる我が五十万の群豚の為に自ら痛惜せずんばある可からず。而して吾人は一箇の腕白者たる彼の千山萬水楼主人を容ること能はざりし沖縄の小天地に生れたりしを今更後悔せざるを得ざる也。

（「机上餘瀝」『沖縄毎日新聞』明治四十四年四月十一日）

五、帝国劇場の出現と新旧演劇論。琉球演劇の個性論

▲帝国劇場日本に出来しより其日猶ほ浅きと雖も天下その荘美を嘆賞せざる者非らざるも然かも内容の不整一に至りては識者の窃に顰縮せしと聞けり。斯れに関する虚実如何に拘はらず未だ新劇の根本特質たる「人」を舞台上に発揮し得ざる現代に於て其劇場の規模を今回の如く拡張し其長年月を閲し来りたる旧劇の根本特質たる「技

倆」を年々発揮せずんば歇まざ底の抱負ある点に於て嘉揚せざる可からず。然り而して新旧両劇を通じ其の本質論に識到すれば人間の本能欲より出でたる欲求にして自然界に於ける人事の再現□欲仮現欲たらずんば非らず而して天才の苦痛より難産したる光輝燦然たる旧劇に至りてや。乃ち夫れ其の核心の技倆に於ては喩え新し□□□□□□□その功や□値は到底永□□没す可□□□とものあるを認めるならむ。然らば旧劇の心意は技倆の為め□舞台也。技倆の為め□「人」に□て「人」は最初よりサクリフワイズ[＊注5]と為らざる可からず。故に伎倆は旧劇□核心也生命也。而して斯の生命に残骸を寄せて徒らに古色蒼然たる金箔に頼りて余命を貪りつ、ある旧優の蓋し多々あらむも無学無見識なる有機感覚の手合共を以て旧劇場の調和線□ある限りは今の処先以て五十年間は旧伎万歳なるべし。然らば新劇は如何なるものかと云へば伎倆は全く第二義にして「人」に在焉。舞台上の役者は其れ自身の自我を滅却して其処に渾然全き「人」□発現に努力せざる可らず。然れども旧劇の勢力より推せば未だ□三竿に昇りたるの感なくんは非らざる也。翻つて我が県下の梨園界を覗くに至りては動揺、混沌、幻稗、小膽以て坐ろに同情の念と滑稽□情に堪えざる者あるは何ぞや是れ他府県の諸劇を通観したる人の主観の勝利より出でたる声にして然かも小客観、小思考、似而非推理のみ。自己の狭隘なる認識の範囲に拠りて広汎なる他の全認識範囲を殆ど暗中の模索より出でたる浅薄極まる劇評たるに過ぎず。斯くの如き劇評の大家に一場の劇評論を拝聴したらば恐らく一生一代の光栄たらむ。然れども記せよ。本県の梨園界は軈て将来に於て琉球人箇性の揺籃界たるを！琉球人の箇性の他府県人と特殊に異にしたるは吾人の屡々論説したる事なれば今更爰に贅せず。然らは琉球の劇界は当分新旧共に試演にして仕方なく営利の奴僕たらんを惟れ即ち努めたるに非らずや。試みに其の一二の例を引けば渠の旧技の技倆に他の二座を壓して遥に超逸したる明治座を考へたらばおのづから冷や汗を握ぎざるを得ざるものあるは頗る遺憾とする所也。即ち同じ時代語と雖も代名中武士中町人中にも各自多少の相異あつて其性格を現はすには案外力あるもの也。亦眼装に於ても同格著用の礼服等あれど各自の嗜好に偏して其許す範囲に於て摸様の異りたるは免れざる所にして猶ほ之を以て其人の性格を暗示するものなれば斯等の諸点に於ても既に難関なり。況んや無学無智にして幼稚なる主観を以て中央の名優の台詞や所作事を僅々半年位ひに機械的に耳学目覩するも要するに他人の思想を籍り□他人の声を仮りたのみ。以て技倆に於てはからきし駄目ならずや。嘗て明治座の如きは自ら得意万丈革新劇などと駄洒落れ込みて「役者嫌ひ」を演じぬ。是れ取りも直さず役者自ら卑下して私人としての内情を大膽にも暴露して然かも芸術を侮辱したるを想へ斯の点より観るも明治座[*注6]の渡嘉敷兄弟[*注7]の他の二座の諸優より優れたる長所あると共に愚劣なる小主観あるを認めずんばある可からず。然り而して他の二座の汝南に至りては次日に譲らんかな。

（「机上餘瀝」『沖縄毎日新聞』明治四十四年四月十二日）

六、沖縄座、明治座、中座の演劇と琉球の個性について

▲沖縄座[*注8]は明治座に対して殆ど拮抗する程の伎倆無きも未熟ながら本県固有の国劇演じて百年一日の如く努力し来りて本県観を劇者の最低級なる首里、那覇及地方人の齊東野人等に趣味と喝采を博しつゝあるは或は奇怪なれども本県人が演劇に対する一般の観識の殆ど月並以下な

＊注5　サクリフワイズ
生け贄。

＊注6　明治座
一九一〇（明治四十三）年に沖縄県那覇市の端道にできた沖縄演劇の一座。渡嘉敷守良が座頭を務めた。

＊注7　渡嘉敷兄弟
琉球芸能家の有名な兄弟。渡嘉敷守良（一八八〇～一九五三年）を中心に、兄・渡嘉敷守儀（一八七三～一八九九年）、弟・守礼（一八八三～一九二二年）も役者で、兄弟で沖縄演劇の中心的存在として領導した。

＊注8　沖縄座
一九〇五（明治三十八）年に、上間正品たちが、沖縄県那覇市で立ち上げた商業演劇の一座。新派劇や、翻案劇に取り組み、沖縄芝居の変革を追求した。

るを証するに足らん。然れども昔より百般の事情他県と相違したる本県なれば随つて舞台上に於ける科、及び台詞の如きも喩へ役者其の自身の伎倆に由りては旨く真似ることを得るも要するに真似のみ以て伎倆の神に入らむとするには頗る困難なることならずや。然らば本県の俳優たるものは彼我の性情の根本特質を対照稽査して以て彼の科及び台詞を我が形態上の力美及び音声上より比較して深く研究せざる可からず。況んや昨日論じたる如く或る人物の性格を暗示するに其れに調和する服装乃至クリイヱートの所作事に至りては其の性格の上に神に入りたる伎倆の光彩を燦然陸離たらしめつゝある名優は現代只だ夫れ五指に屈するに過ぎざるに於て田舎役者が赤毛布にて東都に演劇研究に行くとも其行や壮なりと嘉みすべきものなれど所詮機械仕入れに行くのみ然れども演劇研究は東京のみに止まらず願ふことなら海外にも行かざる可からざることなれど従来本県の俳優が演劇研究などと業々しきことを吹聴して他県行きし成績を観ると其の観察の幼稚なるは今更始めし事ならざれば敢て云ふを欲せざれど其のお土産たるや版に刷りし芸題の筋書と活きたる演芸書報の報告たらずんばあらず。然らば斯の点より推すも本県の国劇を根本的に改善して中央の歌舞伎と各々其の特色を発揮せざれば今の沖縄座の如く帷だ其れ機械的に本県の骨董を珍重かりて貯蓄本能欲に保存せりとて其の忍耐力には驚くほど感服すれども大いに本県の国劇の本質を研究して琉球人の特殊技倆を発揮せざる限りは沖縄座に限らず他の二座とも芸術の曙光を見るには真に遠い哉。斯まで論議するに至りて再び昨日放言したるのを想起せざるを得ず。即ち旧劇に於ける「伎倆」と新劇に於ける「人」との各根本特質と而して最近自覚しつゝある琉球の箇性とを比較研究すれば其処に自ら何者乎の自信即確実性たる真理に識到して其処に夫の新旧両劇を琉球化する暁に臻らば寔に夫れ其の沖縄の劇界に於て最初の一新紀元を画するに非らずや。

　昨日明治座の「役者嫌ひ」を始めより批難したるは未だ芸術の概念さえ解し得ざる一般観劇者の前に芸術の価値を認識せざる無能力の女が所謂昔の乞食役者と誤解して妻に為るを潔しとせざる底□矛盾したる滑稽を演ずるには今少し観劇者の智識と趣味の程度を考へざりし故にかの如く卑猥浅薄なる小主観を暴露して見るから嫌悪の念を惹起せしめ止むを得ず苦笑せしめたるにあらざりし

乎。然り而して中座[＊注9]は如何、中座の前身は協和団にして協和団は球陽座より分裂したる七人の協力より成りしものにて其の「伎倆」に於て明治座の渡嘉敷兄弟の右に出ずるもの非らずと雖も其の「人」に於て今后大いに発揮するの望みあるは何ぞや是れ即ち前者は類化性に強くして剛情、動もすれば自己□猪小才の気を負ふの嫌ひあるも後者は最近に至りて自覚したる故か満心去りて応化の念日に月に事実に現はれたるを以て也。

二三日前より中座に於て琉球古事「血桜」を演じ居るを聞き、一夜之を三幕目より見て其の四幕の該芸題のヒロ―新垣優の新城シヨザ―と其の妻に扮したる原国優との愁嘆場は実に近来入念の出来栄え也。蓋し琉球ものは事実の為めに屢々伎倆を現はす機会を逸するの慊ひありて新旧両劇より獲たる各長所たる「人」と「伎倆」とを拉し来りて其処に琉球化したる新国劇を革新するに至りては転た望洋の感なくんばある可からず。然れども東京辺より誤解したる拙い歌舞伎の土産物を生意気に演じて冷や汗を所謂劇評家に握らすよりは琉球古事を研究して層一層主観を厳粛にして貫へば絢爛たる絵草紙物を見る如き徳川時代の遺物を見ぬとも宜しき□なれど人間の本能欲は波形軌道の如く凹凸、虚実にして永久に満足更に満足に渇し求め行きて遂に過去の人事を顧みるに至りて爰に悲しみたる歓楽の影□蔽ひ来るを奈何にせん哉。

（「机上餘瀝」『沖縄毎日新聞』明治四十四年四月十三日）

七、沖縄座、明治座、中座の演劇を批評した理由／物質的文明と精神的文明について

▲二三日前より何気なく帝国劇場の事より県下の明治座、中座及び沖縄座の三座に言及したる餘瀝は誤りて今日猶ほ垂涎《すいぜん》せざる可からざるに至りしは何ぞや。是れ乃ち三座中孰《いず》れ乎二三の俳優か芸術に対する概念の朧ろげながら観識したるものあれど其の他一般の諸優に至りては猶ほ昔日の如く止むをえざる生活の事情より仕方なく堕落したる者てふ小無自意識的の誤解謬想より全然真正なる

＊注9　中座
一九一〇（明治四十三）年に沖縄県那覇市にできた沖縄演劇の一座。名優・舞踊家の新垣松含が座長として率いた。

芸術に対して渠等の機械的本能的生活の手段、方便とするもの多々。以て低能生活の為めの芸術に誤らしめたるは渠等の事情より察すれば気の毒なれども亦た一方より云はゞ聊か芸術の為めに努力せんとする熱誠の存し在るとすれば猶ほ他に芸術の忠僕たらむとするの方莫きにしも非らざる也。其の方策としての一二の卑見を云はんに、従来、三座とも互に競争して一週間毎に新芸題を興行し来れるを若し十日乃至二週間毎に新劇を遣ることになればおのづから余裕生じて新芸題に対する層一層の研究も出来て猶ほ勉学をもより以上に出来き得ることは何人も肯く事なれど三座とも営利を趁ふに非らずんば観客の隋性的好新狂に配慮せしより今の如くなりしならん。然れども是れ三座とも未だ芸術の概念なきより生じたる病弊にして然かも相互に営利に淡泊に為り。相互の小主観を去りて其処に三座相互に意思疎通せば芸術の世界に到る道猶ほ遠しと雖も旭日未だ竿頭に昇らざる県下劇界の諸子猶ほ以て意を強くするに足らむ哉。三座の諸優之を為奈何矣。

▲物質的文明は機械更に精巧を極め煙突更に夥しく為りて、斯くて文明開化の世は機械の騒音に醒め煤煙漲ぎる中に暮れるも、精神的文明は幸徳秋水を出し女学生の独身主義者を生むに至る。猶ほ十九世紀末に個人主義に圧迫されたりしに現二十世紀に於て鬱勃たる個人主義其の機運に乗じて愈々倍々其の努力を振ふに至り、斯くて個人性は国民性乃至時代精神をも凌駕せむとして殆ど国家主義を蹴落して非国家主義的国家主義を欲求して軈て徹底国家主義の統一線を握らむとするの気運に到り斯くて個人主義破れ、国家主義倒れて其処に人類の至上至完たる「全箇性」、真の「人」たらむとするの理想に到著する暁には国家否世界亡びて其処に夫れ見よ、神亡び、人類逝きて、人間全箇性の光輝、絢爛として燦然、光芒宇宙に滂礴しつゝあるを知らずや。聞説く岩野泡鳴、永井荷風、徳田秋江、正宗白鳥等、の諸文豪は其の創作に其の言論に於て日本文明を呪詛し或は冷笑し或は批判し或は可決せむとすると、然れども渠等は祖先より国家的観念の牢屋に囚はれたりし運命の子なる想へ。琉球人は斯の如き小さき観念より超越すに祖先より賜はりし好箇の位置と使命とを識認したるものなれば国民中、劈頭《へきとう》第一に率先して国家主義の手段を遂行したらば其処に国家亡びて国家主義の理想を実現するに至らむ。斯くて琉球人

亡びて日本人根本の箇性に帰一し、斯くて日本人亡びなば日本人の理想は調和統一して其処に夫れ斯の世界の人たらむことを着よ!!　更に層一層真理を進めば物質的文明亡びて機械的本能的生活去り、精神的文明亡びて諸学諸主義滅却すれば世界の人斯に亡びて人類の欲求爰に尽きて天国に臻らむずるの理想を実現せむとするは蓋し人類の理想にして世界の人々の想像感覚たる可し。

▲去る十一日沖縄紙の漫筆子曰く明治座に聽て開催さるべき所謂「胡蝶の舞ひ」は電気仕掛けにて然かも之を遣るべき役者の他県より来りたれば若し夫れ是れを興行するの日は県下の演芸界に一大紀元を画するならむと、漫筆子の言、誇大したるの嫌ひなきにしもあらざりしが、嘗て大阪に開催したる博覧会場内の不思議館に於て演じたるカマーマンセーラアの「電気焔の舞ひ」を想起して是非早く見たき念に堪えざる也。然しながら漫筆子の所謂新来の役者は誤りて風月楼の白柏子に早や化けせずんば幸甚なり。

（「机上餘瀝」『沖縄毎日新聞』明治四十四年四月十四日）

八、本県の思想界、文芸界、美術界と新青年の思想家／文学博士井上哲次郎の自然主義観への批判

▲日三竿□昇る頃、石門通りの銭湯に行きし朝、入浴者一人も見えず湯気湯室に充ち満ちて頗る気分よく湯槽に入れば肉体は将に湯に溶けむとして精神徐々に湯に飽和して遂に湯乎肉乎の差別識を亡ぼし其処に霊肉合一の真味を獲しゐたりしは屡々あることにて泡鳴氏の所謂入浴中に思想の放出したることまで自己の気分に加味したることあり□近代人中殊にスラボヒレンに至りては内外の生活を通じて気分本位となりたる思想家、文芸家、美術家の人々の日本中に繁殖しつゝあると聞けり、本県の思想界、文芸界、及び美術界に□思想家と謂ふ思想家の極めて窄《ママ》れにして噓□様なれど実に本県二区五郡を通じて寔に四五人存し在るのみ。而して他の文芸界、美術界の如きも推して知る可きのみ然れども本県ほど形而上、形而下の両界に於て極端と極端との団栗の背競べを為し、思想上の盲目者たる月並以下の人間と極端に発達したる思想家の鉢合せにて現代沖縄の社会ほど衝突、反抗、中

傷、迫害に絶えざること無く然かも斯等の行為をして恬として敢て恥ぢざるのみならず却りて勝利者の誇りとする田舎紳士の比々多きは寧ろ社会の為に賀す可き事と思はる。如何とならば時代精神は後輩の新青年を駆りて先輩の田紳を自然に淘汰せしむるの当然なるの理は県下有数の紳士が平常、事業を策するに多大の尊敬を払ふて愛読する三国誌乃至水滸伝等にも発見せらる可し。

▲文学博士井上哲次郎氏と謂へば博士中の博士とて当代学術界の玉座に居らるゝは天下の人斉しく敬意を表し居れど其の文芸上の自然主義観に至りては殆ど無学無見識にして屡々文芸家に反駁、冷笑されしことは猶ほ世人の記憶に存し居らん。而して博士は嘗て「国民雑誌」（四十三年十二月一日発行）に下の如き自然主義観を陳述せらる。

「醜劣なる作物を書て自然主義とか本能主義とか云つたものは一寸たとへて見ればハレー彗星のやうなものである。ハレー彗星が出現するに当つて随分人を騒がせたけれども、一旦過ぎ去つた後は何物をも残さない。併し自然主義はハレー彗星同様で、却つて後に害を残□した。ハレー彗星なくても太陽さへあれば宜しい。永久に人のたよる可き道さへあれば、自然主義の如き者は無い方が遥によろしい」□とよくも斯の如き愚論を謂はれし者かな。苟も堂々たる大博士として自然主義の概念位ひは有り度きものにて博士の自然主義観は全く無意味にして自然主義と博士の所謂人のたよる可き道とは箇々別々の問題にして単に論現上より推すも独断に過ぎたるの批難を免れざる可し。今爰に永久に人のたよる可き道てふことを仮りに一種の人道主義と見做すも人間は道徳のみにては生きれるものにあらず必ずや他に多くの永久に人のたよる可き道無かる可からず。芸術界に於ける自然主義と雖も人間心意の要求にして或る意味に於て人の行く可き道に非らずや。若し夫れ自然主義の解釈に至りては今更ら爰に贅せず以て博士は須らく後学の為めに文芸者の自然主義に対する言論と著述に聴かれんことを願はざる可からず。

（「机上餘瀝」『沖縄毎日新聞』明治四十四年四月十五日）

九、想像感覚と本能的実感について／個人主義と国家主義の関係について

▲雨中に泥濘の美あり、晴天に光線の美あるも不明の頭

脳と不澄の心と然かも遅鈍なる感覚を有する平凡人には之を観照すること能はず却りて自己の虚栄心を表現したる鮮かなる衣服と芳烈を銜ひたる頭髪を或は汚染し或は日晒するを怒り又は気遣ふものあるは其の人の品性乃至人格とか見ゑ透いたるに非らずや。斯等の徒は多く之を都会の人に見ゑ田舎の人に少きも夫れ美の観照に至りては無学無見識の田紳や厚化粧の田舎女学生に夥しくあるは頗る遺憾とす。

▲経済学の原理は欲望の本質より出発せり。欲望は即ち本能の一也。欲望を欲望也と意識するは則ち他の本能の認識したる所以也。経済学の根本目的も複雑の本能中の一の本能即ち欲望たるに過ぎる也。斯の欲望即ら斯の本能を他の進みたる欲望即ち本能を以てより以上に調和したる時は初めて爰に経済学の心意の努力の現はれて花実を見るに至らば其処に経済学は無用と為り経済学の理想の実現たる可し。然れども理想は空想也。啻に経済学のみならず他の総ての科学の理想と雖も要するに空想と謂はざる可からず。而して口に理想と叫ぶよりは自己の心意の自己を知らむとして努力し充実たらば芸術と云はず教育、宗教と云はず、将又哲学、科学に対する理想を観照する想像感覚あらば乃ち以て人間中にでも進みたる美的生活に邇からずんば不可有。

▲論語に、友あり遠方より来る亦楽しからずや。と云ふことは一寸久しぶりに遥々と友達か来て茶を啜りながら雑話をすることは現実に非らざれば夜の明けぬてふ通常の人の感覚には楽しく愉快ならむも少しく鋭敏の感覚を有する人には斯の如き古き疲れ馴れたる感覚を味ふよりは寧ろ友の遠方に在りて其の友が突然、久闊に来訪して何者乎を齎し来らむには、予如何に楽しからむてふ想像感覚こそ現肉現実の本能的実感よりは層一層進歩したる人間の内部生活の片鱗たらん。

▲矛盾は調和の行程也。調和は目的也。故に調和は最後の理想にして矛盾は最初の手段たり。個人主義は国家主義の行程也。故に国家主義は国家最後の理想にして個人主義は最初の方便たり。然り而して矛盾と謂ひ個人主義と謂ふも独立性に非らず必らずや渾一の観念に実現努力せざる可からず。然れども西洋□個人主義を以て来て之を直ちに日本□特殊的国家主義に調和せむことは頗る容易ならずと聞く。其の容易ならざる事は最もならずや。五千万人の日本国民中真に自己を真解せむの心意に燃

ゐ、真に自己に忠実たらむと努力するもの果して幾何ありや自己に忠実ならずんば以て忠君愛国たらず。個人の力革固ならんずば以て国家を成さず。之を換言すれば真の個人主義は真の国家主義にして個人性より小主観と低級本能を滅却し向上せしめて其処に厳粛の主観を挿入したる客観と他の高級本能とに醇化すれば是れ即ち国家主義也。国家主義と個人主義との本質は不即不離の八面玲瓏の一の真理にして然かも箇性の十分に自意識せざる日本に於て□猶ほ箇人主義と国家主義とか恰も並行線の如き状態に存し在るは職として国民性に由らずんばある可からざるも時代精神に醞醸されつゝある現代人の自意識は永く国家主義と並行線に進まずして必らずや並行線の遂に相接するが如く国家主義と個人主義とが相笑ふて握手抱合するの理想に到らざる可からず。然れども斯の如き理想は当分空想にして須らく自己に忠実にして努力せざる可からず。斯くて理想を想像するの新日本の新美的生活を発揮して以て世界の人に驚嘆□眼を放たしむるに至らば国家主義てふ面倒臭き手段方法に頭脳を痛めずとも先づ以て天下泰平を謳歌するに至らん。

（「机上餘瀝」『沖縄毎日新聞』明治四十四年四月十七日）

十、島村抱月の「新文章論」（『文章世界』）への感想／中村星湖君の「南国の話」への批判／安元碧海君の所謂「沖縄人物地理」への批判

▲四月号の「文章世界」を繙き来ると鼇頭に島村抱月氏の「新文章論」を一瞥して不相変氏の達筆達見なるに敬意を表せざるを得ざりき。氏の十六七歳の若年の頃、最も氏に一種新鮮の忘れ難き印象を残したりしは「惨風悲雨世路日記」の小説や、成島柳北の「花月新誌」の合本等にして其の「花月新誌」の小西湖佳話に、

盃触盃洗丁東有響。酒到肴排。杯杓敷回。頃刻一妓上来。徐開隔障。跪座一拝道。今夕各位万福。銀燭光下照映視来。妙齢可十七八。晩後更衣。極是淡装。藍褐間条綯紗衣。裾曳余踵。舶齎黒八絲帯。纏余下垂二尺。透明璹瑁。淡紅珊瑚。櫛影釵光与銀燭相映燦煥。

と是れ乃ち天下の妙文として当時読誦措く能はざりし氏等の当年を想へば転た隔世の感なき能はず。其の所謂妙文中に跪座一拝道。今夕各位万福に至りては何となく嘘の様な科白を聞く如く吾人の感覚とは遠く離れたる心□せり。然り而して抱月氏の「新文章論」は明治の過渡に

於て思想の価値を十分に真解せざりし故に随つて思想よりは形式を第一義と為し漫然形式至上主義の悪傾向ありしを最近に至り倍々技巧の為めの文章より文章の為めの技巧と進み遂に無技巧の技巧に迄で進歩して思想の為めの技巧といふことを十二分に理解するに当り抱月氏の新しき達意の文章論に遭遇し其の労を多とし、全誌に於て斯れに類したる文章論を草したる他の二三氏に感じたる所也。

▲中村星湖《なかむらせいこ》君の[＊注10]「南国の話」の四字の目に付くや胸中何となく雀躍するものありしが、読了後何等の印象もなく却りて胸クソの湧かざるを得ざりき。y君が星湖君に対しての琉球の物語りは琉球に居る吾人の耳より聞きても何となく馬琴の「弓張月」中の物語りを聞く如く、故郷を去つて数年にもならざるy君が夫の如く沖縄を知らさるかと思へば却りて気の毒なれど、例へ平民の常食の芋代としても一銭五厘にては当世何処の片田舎に行つても餓死する外なかる可し。椰子の実の殻に泡盛の酒を入れて男女幾組となく夜遊びするは那覇、首里の都会を離れたる田舎にあることにて之れに類したる所作事は他県の片田舎にもある事にて許嫁の娘を夜番に行くといふ話は必らずしも沖縄の田舎に限ぎられたるものにあらず。却りて他県の田舎には是れより珍妙なる風習あるを聞けり。y君の話も全くつまらぬ話にて之を真面目に聴されて惜しき紙面に「南国の話」と業々しく寄稿してそれにて多少の原稿料を貰ふて生活する星湖君も余り感服せざる所也。然れども一つ星湖君の言に関心したる事は「………ム、さうでせねえ、歴史から行つても地理から行つても君の国なぞからこそ立派なコスモポリタンの芸術家が出さうに思はれますよ。失敬だが君の皮膚や眼の色を見ても、声の調子を聞いても、総体に感覚の鋭い、デリケートな所があるやうだ」。と謂ひしこと也。

常に遠き祖先より惰性になりし国家の観念に生活したる星湖君等は如何に未来の文豪を気取も要するに陳腐の文豪のみ、国家的観念に永く感染せざりし沖縄人は却りて

＊注10　中村星湖
星湖は筆名で、本名は中村将為（一八八四～一九七四年）。日本の文学者。詩人や作家として島崎藤村等とも交友して活躍し、一九五〇年には山梨学院短期大学教授となった。

国家の理想に到著するに魁たらずとせんや。

▲安元碧海君の所謂「沖縄人物地理」は昨日を以て本誌に完結したれど、之を一瞥し去れば案外つまらぬ長文なりき。沖縄の地理の材料を機械的骨董的に駢べて之に幼稚なる小主観を挿入して出来上りたる沖縄地理は依然として路傍の露店にありそうな旧き地理書たるに過ぎず。而して其の所謂沖縄人物評に至りては既に屡々諸氏の評したる如くからきし駄目也、幇間的の評也、好い加減の雑ぜ返へしの評なりしとは耳にする所にして碧海君を幾くら買ひ被つて見ても彼が今回の如き言論より推せば到底人物を純客観に月旦する底の批判力観察眼なきことは已に業に彼の作に於て自明する所ならずや。昔は富豪の子の遊学するを田舎の叔父は危険視したれど、今は裸一貫にて意気を以て東部に行くものは意外に馬鹿になるの新現象あるを近頃二三氏に於て之を経験したり。

（「机上餘瀝」『沖縄毎日新聞』明治四十四年四月十八日）

十一、科学を統一した哲学と認識論と暑さ寒さの感覚／心理学と本県人の小自我について

▲昨今気象に異状を来し宛として初冬に入るが如く、途上の人々鵺的服装を為すもの多し。餘瀝子も其の一人にて麦藁帽に袷衣と羽織に而して夏帯なれば自ら珍妙なりと思はざるにあらざれども一年に於て四季変化の行事の如きは自然界に於ては眇乎とし眇なる一変化に過ぎず。況んや俳味に乏しき本県の単純なる自然界に於ては少々品性を誤解されても鵺的服装しても可ならんや。

▲抑も暑さと謂ひ、寒さと謂ふは如何なるものなるやと斯の如き疑を懐くものは必らずや深遠なる思想力を有する人に非らざれば却りて馬鹿事に属すれど、所謂暑、寒は之を寒暖計に徴するも只だメートルを知るのみ。而して之を生物学に徴するも唯だ暑さ、寒さと意識する時に神経細胞の元子配列変化の差別に至りては如何に現代の医学の実験法の精細綿密に進歩したるも且又将来に於てより以上に進歩するも斯の如き差別法や光原素の原理としてエーテルの振動。酸素と水素との元子としての差別の如き。炭素とダイヤモンドの元子配列状態に於ける差別と及び赤しと意識する時と冷しと意識する時に於ける神経細胞の分子配列変化の差別の如きは既に医学の限界を超越したることにして然かも科学の結果を統一したる哲学は夙に医学の限程をも予め思弁推理を以て動す可か

らざる仮定則ち確実性の真理と認めたりしと聞く。然らば感覚問題の如きも普通心理学に於けるが如く冷熱を意識するが故に冷熱を意識せりと云ふの外なし。

若し夫れ意識とは何ぞやになると既に異常心理学即ち認識哲学に入らざれば徹底せずして容易に人間の思想力を満足せしめざる可し。然らば最初にヴントとラッドに入らざるべからず。而してヴント氏の「《ママ》認識論の如きは其の最初は認識問題より立論して其の結論に至りて却りて認識を破するに至る是れ認識の渾一の観念に識到したる所以にあらざりしか？

▲心理学とは主観の意味也。而して思考は主観と客観との隻子を分裂して然かも思考は自我也。思考を離れて自我なく自我を離れて思考なし。故に心理学は自我の反映也。

人動すれば自己の心術を以て他人を揣摩せむとして却りて他人の眼球に小なる自我を反映せしめて嘲笑と誤解とを醸すしこと少からず。斯の如きは普通人のみならず。歴々たる哲学者や教育家や学者や政治家にも比々少からざれば本県の如きは漸く成り上りたる自己を推して他人の自己まで改造せむとして却りて小自我を暴露して他の話の種子となりしとは屡々聞く所也。

▲一昨岸本事務官を課長室に訪ひ、偶々第二中学の敷地を問へば九分九厘迄は決定し居れど其の残りの一厘を今に明かさば危険なり。と敢て之を追求せざりしが。其刹那！　電光一閃、餘瀝子の念頭を掠めたりしはブラントンの産婆術の問答を遣れば効を奏せしならむと。

（「机上餘瀝」『沖縄毎日新聞』明治四十四年四月十九日）

十二、寄付心と虚栄心。人間の生存本能について

▲寄附心は虚栄心の才媛たり。或る意味に於て芸術の心に似たれど実は怪しからぬ代物也。然れども衷心より寄附せざれば歇まざる底の高潔なる情操より出でたる寄附は人をして自ら敬虔□情を惹起せしむるも、然かも麗々しく署名などして金何千萬円也を寄附したればとて其の人の懐中には驚嘆すれども其の腸のさむしいことには唯か唾棄せざるものあらむや。西洋人は巨大の寄附するにも多く署名せずと聞く。日本人は少額の金銭を寄附して其れを新聞紙上に発表せらるゝに至るや。家族も得意がり、奴僕までも主人の菩提心に随喜することは屡々目睹

する所也。而して斯等の徒は寄附金を投じて予め其れに応ずる利益を算盤に弾く者にして、狗肉を投じて羊頭を獲得すると一般、酷だしきは待合、温泉等に於て花代二三千円を投じ、以て新聞紙上に某紳士某紳商の豪遊など、謳はれ、以て痛快事と為すの不心得者あるは社会道徳の委微したる、商業道徳の幼稚なる現代の日本に於て誰か疑ふ者あらんや。然り而して寄附心は遊戯衝動より発し、自己の名を他に知らしめ、自己の名を永久に伝へむとする本能欲たれば、或る範囲に於て母胎たる虚栄心と共に真理あるものと認めざる可からず。而して銅像は虚栄心の結論也。銅像建立さるれば其の人物の虚栄心飽和して、虚栄心は涙、滂陀として自滅し逝く。斯くて永久不変の写真の具体的に地上に出来上るを看よ。

▲人間が永久に対する生存欲の下等動物よりも有意識的に執著なることは之を自費銅像に見ゆるもの也。近時、東京や大阪辺の富豪の邸宅の庭上に其の家の主人公が莫大の黄金を自ら出して自己の銅像を建てることの盛になりたるは今更珍らしからず。然かも金持ちの放蕩児が宗匠より学び得たる月並の句を磨き上げたる花崗石に刻み込みて自己□庭上に飾装する者往々之れ有るとは是れ自己広告の振ひ過ぎたるものに非らずや。斯の意味より考へるも、人間の生存本能こそ世に恐ろしきものは弗非也。

▲本年になりて死に際になりてより文学博士号を頂戴したるは詩人槐南翁*注11と、文豪漱石先生也。而して翁は既に故人と為り、先生の猶ほ元の健康に恢せられずと聞く。先生の変骨稜々たるは世人の熟知する所にして然かも今回の博士授与に対して強硬の辞意を呈したりしは先生の箇性の発揮したる所也。去るにても、博士号を冥途にお土産にしたる槐南翁こそ却りて恐縮せられしなる可し。翁の日本の漢詩界に貢献したるは艶麗綺靡《えんれいきび》の香区体也と聞く。嘗て斯の詩風を嘲笑したる井上巽軒《そんけん》博士に応へて『予は遊冶郎《ゆうやろう》の歌を作るが遊冶郎に非らず。』と以て翁の人格が彷彿として窺はる。翁、伊藤公と共に清国公使に会見したる時、賦したる詩は翁の最も特色あるものと聞けり。

西苑記事

大掖溶口接紫霄。　牙橋錦纜木蘭撓。
鏡中舷戞瓊華昌。　樹抄虹玉東橋道。
青塊揃仙仗粧台。　白塔想雲只聞言。
言問寝鶏鳴浚々。　秀周門下鳳輦邀。

漢陽

王気銷沈已不堪。　空言猶託暮情談。
無端怨絶桓宣武。　楊柳粛々老漢南。

過金陵

樹山煙樹暁葱韶。　擁被空聞白下鐘。
怪底秋風秋陵水。　流儂残夢到呉淞。

（「机上餘瀝」『沖縄毎日新聞』明治四十四年四月二十日）

十三、心的表現たる欲求と「認識哲学」の重要性
／歴史研究者と南北朝の正閏問題について

▲史学、人類学の背景に必らずや哲学無かる可からず。若し之れ無くんば如何□考証豊富にして然かも形式完美したると雖も、内容の中心欲求に対して無意味に然らむ□み。過去に於て人類進化の一大勢力たりし事を明証し、又将来に於て同じく其発達進歩を助くるものなることを推究し得るも、到底仮現の快楽を以て満足の出来ざる人類の欲求に対して、生理学、心理学、人類学及び史学等の考察あるも、斯の欲求に対して遂に徹底的に解釈し能はざる所の問題ならずや。

▲是に於て斯の心的表現たる欲求を解釈せむとするには則ち其れ『認識哲学』に入らざる可からず。而して吾等人類が如何にして現在に満足し能はざるてふ欲求に対し、疑を起し、竟に徹底し能はざる斯の実在的心的表現たる確実な真理に対して、人類の思考力の発達し来りて、其処に其れ観よ！人類の最も敬虔すべき哲学は生れ来たれる也。

▲故に人類の最も思考力を痛めつゝある夫の欲求を解釈するには哲学無かる可からず故に史学と雖も哲学的背景無ければ、史学誤りて死学に豹変して、徒に奇蹟、骨董的残骸の古き記憶の悲しみを見ざる可からず。

▲然らば歴史研究者たる者は須らく自己の厳粛なる主観を客観的史実に挿入して醇乎として醇なる批判を下さゞる可からず。

▲然らざる者は単に歴史的知識の富豪家に過ぎず。材料

＊注11　槐南
森槐南（一八六三〜一九一一年）は、日本の漢詩人、官僚。枢密院属、宮内省で大臣秘書官、図書寮編集官等を歴任。東京帝国大学では、中国文学を教えた。明治漢文学の中心的存在であった。

の奴隷に過ぎずして以て歯するに足らざる学者に非らずして何ぞや。

▲聞説らく、最近に至り南北朝の正閏問題の日に喧囂《けんごう》として論議するに至れりと、事□皇室に係るを以て吾人は斯の是非を名誉ある学者に信用を置きて可ならん。然り而して明治四十四年の鶏明《けいめい》早々、斯の如き自信強き歴史家出で、南北朝の正閏《せいじゅん》を解決せむとするに至りしは。従来の無学無見識なる史家の団栗の背競べ中、奇抜なる声と謂はざる可からず。於是。自己を欺かざる真の史家に於て斯の如きを見る。

▲我が帝国に於ける国家主義は他国の仝主義に比して唯一特色ある絶対静的の□皇基永続主義なれば如何に南北の正閏を云為するも要するに歴史家の遊戯衝動の活劇に過ぎず。今上天皇陛下の皇統は依然として連綿、永しへに万世に渡らせられ給へと祈り奉りて、謳歌せん哉。而して天機を是非する史家たる者は宜ろしく慎重の態度を以て今回の正閏問題をも可決せざる可からずと一言せん。

▲曩《さき》に碧海子《へきかいし》に依り範囲のみ広ろ過ぎて然かも内容の小主観に囚はれたりし所謂『沖縄人物評』に全く慊焉たりし際、昨日蓬莱庵主人の『人物月旦』の緒言に接するの栄を得て、勃然として一種の想像感覚の微笑えみあるを覚ゆ。而して予め主人に至嘱せむとするは必らずしも其の範囲の広汎を撰ばずして、異りたる世界の異りたる人物を代表的に徹底的に汝南せられむことを希望して歇まざる所也。而して請旦、漫に肩書に惚れ、勢力に高圧されて、足下の真摯、簡勁な□□に神経麻痺を惹起せざらん事を祈る也。

▲仙台の愛弟より一昨端書来る。曰く『今や梅花満開して聽て桜花をも咲き初めむ』……と之を東都昨今の桜花見物の盛なるに想ひ到りて、宮城野と武蔵野とが空間に於て僅少の隔離ある為め、彼の地は薄雪の上に梅花の乱れたるを見い。是の名は桜、鮮かに花の雲を染めだして、将に洛陽の青年をして花前に酔はしむる底の観楽の巷たらむを、想ひ、坐ろに遠き愛弟を憶ひ、洛陽の放蕩児を憎みたりし余瀝子の情緒を今日に於て冷笑するを得たり。

（「机上餘瀝」『沖縄毎日新聞』明治四十四年四月二十四日）

十四、中座の『たつま八郎兵衛』劇評

▲最近に至り今猶ほ余に三つの印象あり。一は中座の一

夜にして二は上間正雄君[*注12]の「ペルリの船」にて他は即ち渡久山水鳴君の死なり。

▲嘗て、白日漫湖に瞟ずる頃、月城、甸外濤韻の三君と花電気の装飾ある中座の木戸口を潜りて其れ忘れむとして忘れ難き『おつま八郎兵衛』[*注13]を見し一夜は余に取りて淡い悲哀と琉球人の誇りとに感動せしめたりし夫れ其の印象の強き夜なりしよ。

▲『おつま八郎兵衛』は本郷座に於て新派の名優河井、喜多村諸優□旧芝にて然かも好評嘖々たりしは既に世人の熟知する所にして之を直ちに中座の『おつま八郎兵衛』と比較対照して劇評するに至りては余は之れに対して至当ならずと謂はんと欲す。如何となれば本県の俳優は内地俳優の如く過去に於て既に旧伎的観念欠乏して自づから名優の苦心より生れたる伎倆の型に立脚したる厳粛なる圧迫と批判の無き故に却りて本県の役者が屡々内地へ行きて見聞したる丈にて大胆に興行するに至りては余は惟だ感服するの外なし。内地に於ては夫れ〳〵名優の各根本特質を異にしたる『伎倆』の結晶即ち型《タイプ》なるものありて後輩は之れに則りて修練して以て自己の天才を発揮せざる可からざることになりたればおのづから先輩の圧迫と屈従との免れざることは内地役者の当然の運命なれど、之れを本県の役者に考へ到らば先輩の圧迫と屈従とがなき変はりに各自の知識と性格にて会得したる丈にて夫れ〳〵『内地劇』をもどうか、こうか所作事するに至りては浅薄にして天真爛漫なると共に本県の役者が一般に学問の素養なきより謂はゞ知識と手腕に発達したる「内地劇」を了解して以て琉球人的主観化して此処に夫れ其の舞台に於てか□悲劇『おつま八郎兵衛』を演じたるかと考へてこゝに琉球人に不思議なる能力ありと謂はざる可からず。

＊注12　上間正雄
一八九〇～一九七一年。沖縄のジャーナリスト、劇作家。一九一一（明治四十四）年に『沖縄毎日新聞』に発表した戯曲「ペルリの船」は沖縄近代戯曲の先駆けとなった。一九一五年『琉球新報』記者となった。

＊注13　『おつま八郎兵衛』
大阪の古手屋八郎兵衛が遊女お妻を殺した事件を脚色した歌舞伎や浄瑠璃の作品の通称。

▲余は斯の意味よりして『おつま八郎兵衛』は本県の梨園界にて空前の成功劇なりと評せん。伊良波優が一二回の本郷座覗きにて帰来、多くの人物と比較的複雑なる所作事を演出して以て芸妓おつまと情夫八郎兵衛との情死を現はし観客をして痛ましき現実より遁れ行くかの徳川時代の男女の恋を明治の世に縮小し来りて何んとなく悲しき情緒を味はしめたる点に於て余は伊良波優の労を謝すると共に『おつま八郎兵衛』の諸役に当りたる諸優に対して至嘱せずんばある可からず。

▲若し夫れ、『おつま八郎兵衛』に於ける諸優夫れ〳〵の伎倆如何を細評するに至りては他日に譲り只だ爰に一言せむとするものはおつまの真境名優が女らしからさる背の反らし方と錆びたる台詞《せりふ》に注意せんことを望むもの也。新垣と多嘉良両優の所作事に於て各自特異の台詞と所作を為して然かも其の両足の使ひ方に至りては両優に限らず皆多少の差別はありとするも何んとなく琉球人の箇性をホノメカして観客中の我々琉球人をして暫らく僊なき矜りを満足せしむるものあり。而して伊良波優が近来、心機を一転したる態度にて其の『伎倆』に於ても著々進歩の曙の見えたるは劇界の為め慶賀せずんば非らず。亦た原国優の女役がいつもながらふさわしく見えて各役を通じて肉感的に観客の色情美の快楽を満足せしむるに至りては軈て県下梨園界に於て唯一の白眉たらずとせんや。

然れども、其の顔の平面的にして態度に重味なきは豈に夫れ旭日三竿の憾みなしとせんや。想へば、中座に『おつま八郎兵衛』を見し一夜は余の忘れられざる印象の一たらずんばある可からず。続く

（「机上餘瀝」『沖縄毎日新聞』明治四十四年八月十三日）

十五、上間正雄『ペルリの船』劇評

▲次に余は上間正雄君の『ペルリの船』を評せん。コノ脚本は一幕物にて四節より成り人物は青年、その情婦、町の商人、船頭、老ひたる漁夫の五名にて時は尚育王時代にて処は琉球国那覇港の海岸也。而して、斯等の人物と背景にて当時ペルリ氏の乗りたる船を主材に取りて、可くもカノ如くカキコナシたるかと思へば、今猶ほ余の印象に溌溂として生きたるものあるは何ぞや。

▲其の思想の嶄新奇抜なるにあらず、其の伎倆の優越し

たるにあらずして惟だそれ本県人が既に熟知したる所の渠の野心家ペルリ氏の来県したる事跡を上間君は之れを機敏にも取材と為し以て軽快の筆致と単調を破らんとする青年の好奇心を主観化したる点に於て余は琉球人の『追憶劇』として空前なる創作と評せずんば歇む可からず。

▲況んや、上間正雄君は年歯漸やく十指を繰り返へすに至り紅顔猶ほ羞恥の情を含む青年に於てかの如きの作を為すは後生真に畏る可しと謂つべし。然れども、かの若き男女の会話と心持よりすれば未だ自己の中に『吾れとは何ぞや』？に識到し得ざる無自覚者なる事を観察せずんば非らず。

▲すなはち、若き男が自己の欲求せる甘き恋と現実の肉を女に満足して此処に其れ波形軌道に於ける凹凸は次の凹凸に推移せんとする刹那の如く何者かを欲求せんとするは普通異性間の心意作用にして上間君の青年は斯の如きデコードを脱せざる青年てふ概念にして未だ箇々人の箇性の現はれざりしは今猶ほ遺憾とする所也。然れども、彼の青年の会話中に女に対して、

『それは私が何も知らない時のことだあの墓場でお前と忍び逢ふより外に歓楽を知らなかつた時のことだ。あの船をこの目で見た上は何処までも私の好奇心を満足させなければならない。今まで知らなかつた新らしい世界の歓楽を味はう機会が来たんだ。（間）もう月の光であたりがよつぽと明るくなつて来たな。遅くなると大変だお前も早くかへる方がいゝよ。又逢いないこともないだろう。』

斯く切実なる青年の好奇心は単に普遍性也と判断して以て無価値のものと評し得ざるものあるは当時『ペルリの船がやつてきたから、もう、琉球は米国《ウランダー》の者になつて了ふ』と何人も人心恟々として不安の念と恐怖の心の惹起すべきは当然の心理なるに然かも斯の青年の気分はやがて其れ自覚の声にして廃藩置県の第一打撃より最近に至り民族的自覚を暗示したる思想劇たらずとせんや。

▲然り而して、斯の脚本を試みに舞台に演じてなげ寂しき劇にて活動の少き浅い味のものに終らむ。コノ点よりいへば本県の劇界にては徹頭徹尾成功する底の格に非らざるべし。ソハ未だ思想といふほどの思想を有し得ざる現下の似而非思想界に支配される普通平凡の好劇家に対して思想劇などと見せられては却りて見せる者が野暮の

骨頂たらずんばあるべからず。

▲要するに上間君の『ペルリの船』の思想劇は本県人として本県に於ける既知の材料を取りて之れに自己の思想を結び付け以て琉球民族の自覚したるをサヂエストしたる所の労を多として可ならん。嗚呼、上間正雄君の年頃には余は如何にして生きたりしか⁉聖哲や、偉人の造りたる正しき道を辿りて、囚はれたる習慣と理想とに耽けり憧がれたりしよ‼　然かるに今の余を昨□余に省み、今□余を以て上間君の今を観ぜば、あゝ、昨□余は今の上間君にも若かさりしとは、コノ点より顧みて余は更らに更らに若き『ペルリの船』の温き舷《ふなばた》に接吻するを笑ひ給ふ勿れ。想へば、『ペルリの船』は最近の余に一の印象と刻みつゝ、願くは永しへに余の心の海に浮べ。続く

（「机上餘瀝」『沖縄毎日新聞』明治四十四年八月十四日）

III

山城翠香セレクション

〈Ⅲ〉山城翠香セレクション

一、琉球に生れたる悲哀を告白して琉球民族の自覚時代に論及す

本篇転載の理由

私は昨年十一月下旬に従来の『沖縄公論』が同年十二月号から形式内容共に一大新面目に革まり汎く種々の各方面に亙り青年の寄稿をも歓迎するといふ噂を聞いて居た。然し私は之に寄稿するやうな柄でもないから格別気乗もしなかつたが、二三の知己の勧誘と公論記者の再三の依頼に促されたのが抑々の縁となつて漸く起稿するやうになつた。そして私は公論の後進たる新しい子が当時十五日に生れるのを心待ちに待つて居つたので、それが遂に二十日になつて、依然たる『沖縄公論』と銘打つた旧態の儘に私に押しつけられた時は何となく不愉快を感じた。そして眼前焦眉の急に肉薄した『埋立事件』に対して全く同情のない全く冷静に過ぎた態度で然かも卑劣に匿名した空論者中に私の真剣に署名した全然別種の思潮問題までノベツに羅列してあつた為め私は劇しい杞憂の念に打たれた。果然、世間の浅薄なる理解者は私にも突飛なる馬鹿馬鹿しい不徹底な名称を放つた。曰く『生意気』、曰く『反抗児』だと左程有り難くもない濡れ衣を強いられるやうに速断されて了つたのである。

元より改めて云ふまでもなく私共の如き身分のない学歴の短い所謂ペンキ塗りの金看板のない者が今更ら時事問題社会問題乃至政治問題に容喙する様な事は夢想だもしなかつたのに、今度のやうに誤解迷想裡に葬らるゝやうな禍に罹つたのだ。そして私は未だ完結もしないで其の儘に投げ捨てやうかと断念して置いたが、□苟も一個の人間の思想としてかゝる無意味なる世評の下に軟従するのが余りに喜劇に過ぎなかつたからこゝに夫の金権とか官権とか私共にはよく解らないが、兎に角混濁の空気に充ち満ちた所謂『沖縄私論』から失敬して更らに本紙に於て最初から結論まで転載して貰ふやうになつた事に対して私は強い感謝の念を抱いた。そして之を粛みて、現代の識者に捧ぐるのである。

一

個性といふことに就て、種々の智識を使ふて考へて行くと、其処におのづから究理心の興味が飛躍するのであらう、そして殊に世界の異つた各民族の内容に根本的生活の自己主張を支配する所の千種万態の個性を論究して、之を琉球民族のと結び付けて比較稽査すると、非常なインテレストを感じると思ふが、今の私の智識と自信とが層一層広汎の智識と正確の自信力とに進まなければ容易に手の著けられない大問題で、到底それに容喙する様なデスペレートといふよりは寧ろ野暮な勇気の皆無なのに却りて私は誇りとして居る所だ。それで、私は唯だ琉球民族の一成員たる当面の事実に立ちて、自己の内部生活に動いて居るかの個性の顔を覗いた心の声だけでも叫んで見たい。恁うなると、琉球民族性の連鎖と私といふ単位性が繋がつて居るから、私の声はやがて渾べてに共通性を帯びてゐるのではないか、そして又私が『分我』を推して見ても『全我』たる民族性の知れるので、何に、知れなくても幾分か、琉球民族の内部生活の状態が想像せらるゝではないか、もし、これが認容されなければ琉球民族性の核心の由れる本体が後に研究することが不可能かと考へらる今暫らく、認容されたものと仮定しておいて、私は世間の『彼奴はログマテスト』だとの罵言を浴びながら『琉球に生れたる悲哀』から発足したいのである。

二

『貴君のお国は何処らですか』
と他県人から聞かれる場合には、
『私は、沖縄県でございます』
と答えた後に何となく侮辱されたやうな心持ちになる、かくの如き心的経験は屡々我等琉球人の当然享く可き昔からの迫害になつて居る、こゝに論客ありて私を教へて、『君は、現代の明治の世で、よくも、そんなことがいへたものだ、政治上からいつても、他県人同様に帝国憲法の下、帝国主義に生きて、自治制も実施されて居るのだ、国庫の負担も、徴兵の血税も皆んな他県同様でないか、其の上人種からいつても、日本国有の大和民族と同一系統ではないか、最も、政府の当局者が他と行政上に於て特別扱ひにした点もあるが、それは、廃藩置県以来、まだ、日が浅いため、随つて、当局者の観察が行届かないものだと、君、そうではないか、それを寛容する位ひな雅量はあつて欲しいものだ、その癖、柄にもない、琉球に生れた悲哀呼ばはりとは聞いて呆れたね、今更君の声なんて、何に余程、陳腐に□した掘りだしものかね』

　こんな言い振りはよく平凡な官能を有する人や、単純の思想家にありそうな談義だ。

　そして、自分自身が知識の外殻に住んで居るのに猶ほ甘んじて、たゞ、生意気に『自我』と云ふものを記憶の上から囚はれてゐて、真剣に、殻中に隠れて居る核を知らない人々だ、論客の所謂『掘だしもの』が吾々祖先から遺伝した核から発する悲哀の声ではないか、そして、これを意識して居るのは現代精神の要素なる特徴として認識せられてゐる批評的態度で、現代文明を最も冷静に最も真率に、客観的批判に努力しつゝある新しき琉球青年のどん底に念々燃えてゐるところの若者達である。

　しかし、同じ青年仲間にも之を意識して居るものと居ないものとがある。要するにこれは各人の意識上の事実を反省するほかにない。今私はデカルトの『我れ思ふ故に我れ在り』といふ名句を換骨して『意識する我れに意識あり』と付加しておいて、いわゆる悲哀を意識しないものに参考に供する。しかし生活に疲労して居る人達にはこんな意識のないが却つて幸福だと思ふ。

三

　然らば、その私の声といひ、単位性といひ、性質の本体といひ、そして智識の外殻の中の核といふたのは、同一根本の性質即ち本体、本性を所により様々にいひ現はしたので、もう本体論に逢著して来た。

　私は遺伝学から獲た断片的智識の必要が起つた。これを極簡単にいふと、――生物体中の細胞の中に核があつて、その核の中に核糸といふ者がある、それが一定数の法則に随つて生殖作用を営みて、親から子に遺伝する、ショーペンハウエルは男からは性質と意志と女からは智力と肉体とが子供に伝はると説いて居た、そして其核糸の一定の数字的差異は人も牛も虫も皆各異つて居る。それがメンデルの遺伝法則だ、これに随つて人となり、鼠となるので、然かも此等の人とか牛とか虫とか鼠とかは本体でなくて各独立しをる原素の結合力に由つた形体現象である、そして昔時、形体学上同一なる卵伝も中に違つたサムシングの潜んでゐるだらうと、疑を生じて遂にヘッケルの波上運動説が出たり、スペンサーの生理上の単位説の出て、単位とは形体上の細胞より小さく、化学上の分子より大きいので其中間に複雑なる繁殖生存の力を有する単位性質があるといふまでは解つて来たが、今日猶、単位性質の本体に至つては解釈が付かない。それに些と、複雑、単純の区別のある推測を加へてゐる位ひだ、しかし、今日の科学者は遂に蛙といふ真理に到達したと雄誥びだ、すなはち生物は基本性の範囲内に於て多少は動くけれど本性は何処迄行つても変化せないものだと験証して、人間も動植物と同様に、色盲、三つ口、近視眼、鳥目などは全く遺伝するものといふて、人間の本性中には、まだ、祖先の踏み来つた水中の生活や、野獣の群に交つた時代の血が矢張吾々人間の血管内に流れ混つてゐる人間の根本をどうにかせない内は人種改良などは当てにならぬものだと人類の未来に突き込んでゐる、かく専門学者は研究の結果私等に報告して居るのである。

人間性質の本性がこゝまでにサイエンスの力で突き止めて、大抵の想像が浮んできた、然し未だ徹底の域に達したとはいはれない、それで私は最後に哲学に上せねばならぬと考へた。するとふとツルゲーネフの『人間の性質は子宮より墓穴まで変はらぬものだ』といはれた意味の言葉を電の如く私の頭に閃いた、それから私は遺伝と境遇とに就ての大家の学説を想ひ出した。

ダルウインは人間は色々の境遇に適応して其境遇に適応したものが、矢張り後に伝はるといひワイズマンはそうでなく人間は一代の間に享けた性質と云ふものはそれは子孫には伝はらないものとダルウインに反対して言つて居る又、メンデルは人間が一代の間に享けた性質は変化にしても大変化にあらず小さな変化である、そして、根本的変化と云ふものは一つの種と一つの種、即ち男女雌雄の相接するに依つて出来た種の遺伝でなければ出来ぬと、ダルウインより最うと、進んだ説だ。そして私はワイズマンの説には全く敬服しない、あれ丈の説明では『何故に子孫に伝はらず』といふ理由の現はれて居ないので、随つて全体が不明瞭になつて、消極的の行き方を取つてゐるからだ、メンデルのは根本的云々の所は将来の人種改良の芽を萌したもので、ダルウインの説に立派な裏を付けたものである、そして三大家の説は要するに人間の性質は根本的に変化せないが、各其境遇に適応せむが為めに様々に変化する、蓋し、其の変化といふのは行為の変化であつて、性質の変化でない、男女雌雄に由らず勝負の結果、勝つものが後に伝はるといふ意味である、それに加ふるにダルウインの『生物進化論』とショーペンハウエルの『意志説』とを以てすると、其処に渾然として、性質の本体なるものが近いて来た、それを私は端的に謂つて了ふと、性質の本体なるものは宇宙の意志（哲学の教ゆる所に拠り）と不即不離の合一的一元的哲学の本体でないか、かくて我々の哲学の絶頂に□到して覚えず畏怖の念に打たれたのである。由来、論理などは臆説に拠りて、臆説を立てなければ論歩が進まないのとすれば、私の今の仮説も僭越極はるが大した誤りが無からうと信ずる。

かの宇宙意志に由りて、草も木も、山も川も、日も月も、人間も虫も一切のもの存在することに想ひ及んで、私は永遠の瞑想に陥つたやうな心持になつた。

そして、人間の『生きんとする意志』は観念から生れたるもので、人間の現に生きて居る当面の大事実たる実生活は心意経済の必要から出た現実世界である、そして、生物の目的は物質界形式の裡に溌剌として生きて居る現実味を貪るといふよりは『自己主張』の実感味に真価値のありと聴いたがこれに就いての私の意見があるが、本論とは別問題だから何日か、機会をえていふつもりだ。

こゝまで論じて来たのは性質とか、本体とかの概念を説いたのである。（未完）

四

以上論じたる如く、性質其物が如何に進歩したる智力の前にも屈従せずに永久に不変性を有してゐることが解つたなら、一個人の個性が其境遇を出ることの不可能なると同時にその個人性の合成体なる民族性も其境遇を脱すことの出来ないものであるといふ位ひは、もう自明の理になつてきたそして夫の偉大なるプラトーンやカントやソクラテース等の如き聖哲も各其境遇を超越することの出来なかつたといふことは、己に哲学を取扱ふ態度に於て時代精神よりも国民性よりも或哲学者の其個人性に重きをおくものだと知つたものには私などが琉球に生れたる悲哀に漬つてゐるのも敢て怪しむものはゐまいと思ふ。

本県の廃藩置県以前に於ける琉球民族の実生活の内部状態を知らうとするには、勿論琉球に関する歴史の類や地理学などの智識に拠らなければいけないのだが、唯だ智識と鑑賞丈では色彩ばかりが映るので、内に漲つてゐる□□空気に相触れ相同化するには強い力と印象に残つた閲歴即ち琉球人そのものでなければ所詮画餅に帰すのだ。然かも□□□□□も□と通りのスピノザの所謂智力、理性、直観知が備はつてゐても生物学者がいふころの動物性即ち悟性即ち直覚力或は霊覚がなければ至高至完に真解したものとはいはれないと確信する。

そこにくるといよ〳〵、私が前から性とか遺伝とか論じたことが生動してくる、併しこゝでに断つておくが、三宅博士の「宇宙」に於ても、遺伝といふことを論じてゐられた些とそれを統一して見ると恁うだ。遺伝力といふものは人間に来ると、薄弱になるのだ如何に親の性質とか意志とか智力とか或は肉体とが遺伝しても、親の境遇と事情とが□の時代になつて変はるものだから勢ひ能力の弱くなつて容易に現はれないといふ事に調はれたが、それは一代とその次の代に継続する時、或る小なる範囲内に於ける遺伝力の過程した変遷の状態で、この一代や二代で次第に弱くなつて行く遺伝力が大きな民族性に涅入つてくると、そこに翕然として強大なるエネルギイと現はれて、雑然幾百千万の個々人の各個性に分裂されて民族性の範囲内に於て永遠に活動して居るのは今更ら説かなくても夙うから解かつて居るのだ。

こんな論議は漸らく置いて、前にいふておいた廃藩前の琉球民族の内部生活の状態はどんなものであつたかといふことに立ち返えらうと思ふ。

しかし私はこれに就て多く語りたくないから、こゝに一小話を挿入したい。

嘗て私共に――鹿児島と支那との間に介在したる琉球といふ一島国の独立させない様に、外交上、日本政府と支那政府とに対する国際術に旨かつたのは身に白刃を帯びず国歩艱難の折衝に当り破顔一笑を以て一本で日本と支那とを送迎してあしらつてゐた我々祖先の実生活史の一節を――物外先生から聴かして下さつた、いつかのハレー彗星の見えると騒いでゐたあの夜が何となく懐かしくなつて、つい京都大学に居る濤韻君などもあの夜は一緒だつたことまで余計に想ひ出されたのである。

　この昔話の一小話を推して見ても我々祖先が如何に「琉球といふ境遇」に適応して生んとする意志の強かつた跡が歴々として私等の心をひたしてくるではないか、かくして当時の琉球民族には日本といふ国家的観念の無かつたのも心理学上の証明でも争はれぬ事実であつたのである。かくの如き民族性から出裂したる現代琉球人の個性に猶ほ依然として祖先から伝はつた本性のエネルギイが根本的な支配を有してゐるので、最初の琉球民族の血が今の我々子孫の血管内に混じて流れて居るのもおのづと解かると思ふ、然らば斯くの如き琉球人の個性を如何にして日本の国家主義に結びつけて永遠に日本の世界的大発展策に渾然助力せしむるかは、恐らく案外今の教育家の問題であらうと、覚えず私は他人の畠に入らうとして退くのである。

　かくの如く漸く解つてくると、日本固有の大和民族と同一人種の系統を踏んで居る琉球民族が昔から日本本土の住民とその境遇上政治上又は生活方法の相違した為め、今や已に業に個々人の個性に於ても他県人の個性と画然別種となつてゐるのも最う解つて来たのではないか。

　抑々本県の一般社会に時々低□の越る現象を心理学的に観察すると、絶えず二個の暗闘がある。世人は之を意志と意志との不通に起因するものと云つて居る。

　成程この云ひ方も常識哲学的であるから或る程度まで肥定せらるゝが、それを私が一歩を進めていふと「個性と個性との衝突」といつてはどうか、もツと切り込むと「血液と血液との反抗」とまでに云はると思ふ。然らば如何にして互に意志を疎通せしめ、個性を衝突せしめず、或は血液の反抗せしめない様にするかとなつてくると、識者の説を聴かねばならないが、私に一にさせると、互に人格の修養と智力の発達に努力させないと、到底「相互に、真に、相知る」といふことが出来ないのだ。そしてもつと私がいつたのは互に哲学的基礎す《ママ》なければ相徹底せないのだと信ずる。何故といふと、□の個性問題でもサイエンスでは根本的解決の出来なかつたことは私が既に前に説明したのでも解にもそれで何人も自己の中心から哲学を要求するやうな時代に進歩するやうな時要求するら哲学をかと現今の様に、こせり合ひをして、屡々、社会発展上に妨害を加ふるやうなことは絶体的になくなるではないかと心窃に祈るのある。

しかし、個人と個人とが如何に相知つて親密になつて、心と心に喰入つて見ても、所詮個性と個性とは相離つて、各々相異りたる状態に置かれて居るのでないか。個性ほど考へるほど、怖ろしいものである。

ここにも、私等は個性の孤独を悲しみ、琉球に改たれ蒔かれて、萌した琉球人の個性の悲哀の海底に深く、深く私の心は知らず識らずに溺れ沈むやうな心持を遂い、見出したのである。（未完）

五　▲結論

以上論じたる大意を簡単に区別して見ると、

第一　生の悲哀より出発したる単位性質の本体論

第二　性質の本性論より推定して琉球民族の内部生活を支配する個性の活動が永久不変に子孫に遺伝したる験証

第三　斯の験証に拠り他府県人の個性と本県人の個性との必然的別種論

かく三ヶ条の根本的見地に立脚して論じ来たので之を一言以て謂はば琉球人の個人性に対する特殊的徹底個性論とも謂つ可きものであつた。

かくて我々は如上の智識上から獲た概念的「我」と常に各自意識して居る所の琉球といふ境遇に生存してゐた祖先からの記憶上の「我」とそして琉球の土地に盤旋して居る空気の中から生れた肉体細胞組織的の「我」の三元的「我」が合一して其処に真の自意識が認識されるのでないか。

かくして琉球民族の自覚時代に進んで来た自覚の推移を陳べる前に、私は少しく中央の思潮に遡つて見たら却つてそれに連続した本県の文明の程度が自ら解かると考へらるから単に報告ばかりして見たい。

現代思想は前代より著しく進歩した。最近に至つて各方面に新しい声が起つた。之を宗教に観よと現代人は驚き罠より遁かれ、信仰は亡び了んぬと叫んだ。懺悔の世と呟いた。かくて疑惑の世界に永遠にさ迷ふた。しかし猶ほ昔しから同じ姿に観じられた運命観の影に隠れて居るものも無いとは限らない。道徳になると最早や他人と自己となく自己の自己に対する関係を考察する新時代に進んで来たと聴いた。之を文芸になるとナチユラリズムは車の一と巡り廻はつてミステイシズムに一転期する様な曙が見えて来た。

そして哲学は近世紀になつて痛く微衰してきた。其処に哲学者の一笑だも値いせざる軽薄児フラグマチズム即ち実際主義が崛起して擅に跋扈した。何事も実際勝利に価値を置いて現実の力に総ての人間を牽き付けやうと企て丶居るのだ。かくの如き幼稚なイズムは哲学の底に深遠の価値ある個人性の杆格あるを忘却したからではないか。聞く処に依れば現代の哲学研究者は厳粛なる態度で過度に哲学を解説し批判して努力しつつあると。誰れも此等の哲学者に敬虔の念を起さずには居られまい。其他一切の芸術と科学とに対するイリエージヨンより解放されたる近代人は様々の特色ある生活にも現はれて来たのが見られる。

死か生か、そんな問題は閑潰しの学者の仕事に過ぎないものだと冷笑して、然かも大自然に対しては人力の云ふに足らぬ程に余りに微弱なるに驚嘆の眼を放つた。そして縮小妄想狂となり、人事はイプセンの所謂「成る丈にしか成らぬもだよ」と投げ出したやうな迷想的宿命観に囚はれながら自己の存在の価値をも頓著せず現実世界と他の世界と交渉したロウマンチツクの空気に憧がれて「後はどうにかなるだらう」と果敢ない希望に細く繋がれて猛烈に官能の刺戟を求め行くでデカダンも出来た。

又過去の夢は永かつた。願くは未来の観念も泡沫夢幻に消えて了へと、ひたすら当面の大事実たる現実に猛進して自己の充実ならむとの欲求に努力しつ丶あるジレタンチズムも出来た。

更に又旧き人生観より飛び出して人生は一切空だとニイヒリズムの影を辿り、他人と自己との間に到底逾ゆ可からざる壁《オール》が横はつて居るのを達観してゐて、そこに現実刹那の味ひを嘗め尽して歩くモウダンスも出るやうになつた。

かくの如く現代精神は遂に鬱勃たる個人性に凱歌を挙げさせた。かくて強烈なる自意識の特徴たる批評は現代文明に対して慊らず考へたのではないか。かくて和製のデカダンも出ると共に琉球産のデカダンも出たのではないかと考へられた。そして顧みて私は憮然として本県の廃藩以前よりの時代精神の推移を考へるやうになつて来た。と同時に私はイプセンの「人形の家」を想いださずには居られない。

五の二　▲結論

「人形の家」の女主人公《ヒルイン》のノラは弥張時代精神から生れた旧思想に衝突して反抗した個人性の自覚を象徴してあつた。ノラの前半生は実に人間の個性といふものが発揮されなかつた。ノラがまだ里に居た時分は全く父親のお気に入る為に恰も人形の様に翫弄されて居た。そして男の家に嫁いで来ても其通りで、最愛の子供や良夫の為に家庭になくてはならぬ必要品と認められてゐた。良夫からは全身の熱情を払はれて此の上なき人生の歓楽に耽けてゐた。ところが或る日ノラは自己の内部生活を反省するやうな心機に一転した。今迄の自己の生活状態が無意味だといふことを考へ始めたので、一体誰が為に何の為めにかゝる馬鹿々々しい生活を送つて来たかに疑を生じ、遂に豁然と自覚するに到つた。茲でノラは良夫が元のまゝに共棲してくれと、ノラの袖を引いて情緒纏綿と、哀求したが膠なく袖打ち払はれ、隣室で偶々無邪気に遊んでゐる子供達も後に残されて社会に奮闘して個性を発揮させむと決心して飄然と家出をした。丁度、このノラの前半生が私達の最初の祖先から廃藩まで生活状態ではなかつたか。然し世界の趨勢は日本をして永い間封建制度の鎖国主義で行けなくせしめた様に我々琉球人にも長夜の夢に沈湎せしめなかつた果然として俄に、黒い雲は暗澹と動出した空飛ぶ鳥は羽搏きの音を高かつた。明治十三年、日本政府の一大打撃を蒙つた、そして本国より遠く離れて居た琉球といふ一孤島は他県同様に廃藩置県の運命に逢著したのである。見よ当時、人心の動揺と恐怖とは幼い私等の想像の羽を広げて行つても猶届かぬ程に暗い灰色の空気が胸の中に蟠つてゐたと想はる。それから偉大なる「時」の力は瞬く間に殆ど三十年の星霜を容赦なく飛ばして了つた。其間、日本文化の潮流は□しい〱と流れ込んでゐる。昔、荒んでゐた土地は湿み、まだ手を入れなかつた近海も開かれて殖産興業の母胎となり、那覇の地上に高い楼閣も次第に多く出来るやうになつた。電灯、電話などの文明の具体的装飾品も燦然と市街に飾られて人の目を引くやうになつた。然かも社会諸々の事業の発展が年一年拡張されて行くのは今更広告めきたことは苦々しいと思ふからよしておいて、そして私は嘗て大阪からの珍客をして沖縄の長足の進歩に驚嘆の目を放たしめ折角「弓学月」の空想を悩殺せしめたといふ六号活字的の珍話を想ひ出すやうになつた、昨年の観光団も沖縄は案外馬鹿に出来ないとか随分失敬な言を残して帰へたやうだ。殊に沖縄の新しい青年達が真面目に学理の研究に努力して思想が非常な発達をして居ることを観察した「日本及日本人」の記者河東先生など驚きの主観を抱いて帰京されたといふ事は先生の雑誌で些と拝見して解かつたが、中には随分幼稚な観察者も多かつたやうだが、茲にそれ等鈍栗記者先生達を罵倒したくないから失敬しておく。

現代琉球民族の智識の拡充するに随ひ、喩へば智識の外殻の一片づつ重り合ふて層一層重畳すると其殻中の核即ち前に云ふた個性即ち琉球民族より分裂されたる個人性も其の殻内を破りて個々人の心理状態を支配する個性が生動して来て、現実世界の内部生活より発揮する気運に進んで来たのでは無ひ乎。そして私は茲で単に個性の発揮した実例に就て過渡の人にもあつたといふことの偶然にも月城兄から一個の好適例を獲たのを感謝しながら挙げて見たい。

自了といふ画家の書いた何とかの絵画を所有した或る人が東京の美術鑑定家岡倉覚之氏？に鑑定して貰ふた所が、氏も始めの程は誰の筆だといふなどを容易に判然しなかつたと見えて、「無論、日本人の書いたものでもないし、又た支那人でもない様だ。クヤ、やつと、解かつた。之は琉球人自了の筆だ」。といろ〳〵屈託した結果、遂に愈々自了に違いないと有力な特色を挙げて判断を下したといふ話から考へて見ても如何に琉球人の特殊的個性が白沙上に発揮されて燗乎として燗なる性の美を現はしたではないか。そして私は自己の自己に対する特殊の個性を明晰に判断する其の刹那！　痛快に智識の美に酔ふものでないかと、ふと、頭に浮んで来たのである。

要するに以上私が種々様々に論理と実証とを使ふて琉球人の特殊なる個性を切実に論及して来たのも私一個人の告白たる琉球に生れたる悲哀を動機として斯の如く汎く大く広がつて来たのである。そして私共琉球民族は今や他府県人との彼我の個性の別種たる事と遠く遡つては日本固有の大和民族より分裂したる琉球民族が我々祖先より境遇上の必要より起つて勢ひかくの如き個性となつた事も最早や自覚して居るからには教育、政治、軍隊、警察を持つた我が帝国の下で忠実に各方面に活動し、且又、実生活の上より国家的観念に適応する赤誠を将来倍々進歩せしめばならぬ。(完)

(「本篇転載の理由」～

「三」…『沖縄毎日新聞』明治四十四年一月一日、

「四」…『沖縄毎日新聞』明治四十四年一月三日、

「五」…『沖縄毎日新聞』明治四十四年一月五日、

「五の二」…『沖縄毎日新聞』明治四十四年一月七日)

二、入社の辞

汝の立つ所を深く掘れ、其処に泉あり(ニーチエ)

去る八日午後四時であつた。私の家を月城君と一緒に出て雪峰君の別荘に行く途中、一寸雪峰君を毎日社に訪ふたら南香先生が編輯局から出られて私を応接所に呼ばれた其時私はそれが何んだといふいとを直覚して了つた。「明日から社に出て貰はう。かねて浮鷗君の話もあつたから……」と先生の云はれたから刹那! 私の頭は変な所に動き出した。そして私は明日からは新聞記者に成るかと次に考へ出すと何んだか私の心は暗い世界から捉へられて一時に明るい世間に投り出された様に感じ出すと私の心と身体とが案外初めて小さかつた赤い恥ぢた心を自分ながら覗き込まずにはいられなかつた。そして私は南香先生に万事宜ろしくお願ひますと応接所を出て其の日は平凡な歓楽を罄しに別荘に行つたのである。

そして私はその翌日から私の意識状態に新しい波動が起つて新生活に這入つたやうな気分になつたが、果して私共の如き者が記者の使命を完ふする事が出来るか否や?に考へて来ると私は押へ難き不安の念と羞恥の情に堪えなくなつたので然かも入社の初頭に立ちて天下に私の主義とか抱負とかを公開する大胆な勇気があらう乎。然し私は茲で江湖諸氏と唯だ一言盟ひの握手をしたいのは夫れ其の努力の二字を以て私の記者生活を始終したい覚悟であるといふことである。あゝ私は私の能ふ限り私の立つ所に努力したい。

(『沖縄毎日新聞』明治四十四年三月十一日)

三、嶺雲の死を悼む

去□ぬる六日、彗星惨《すいせいさん》として、日光の山頭に隕つ、嗚呼、其の日文壇の奇才田岡嶺雲は秋風蕭条《しょうじょう》として、繋き野辺に消え去りぬ、彼の四十二年間の一生は数奇の二字を以て蔽ふ、反抗、不平、熱烈、冷酷は断えず彼の胸中に盤旋《はんせん》して或は疾風の如く、或は秋霜の如きものありしは彼の言論に於て、彼の奇行に於□之を深刻に認識せずんばあらず、噫《ああ》、彼は数奇の人なりしよ。

由来、文士は世に不遇なりとす、不遇なる所以は天稟の性能に職由する所あるも、世に出ては自己の使命に殉せんが為めに社会的欲望を擯斥して以て俗智世才を冷笑して斯道に努力奮闘せざるより社会的位置低く、動もすれば社会より冷刻なる待遇を享けるを以て自ら轗軻《かんか》不遇に陥るもの少からざるあるは世人の常に熟知する所なり、嶺雲の如きも殷鑑《いんかん》是に遠からずして空しく轗軻不遇の身を以て終る、哀れ、彼を知るもの誰か滂沱《ぼうだ》の涙として涙下らざるものあらんや。明治文学史を三期に画して其の第二期の時代に於て苟も筆を以て世に立たんとする後輩者をして血液を沸騰せしめたるものの中に当年の新人田岡嶺雲の驍名《ぎょうめい》を忘却すべからず、彼は明治二十三年一月故郷土佐より上京して水産伝習所を卒業後、更に文科大学漢文科の選科を卒業したる二十七年の翌年二月より雑誌『青年文』の主筆となる、巻頭の時事評論は多く彼の執筆する所にて、熱烈火の如き文字は、惰気充満せる当時の文壇を刺戟して痛快措く所無からしめたり、実に彼の当年は天下を風靡するの意気と抱負と自信とを有したりき。

彼は其後、中学校教師（佐州津山）、雑誌『文庫』（合併）、『朝報社』、『いばらき』新聞（主宰）、東亜学堂（上海）、従軍記者（北清事変）、『中國民報』、入獄（官吏侮辱）、『天鼓』師範学堂（蘇州）、『東亜新報』（主幹）等の種々の異りたる境遇を経たり、其の間に於て彼は筆を振へば熱血迸る所、縦横の文字を成して天下の青年をして其の壮烈に憧憬せしめ以て各地に嶺雲宗の若き信徒を群生せしむるに至れり、而して適々演壇に登るや、彼の中背中肉の全身より吐く所の光焔は政府の権威を恐れずして飽く迄も自己の意見を主張するにありしと聞く、余輩、不幸にして未だ彼に拝塵の栄を得ざるに永眠の悲報に接するは百年の遺憾たらずんばあらず。

されど、余輩は彼の言論に於て夙に彼の人と為りを壮烈とせり、而して今日に於て彼を追懐せば齋藤緑雨、北村透谷の二奇才を連想す。透谷も緑雨も共に轗軻《かんか》不遇の文士にして両つながら芸術の為めに倒れたるの二天才たらずんばあらず、而して赤貧洗ふが如く、猶且、臨終の際、肉親のもの一人も無くして荼毘一炊の煙となりし緑雨、谷活東《たにかっとう》の如きは最も人生の大不幸事たらずとせんや、□是、数奇の人と雖も、嶺雲に至りては肉親の子と兄とに抱かれて、且又、骨肉も啻《ただ》ならざる鯉洋、臨風等と種々の階級に知名なる会葬者を有したりしは如何に世に拗ねたる彼の霊も恐らくは地上の光栄を昭鑒《しょうかん》したるならんと遙に格信するものなり。想ふに、彼が文科大学漢文科に入りしは当時の学風の欧米に偏重なるに憤然と反抗して支那研究に宿志を翻へしとは今猶ほ吾人の記憶する所なり、斯くの如く必機の一転すると共に世を冷笑し始めて、彼の胸中には社会に反抗する熱の炎々と燃え始めしならん、斯くて彼の為すもの成就せず、到る処容れられずして終に不平児となり了んぬ。而して彼は漢文専攻者にして然かもショペンハウエルの原書を読破して他日新機軸の哲学を建設せんとしたるも、迸る熱血の押へ難くして常に断片の文字を成すに忙殺されて思索に日を送りて哲学の系統を成すに至らざりしは彼が終世の恨事たりしならん、然れども、彼の遺書たる『嶺雲揺曳《ようえい》』、『下獄記』、『壺中《こちゅう》観』、『鱗雲』、『むら雲』中の翻訳ゴルキーイの『三人』等と新聞雑誌に散見せる時事評論、又は婦人観等を綜合して彼の思想を観察せば其の根本思想にはショペンハウエルの思想が高く聳えて世を超越したるの感なくんばあらず、而して彼は五百金の原稿料を得ば直ちに友を拉して一夜の豪遊を極めしと雖も再び依然たる旧阿蒙に一切頓着せざるの人なりき、而して今や逝く、吾人は斯くの如く世を刺戟したる奇才の世に亡びたるは大正元年の損失なりと痛惜せずんばあらず、噫、現代に於て誰か亦奇才なるものあらんや。

(『沖縄毎日新聞』大正元年九月二十二日)

四、文壇奇才を失ふ

▼田岡嶺雲氏
▼日光の宿舎に逝く

兼ねて日光にありて療養中なりし嶺雲田岡佐代治氏の病にはかに革まりて数日前より遂に人事不省に落ち入り、去る七日午前四時同地の客舎にて逝去せり。

▼不遇なる一生

二十年前の青年思想界を風靡したのは雑誌「青年界」である。当時の青年にしてその雑誌を手にせざる者は共に思想を語るに足らずと云つた風であつた。其の雑誌を読む人にして先づ第一に嶺雲の署名ある記事に憧憬の眼を開かなかつた者はない。斯くて熱烈火の如くなる氏の思想は青年の胸を焼きつくさなければ止まないのであつた。氏の文名はこの時よりして漸く高く、青年文士が崇拝の中心となつた。後ち文科大学漢文専科を出て岡山県津山中学校教師として明治三十三年十二月赴任し、居る事僅かに三月にして翌年二月職を辞するの止むなきに至つた。直ちに東京に帰りて萬朝報社に入りて評論の筆を執つて居たが、狷介不羈なる氏は遂に其処にも永く居るを許されず、次いでいばらき新聞、九州日報、中国民報に在りて常時軽浮なる思想界、俗悪なる言論界に清新な□霊火を投じて居たが殊に中国民報の筆たるの時、論たまく〳〵県治の可否に渉つて官憲と意相反し官吏侮辱の罪名を以て獄に投ぜられた。岡山に居る事数年にして再び東京に帰りてより常に事心と相反して轗軻《かんか》不遇の身を沈湎して居たが而も優遊自適自ら其の生を楽んで居た。数年前肺を病むや嶺雲再び起つ能はずとなして、友人等はこの不遇の天才を慰問すべく同志を語らつて文集を出版し之れを氏の床頭に致した事はまだ記憶の新なる事である。肺患稍々癒えし安堵の色ある時、飽くまで不幸なる運命にまつはられたる氏は又脊髄炎の犯す所となり愈々起つ能はざるに至るや温情に富める友人諸氏は氏の床頭に再三慰問の宴を張つて氏をいたはる所愈々厚かつた。七月二十四日暑をさける可く日光に趣きて療養しゐたりしが病癒えず遂に逝きぬ。今にして氏の一生を思へば狷介にして常に世に入れられず轗軻不遇にして而も俗世と闘ひ来りし氏の運命と性格には千古に磨滅すべからざる光輝を内包し居るやうに思ふ。

▲氏の思想と著書

青年時代に愛読したのが主に老荘の書であつた故か氏の思想の根底は荘子と共通の点があつたが、後ちカント、ヘーゲルなどの哲学書を読んで多少内容を豊富にし、ルソーの自由思想に接近してゐたやうである。氏の著書には「支那文学大綱」中の一編「嶺雲揺曳」「雲のちぎれ」「壺中記」「下獄記」等があるが殊に「嶺雲揺曳」は当時の青年を感化する所浅くなかつたのである。

（『沖縄毎日新聞』大正元年九月二十日）

五、数奇伝を読む（故田岡嶺雲先生著）

（一）序文総まくり 1

何時かな読まうと思ふてゐた『数奇伝』は新年の休暇に読んで了つた。

田岡先生と私は何等の関係もなかつた、もし関係があつたとしたら、先生も一箇の死ぬべき自然人であつて、私も亦一箇の自然人として生きてゐる点で関係してゐる、さうして昨年四十二で亡くなられた先生が、どうして十一も違つた年下の私共に敬愛されるぢやらう、四十二年間先生の生涯を活写した『数奇伝』を読んだ人には自ら解るであらう!?

先生は太平洋の恐ろしい底鳴りのする台風と瀬戸内海から来る少女の囁のやうな音と絡み合ふ土佐の高知市外に生れた、二兄を持つた先生は寧ろ家族からは女子に欲しかつたといふほど蒲柳の身であつた、先生が長じてから熱烈な破壊性を持つてゐるのに弱々しい女性の心を裏《つゝ》んでゐたのも、生れた地勢上の境遇と母親の血が多く伝はつてゐたと思はる、然し先生は華冑の家に仕へて気位が高くなつてゐた伯母の感化が母親よりも強かつたと云つてゐた。

若い私共には波乱に富んだ先生の自叙伝たる数奇伝を読み去り読み来ると、却つて私共には先生の一生は幸福であつたことに羨しくなる、今日四十代の先輩旧知に先生のやうに面白い生活を送った人は容易に見当らない。況してや這んな小さい沖縄には崎嶇《きく》曲折に屈伸した先生のやうな人物が一人もゐないことに恥ぢ入る、平和な波の音の聞ゆる沖縄、平凡な山河を持つた沖縄には時代から時代へ相変はらず平凡と穏健とに早熟した人物ばかりが製造される、私は『数奇伝』の劈頭凡人の天下を読んだ時、嘗て琉球に生れた悲哀に泣いたのを再び心に振り向いて泣いた。

『数奇伝』の巻頭には盡□筆で無冠の大王と自信した聲望ある十六氏の序文が飾られてあつた、見るから天下の偉観であつた、三宅雪嶺博士*注14は「親の骨であるかどうかの分からぬ時、指より血を出して之に塗り、若し血が浸み込めば親であり」云々の世俗の伝説から軽く筆をつけ始め、日本に於ても維新前は漢の賈誼《かぎ》*注15と維新後は仏のルソーとの血脈に同くすと思はれたとか、誼とルソーとの性格が全く想ひ通ずる所がないでは無いとか、三十三で死去した賈生《かせい》□六十七に達したジヤンジヤツクとの伝が、孰れが比較的数奇であるとか、土佐の諸人物を挙げ来り、中江兆民の数奇と比較し、兆民の門下幸徳秋水の絞首台に登つたに至つては誠に形容するのは語なきに苦むといふ所に読み来ると博士の奥深い見識が仄に閃き見えた、それから博士は土佐の侯佐々木だの、男岩崎だのの、運の強い人の側を拉して、真の弱いものあり、自ら求めて弱くなるものあり、弱はさうで弱くないのもあると云つて先生は兄弟中運が弱いことを説いて、ジヤンジヤツクを幸運ならしめたらば、ジヤンジヤツクは歴史に消滅したかも知れぬと云ふ所で、波乱を起し、ルソーのやうに能力はないが、ルソーの自白には隠した所があるが、先生にはそれが無いと云ふた所は、遉に博士の炯眼には恐れ入つた、さうして博士はルソーのやうに孤なら

*注14　三宅雪嶺博士
一八六〇～一九四五年。日本の哲学者、評論家、国粋主義者。石川県金沢市の生まれ。東京専門学校と哲学館で講義する。『日本人』を創刊した。主著は、『真善美日本人』。

*注15　賈誼
前二〇〇～前一六八年。中国、前漢の政治家・文学者。文帝に召されて博士となった。「過秦《かしん》」などの政論は、雄渾《ゆうこん》流麗にして名文といわれる。

ずして隣ある先生の多幸に言及して、本年ルソーの誕生二百年に相当するを以て数奇伝出版の記念を兼ねて置くも差支なからうと終《しまひ》に云はれたのを考へると、私はルソーと先生とが、どつちが数奇であつたかと想像して見た、生前に於て未だ一面識もなかつた私は先生の数種の著述と今度の『数奇伝』とで先生の性と想と力とが漸く解つて様々に想像した。

（『沖縄毎日新聞』大正二年一月十日）

（二）　序文総まくり　2

碧梧桐[*注16]氏の序文は序文としては余りに簡単明瞭に失してゐた、「予は嶺雲君よりも爛腸《らんちょう》君の方が懐かしい」、とか、「爛腸と嶺雲、其境遇とコントラストをなしてをる雅号も亦た一奇とすべきを思ふのである」、と云つたのは俳人たる氏の簡明の筆を極端に発揮してゐたが、余りに無愛相で意味がなかつたのを遺憾と思ふた。

泉鏡花氏のは和文にモノして女々しいセンチメンタルが湛やうてゐた、何んとなく先生とは昔は義兄と慕ひ、義弟と愛されてゐはしなかつたかと、無暗に羨ましかつた、「なつかしき其のおんおもてに向ひし時よ、掻巻の袖に我が袖して、ただ、しばらくと言ひたるのみ」、と云つた辺はその面々断腸の交情が偲ばれた。

徳田秋声氏のは敬愛に富んだスケツチを読んだ後のやうに、一層軽快の味ひを覚えるやうなものであつた、片田舎から東京へ、飛出しの名も知れない一青年たる氏を先生が主筆をしてゐた『青年文』に一篇の文章を紹介された時の心持や、先生や先生の弟と一緒に豊国で馳走になつた当時の光景などを写して、氏の小説家である丈け私をして美しい想像の世界へ遊ばした、「此は羨むべき兄の人格の美しさであると共に、兄をして痛ましい数奇の半生を造らしめた弊所である、その結果、兄が自家の貴重の肉体をまで破壊するやうに成つたのは、寔《まこと》に痛惜に堪えない、此に至つては兄は一種の虚無主義だつたとも言へよう」、言々句々私の血を躍らしめ、其の見識に敬服せしめた、乍併、先生の数奇の生涯に私淑した氏に似ず今猶ほ平穏無事に暮してゐらるゝには、聊か慊らない気がする、次の頁には先生の『筆を梵く記』の一節が載つてゐた、『空山月黒さの夕、我舌を噛み、満々の血を含んで天を仰で彼の爛々たる星斗に向て噴かん』。と云つた終りなどは□時誇張に聞えるが、先生の性格と発想の仕方とを考へると□遽に熱烈火のやうな文字によりエゴイズムの思想に感激された。

当年ビールの泡を吹くやうな気焔だと噂された登張竹風《とばりちくふう》*注17氏のは明治四十二年の秋□日光行の途上、病んだ先生を訪つた事から筆を起して、先生の精力が非凡で、決して違約せなかつた実例などを挙げて、縷々と先生が明治の高人であつたことを賞讃してゐた、さうして氏は近来偽善の多い所謂新人と自任するものが日々卑俗に陥る所以を罵倒した処は例の通り愉快であつた、血と涙に一生を送って、然かも破顔一笑を禁じ得なかつたであらうと羨むだ氏の心を察して、私は胸が一杯になつた。

堺利彦（枯川）氏のは碧梧桐氏より僅に八行多い位の序文であつたが、碧梧桐氏より国家や社会に対する観察が鋭るどかつた、氏は固より芝居気のある俳人肌の碧梧桐氏などとは全く先生に対する観察も□に優れてゐた。秋水、臨風、鯉洋《りょう》*注18と三重の意味で先生と薄くない交友があつたことやら、秋水が入獄中、『基督抹殺論』を書いた時、特に先生に序文を求めた、先生は、当時相洲《そうしゅう》湯河原で、秋水との最後の別れ―秋水就縛の際の光景―を叙して、其の需に応じた、然るに惜しいことには、その序文は三宅雪嶺博士の序文と共に闇から闇に葬られたさう

*注16　碧梧桐
河東碧梧桐（一八七三〜一九三七年）。日本の俳人、随筆家。正岡子規の高弟で、高浜虚子と共に並び愛媛県の出身である。俳句革新運動の代表的人物として、評価されている。新傾向運動を興し、季題趣味と定型を打ち破った自由なリズムによる俳句を推進した。

*注17　登張竹風《とばりちくふう》
一八七三〜一九五五年。日本のドイツ文学者、評論家。ニーチェを初めて日本に紹介した。ニーチェ主義を標榜した。その提唱は「超人思想」として危険視され職を追われた。広島県出身。法政大学、上智大学等の教授を勤めた。

*注18　鯉洋
白河《しらかわ》鯉洋《りよう》（一八七四〜一九一九年）は、衆議院議員、ジャーナリスト、東洋学者。福岡県出身。神戸新聞、九州日報の主筆を務めた。早稲田大学講師等を履歴した。

ナ、其際氏は先生か秋水に送つた序文の最後の一句に深く印象に残つてゐたと見えて、『想ふに病臥既に三年、僕の余命も幾何もあるまい、願くは地獄で会はう』、あゝ、先生は既に秋水氏と地獄で会はれたであらうが、枯川氏は何時先生や秋水氏と地獄？で会はれるぢやらうか⁉

（『沖縄毎日新聞』大正二年一月十一日）

（三）　序文総まくり 3

剣峯氏の序文は十六氏の序文中、最も劣等であつた、『嶺雲は狂狷の氏なり、為さゞる所あり、娜雲は趣味の人なり、邪なきの思あり、予はこれを以て嶺雲を敬し嶺雲を愛す、』云々を冒頭に起し全文僅に二百二十六字、些の温みもなければ、却つて漢籍性摸倣性中毒に罹つた文字には覚えず顔を反向《そむけ》た、氏などは今の青年から見ると、思想も官能も全く隔世の感に堪えない□その心持や、気分が何かに囚はれてゐはすまいか、私は氏の序文を見て馬鹿〱しく感じた、同じ漢籍張りの新体詩が次の頁にあつた、「自影相に題す」とあつて中に「眉つねに軒《あが》る、何をか憤る。眼つねに白し、何をか疾《にく》む。肩聳ゆ、此背天下を負ふも辞せず。」肩の凝るやうな詩形から自由に出て箇性を現はしてゐる先生と、序文に現はれた剣峯氏が伝習的模型に囚はれて箇性が現はれてゐないのをコントラストして、面白く読み去つた。

佐々醒雪（さっさせいせつ）*注19氏のは前の剣峯氏の序文が先生に対して内容形式共に雲泥の差があつた、剣峯氏の序文が先生に対して殆ど無意味であつたと反対に醒雪氏の序文は先生に対して熱誠と公平で有意義のものであつた、『文明の虚飾を罵る文に於て、その紅露の比較よりも、女子開放論に於て、文士といはんよりも寧ろ経世家として、真に君が熱烈なる意気に触るることを感じたものは、これ亦必しも吾輩のみではなからう。君の真に熱するところは箇人のことではない。国家である社会である。』序文中の斯の熱誠あり達見ある好文字を想出しても、今に慕はしい、…………この淋しき人の枕頭に、偶々訪ひよる友人が、屡々驚かさるゝは、その元気に満ちた社会政策の談論である。げに、その声は嗄れて昔の力はない、しかも、今の小説界に流行する神経衰弱性の弱々しい縷言は、嘗てその唇を洩れないのである。』氏の斯の言に依りて先生が並み大抵な精力家でないことと平凡な文士でなかつたことが鮮に解かつたのである。

藤井紫影[*注20]氏の序文は総ての序文中一番臙脂《えんじ》に富んでゐた、『数奇伝中最も精采あり情致あるは、津山客中哀別離の一章である。これ嶺雲一代の艶史にして、又一代の哀史と称すべきもので、君が蹉跎轗軻《かんか》の生涯は、或はこゝに其関鍵があるらしくも思はれる。当時余に贈つた細字三尺に余る手紙は、字々熱を吐き、句々血に燃えて、飾らず憚らざる真性の流露は、寧ろ数奇伝以上のものであつた。』若し字々句々熱血を吐いた細字三尺に余る手紙があつて、数奇伝に潤色したら、先生の序言中に「小説として観んには精透を欠く、」の憾みがなかつたと思ふ、さうして氏は『当年夜鬼窟の同人皆老いて、剣峰剣気なく、秋虎猫の如く、臨風鬢糸《びんし》漸く白く、東圃墓本《とうほぼん》既に長じ、余は妻孥《さいど》累々として徒に株を守る。』と云ひ『半宵夢覚めて岡山獄裏玄冬の苦楚を想ひ、北清軍中三伏の困頓を偲ぶと共に、長へに老いず萎れぬ人の髣髴として面影に立ち、娓々綿々不尽の情を訴ふるものがあらう。』と云つた所は私は素通りに読み去ることが出来なかつた。その次の頁には嶺雲生から「其生に与ふ」とあつた、「一郷のために竭すも、一国のために竭すも、将た天下の為めに竭すも、若し其志人間に竭すことを離れずんば、何の大小優劣があらんや。但つねに正義と、真理と、自由とのために奮励するを忘るゝ莫れ。」私はこれを読んで、自ら生き得ないのに、果して、真の正義と真理と自由とが得られるであらうか？思へば茲にも教訓がある。

（『沖縄毎日新聞』大正二年一月十二日）

＊注19　**佐々醒雪《さっさせいせつ》**
一八七二～一九一七年。京都出身の国文学者・俳人。雑誌『文芸界』を編集。東京高師教授を勤めた。東大在学中に俳句団体・筑波会を組織して、新派俳壇の大学派と呼ばれた。

＊注20　**藤井紫影《ふじいしえい》**
一八六八～一九四五年。兵庫県出身の俳人・国文学者。東京帝国大学文科大学国文学科卒業。正岡子規に勧められて俳句を始めた。京都大学文学部教授を勤めた。退官を記念して『かきね草』を刊行した。

（四）序文総まくり 4

国府犀東[＊注21]氏の序文は剣峯氏と同じ漢文張りだつたが、私として光景眩しい江南へ悠游せしむる程文章の逞しく堪能であつた□恐らく剣峯氏などが企及すべからざる筆であつた、「満簷撩乱の梅英、紛として雪の如き晨、病に臥せる嶺雲子自ら翰を飛ばして、…………翰中の字々、横斜にして蝌蚪の如く而かも其勢ひ飛動し、頗る奇気の躍如たるものあり。…………丈室の一牀此数奇漢を載せて、夢裏揺蕩、定《ま》さに江南罨画の小舫を泛べ、桂棹欄槳、既に中流に泝るの境に在らしむ。…………………両岸満蓬の光景、山尽きて野、野尽きて林、転じて里閭、里閭転じて楼閣、更に橋紅、……………………………」実に振ひ附くほど濃灔《のうえん》と奇峭《きしょう》の空気に充ち満ちてゐた、一茎の筆に一篇の『数奇伝』を載せて幾嶙峋、幾湍灘たる先生を縦横に活写した技倆は学ぶべきものであつた。併し読んで後の印象は余り貽らなかつた、それはアノ形式に水勢の倒回するものに嶺雲先生を拉して夢幻的観念を読者に奇気迫るやうに展開してバツト雲煙過眼せしめたので馬鹿に印象がなかつたのも当然ぢやないか。

千葉秀甫《しゅうほ》[＊注22]氏のは始終小説を読むやうな気がした、『彼女はなほ生きて居る』といふ一語を拈出して「二人の男が一美人に恋して、幾多の悲劇喜劇を経過して遂ひに彼等両人は決闘し、一人は死し、他の一人は重傷を帯び不具者になり。そしてかく両性を悩ました女性は如何になりしかと云ふに、「彼女はなほ生きて居る」コノ一語を何遍も繰返へして、氏が往年小石川に美人と隠れた頃の先生との親しかつた旧交を具さに描いてあつた、「彼女はなほ生きて居る」………「僕の昔し読んだ小説の末句が読者に無限の考慮を与ふる如く、君の数奇伝中の行と行との間に存する無語が、文字以外に如何に深甚なる考慮を世に与へつゝ、オー嶺雲、オー嶺雲！なる語が如何に永久にレフレンとして世に歌はれるかを思へば、嶺雲君！　僕は君を羨む」。生々した筆致で氏と先生との交情が描かれてあつたので私は無量の感慨に撲たれた。

鹿嶋桜巷《おうこう》[＊注23]氏は『嶺雲君と初対面の印象』と題して先生が嘗て水戸いばらき新聞社の主筆時代の事を面白く書いてあつた「金縁の眼鏡と、其眼鏡越しに人を見る痼癪持らしい鋭い眼光と、土佐音特有の歯切れのいい朗かな音声と、予想とは違つて小柄な体格の人…………」といふ所に読んで来ると先生の面影が髣髴と眼前に現はれる気がした、それから嶺雲式江戸通の遊び方や、先生が一年位で水戸を去る際、編輯局の白壁に、『いくばくの思懐いて帰る雁ぞ』の一句を題して去られたので、後に残つた記者連に懐かしい思出でになつたことなどを読むと、先生が東京から敗北して水戸へ行かれてからの当年の言行が眼前に依稀として展開されてゐた、次の頁には先生の「波の雫の一節」が掲載されてあつた、「微なる光にすがりて、吾も生きゆく身なりけるよ。…………………………いざ吾は、吾が望にも似たる果敢なき星の光の落ちぬ間に、此の憂多き世と距てる、此海原の濤を踏まなん。…………………………」これは先生がいばらき新聞時代に遣る瀬なき思ひを夜の更け行く海原に寄せられたのが、後に『帝国文学』に「吾が子」に生れ更はつて掲《で》てゐたのである。

（『沖縄毎日新聞』大正二年一月十三日）

（五）序文総まくり 5

大町桂月[*注24]氏の序文は小学教員に似た氏の風貌を現はして質撲で然かも押さへ切れない同情心が溢れてゐた、「鳥の将に死なんとする、其鳴くや悲し。…………嶺雲将た死なんとして、数奇伝を作る。……」惻々の気が迫つて来る、「今、嶺雲を把つて曽参に比すれば、嶺雲に於て

＊注21 国府犀東《こくぶさいとう》
一八七三～一九五〇年、戦前日本の石川県出身の記者、漢詩人、官僚。新聞記者を務めた後、内閣、宮内省、文部省等の官僚として働いた。また、慶應義塾大学予科等で漢文を講義した。

＊注22 千葉秀甫《ちばしゅうほ》
?～一九一四年。翻訳家。本郷座上演演目の「髯一つ」の翻訳者である。また、柴田環『世界のオペラ』のゴースト・ライターとして知られる。三浦環の愛人とも言われた。

＊注23 鹿嶋桜巷《かしまおうこう》
?～一九二〇年。著書『冒険志士』、『梨園情話』、『女香具師』など。

も迷惑なるべし。曽参を賢哲とすれば、嶺雲は文人也。さらば純粋の文人かと云ふに、…………嶺雲は矢張り一種の文人也。純粋の文人でなく、政治家でなく、学者でなき処に嶺雲の生命あり、従つて苦悶あり。……………」字々平凡な口吻を洩し、句々常縄な抑揚法を踰えない処に、却つて氏の先生に対する真面目な態度が窺はれた、さうして「嶺雲は死生の上に超脱して妄りに婦女子の泣をなさず。われは武士の子と気張る処、客観的に見れば、誰か涙なきを得んや。」に至つては遉は生前先生の知己の一人だけあると私を感動せしめた、次の頁には嶺雲揺曳の自叙が載せられてあつた、字々精巧を極め、句々相整ふて然かも言々血を吐き、語々肝胆を披瀝した絶好の文字であつた、「半生の苦学瀬に蠹魚の書を触せずと雖ども、一代の経綸、徒に海蜃の気を吐くのみ。」と云つた処や「志大に才疎、瑟□鼓して空しく斉王の門に立ち。眼高に□抵、珠を懐いて猶ほ崑山の下に哭す」と云つた処や「乃ち焚く当《べ》くして焚かざるの稿を………、梨に災す。必ずしも世俗に読まれんことを望まず、読まれずんば即ち之を人間の塵埃に埋めんよりは、急雨迅雷晦冥の夕、此を将つて仰いで大空に擲ち、之を霹靂の天火に焚尽さんのみ。」と云つた処などはソノ自信の強かつたこと、ソノ抱負の大きかつたこと、ソノ炎々燃える心血を持つてゐたことに於て怜悧で賢しこく為つた近来の文人に多く見当らない。

笹川臨風[*注25]氏の序文は後に「嶺雲と僕」が出るから殆ど申訳に飾つてあつた、併し遉は先生の友人中最も接近した一人丈あつて先生の死活を諧謔に紛らして止メを刺した処は千万言以上の価値があつた、「万事が義侠式であつたから、頗る気前がよかつた。津山の相惚れのおたいさんを人にくれてやつたのも、亦同じ筆法である。しかし流石に此女だけは、絹布の衣と縮兵児とは違て、いつまでも忘れ得ないと見える。」云々は氏でなければ謂ひ切れない大出来であつた。

白河鯉洋[*注26]氏は「数奇伝の首に」と題して全篇を五齣に分ちて氏と先生とが至密に関係した交情が写されてあつた、小さい数奇伝を観るやうであつた、「数奇伝は決して嶺雲一人の自叙伝ではない。所謂数奇伝は、吾徒一輩の天より享受せる運命で、或点から見れば、吾徒は好んで之れに趨り、寧ろ私かに誇りとして居るのである。嶺雲の思想は、吾徒の共有する思想が最も明瞭なる色彩を加へたもので、嶺雲の生涯は、吾徒に共通なる生涯を極端に発揮したもので、いはゞ嶺雲は吾徒の代表的人物である。即ち数奇伝は、此の意味に於いて吾徒一輩の自叙伝ともいふべきものである。」云々から書出して、先生の議論や行動やの甚だ時流に異つてゐたことや、又たそれと同時に平凡ならざること、つむじまがりなること、非常識なること、不自然なること、非教育的なること、孤峭自ら居ること、常に劣者の味方であつたこと、寧ろ喜んで自ら劣者に投じつたこと、、反抗心に富んでゐて、其のくせ頗る心弱かつたこと、先生の一味徒党の議論や行動やに自分ながら省みて驚かれたことなどを段々追憶の糸に綾を附けて来て、恋愛、貯蓄思想の皆無、眼前には聡明で背後や周囲には盲目であつたこと、大学卒業後世間並の虚栄心に足らずに余りに平民的であつた、同時に余りに貴族的であつたと、先生に代つて『数奇伝』にデヂケートしたいものが四人あることなどに読んで来ると先生に隠くれたる子あつて、剣峯氏と氏とに子なく、臨風氏に男子がない点で先生独り意を強くすべきであると云つた処は私の心をして暗く、怖ろしい墓穴に連れて行かるゝやうな気がして、乍ち私の袖は私の顔に触れた、「父と仰ぎし人が、真の父ならざりしを告げ知らせんには、小さき胸を痛めしむる罪の業なれば、此の児の進み

＊注24　大町桂月《おおまちけいげつ》
一八六九～一九二五年。高知県出身の詩人、歌人、評論家、随筆家である。東京帝国大学国文科卒。博文館に入社。『人の運』は処世訓集としてベストセラーになった。明治大学で教鞭も取った。一九〇四年に発表された与謝野晶子の「君死に給ふこと勿れ」を激しく非難した。

＊注25　笹川臨風《ささかわりんぷう》
一八七〇～一九四九年。東京都出身の、俳人、評論家、歴史家である。東京大学国史科を卒業。明治大学、東洋大学を歴任した。文学博士だが、美術史研究でも第一人者と評価された時期がある。赤門派の俳人でもあった。

＊注26　白河鯉洋
注18（113頁）に同じ。

て大学に入り、心思漸やく定まりたるときに及び始めて父子の名のりを許すべく、今の父なる人は固く吾徒に約して居るのである。」こゝに来ると私は津山の料理屋女の腹に造られた先生の子に同情の涙の出るのを禁じ得なかつた、それから明治三十年から仝三十一年にかけての出来事、仝三十三年に氏の九州日報時代に先生を北清事変の従軍記者に推薦した事、仝三十五年に先生は官吏侮辱で獄に下り、氏は刑事被告人たる先生を庇護したといふので軽い刑に処せられたことなど一々丁寧で温く書いてあつた、恐らく序文中でのオソロチーであつたであらう。

（『沖縄毎日新聞』大正二年一月十五日）

（六）序文総まくり 6

私は前回迄「序文総まくり」中に序文でなささうな序文や、序文として序文でないやうな序文に対して聊か読んだ後の印象を云ふたが、今回は全く序文でないので、序文以上に嶺雲田岡佐代先生を徹底に語つた『嶺雲と僕』と題した臨風氏のを語りたい、しかし、私は之を語る前に正岡芸陽[*注27]氏の「題数奇伝」（三首）を語るにケチになりなくない、「学世滔々貴女郎。紅脂白粉競新粧。文章独有嶺雲在。光焔吐来万丈長」。紅白新粧《こうはくしんそう》の当代文学者を諷刺して文章あり光焔《こうえん》ある先生を敬愛してゐるぢやないか、「功名一擲臥林泉。燕去雁来意慨然。南海男児不空老。病床独読数奇伝」。先生の病ひ遂に望み難く、其間いくばくの日月を空費しても、猶ほ男児として箇性の永遠不滅の形見《かたみ》に『数奇伝』を著はしたことにソノ同情心が窺はれる、「誰使斯人在草莱。還《また》知随処尽其才。半生心血注文字。成就千秋事業来」。先生を桂公の閨閥に生れしめて時めく文部大臣にでも据えたら屹度末代迄貽る事業が出来るぢやらうとは氏もゾツコン先生に惚れましたナと云ひたい、次の頁には先生の「春五句」が載つてゐた、永き日やとか春雨やとか行春やとかあつて、上る下るの京の町とか雲を看てゐる石の上とか蓑輪を通る小提灯とか金泥剥げし舞扇とか鐘下したる寺の庭とかで別に旧派とも新派ともつかない十七文字の摸倣時代の心持が想ひやらる、ので、碧梧桐氏の所謂爛腸時代の先生が極端な執心を想ひやらずにはゐられなかつた。

笹川臨風[*注28]氏の『嶺雲と僕』は嶺雲先生が曾て『病中放浪』を著はす際其の巻頭に乞ふた氏の序文であつた、惜しいことには此の著述は刊行後直ちに発売禁止の厄に遇つたのを『数奇伝』に氏の序文を転載したのである、然し、こゝでは序文ではなく寧ろ『数奇伝』の裏書とも称へらるべきものあった、「嶺雲が若し死だら、僕はこんなことを書いたであらう」。「嶺雲の病状を気遣つた藤岡東圃《とうほ》は死だ。嶺雲の病を治療した大野洒竹《しゃちく》は一時危篤に瀕した。而して嶺雲は中々死ぬどころではない。僕は嶺雲死後に書くべき彼と僕との関係をぴち〳〵活きて居る彼の前に捧げる。」などに読んで来ると何んとなく今昔の感に撲たれて涙が零ぼれる、「明治二十六年頃であつた。本郷壱岐坂の壱岐坂食堂で独逸語の講習会と云ふものがあつた、之は大野洒竹などの発起であつたらしい。高等中学の生徒や大学の学生が聴講に出かけたものだ。僕も其仲間の一人であつたが、其聴講者の一人に若い眉目清秀いつも鳥打帽子を被つた学生があつた。当時文科大学の第一年生であつた僕は其の人を見て大へん若い大学生であると思た。如何にも利口さうな。利かぬ気の青年であると思ふた、翌年の春、金沢から鎌倉へかけて文科大学生の遠足会があつた。…………………………………。金沢の千代本へ泊つた時、此先生頗る短気で癇癪を起すのが目に立つ。丁度湯に入て居る時、此先生は眼鏡を忘れて往て大騒ぎをした、それを僕は探して手渡してやつた。此学生こそ誰あらう、嶺雲田岡佐代治君とは後に知れたのである。」此学生こそ誰あらうと云つた処は些と芝居気に見えたが、氏と先生とが未だ親密になかつた以前の関係が鮮やかに見える、「………………………………東亜説林の時評は剣峯嶺雲柳々などが書いて居たが、嶺雲は如何にも奇警《きけい》であつた。殊に文科大学の文科学生の特徴を評した皮肉の文章は今以て記憶をする。」此に来ると先生も些と皮肉屋であったことが偲ば

＊注27　正岡芸陽《まさおかげいよう》
一八八一～一九二〇年。広島県出身のジャーナリスト、評論家である。キリスト教を受信し、青山学院大学を卒業した。雑誌『新声』の同人になり、一九〇三（明治三十六）年には主筆になった。『大阪毎日新聞』の主筆も務めた。著書に『人道之戦士田中正造』がある。

＊注28　笹川臨風
注25（118頁）に同じ。

れる、「其うち藤田南山がお目出た事があつて嶺雲剣峯柳々、西村長太郎氏と僕とが其式場なる湯島の清水楼に招かれたことがある。僕と嶺雲と親密になつたのは、此一夕の会合からである」こゝに氏と先生とが肝胆相照して百年の知己となつた当時湯島の清水楼上の夜の光景を想像して私は懐しく思ふた、それから二十八年頃先生が弥生町に下宿された嶺雲居を夜鬼窟と呼んでゐた時代や二十九年から三十年頃の先生を焦点とした酒と恋と創作と言ひ知れぬ寂しみとを語つてゐた。（此項未完）

（『沖縄毎日新聞』大正二年一月十八日）

（七）序文総まくり 7

笹川臨風氏の『嶺雲と僕』（前項続）は私をして様々な線と色彩とで先生に対する追憶の絵を描かしめた、「嶺雲と僕と同年の生れ、血気猶盛なるに、今は病床の人となつて、又往日の如く酒を被り、高楼放談する興もない、一生の間、千変万化に富めるものは、我が同人中は固より我知友中又嶺雲に比すべきもの一人もない。」当年風流の才子と謳歌された氏にして亦斯の如く涙と血に湛えた好文字は近頃の所謂文章家の学び得ない処がある、「学校時代に於ては嶺雲は篤学の士であつたそうな、藤岡東圃も藤井紫影も屢々之を言ふ。若し嶺雲にして学校時代の態度をつゞけて居たならば、漢文科の教師払底時代故、さしづめ、大学の教授若くは助教授を贏ち得たであらう。しかし嶺雲は情の人である。耿々たる彼の気象は彼をして儒流の人たらしむるとを許さぬ。」に読み来たると当世の儒流の人々を私の知つてゐる範囲内から一人二人と数へて恰度十指を二回目僂指する途中、急に馬鹿〳〵しく為つた、今の若手の儒流でも、凡そ角が取れて、古人や先人の註解を遣つたり、講義を遣つたりして、閑さへあれば聖哲の糟粕に近代的色彩を塗つて、何々大将閣下の序文とか、何々公爵閣下の題字とかで好加減に白ラを切つて、どし〳〵著述することに腐心してゐる、著述でも国家人道の為めなら大に有り難いことだが、此頃は却々利口に為て、著述するのも金故と来てゐるから、男児の真骨頂のあつた先生が生きてゐられたら、今少し腐甲輩ない儒流を覚醒せしめたであらうと、こゝ迄来て憤りの波が私の胸に起つた時、私は偶と久保天随《てんずい》氏の事を念頭に浮んだ。氏は若手の儒流として各声嘖々《さくさく》たるものである、しかし私の目から氏の如きものは箇性を発揮し得ない凡庸の腐儒《ふじゅ》でないかと見らる、漢籍に造詣した力で蓄金《ちくきん》して一生安楽に暮したいばかりでなく、願くは子孫へ、遺産したいと云ふ氏の主観の影は毎度氏の著述の背景に漂ふてゐはすまいか、試みに氏の著述を繙いて見ると、些の血あり涙あり骨ある文字の無い上から、氏の智情意の全活動が著述蓄金安楽主義といふとか、自ら了解されるであらう、乍併、私は啻に氏ばかりでなく当代の儒流に一人の生命ある筆の人がゐなくて、死んだ筆で生を送らうとするものが滔々として皆然らざるは無いので、少しは先生の耿々たる気象にあやかれさせたいものぢやと、飛んだ世話を天随氏に焼いたのである、「嶺雲は弱きものに同情するが、彼れ自らは誠に貴族的である。才があるからまことに善く気がつく、派手好きで気前がよい。」こゝは知友一般の齊しく賞讃して措かざる所である、「児の母嘗て僕に書を与へて云ふ、父に似て強からずと。しかし今や此児は強健に生育して、最早や中学時代の少年となつた。嶺雲未だ中々死なず、日に恢復の途に赴く、父子再会の日あるは僕の喜で待つ所である。」あゝ、先生は今や生前名乗り会はざりし子の出世を恐らくは地獄で喜んでゐらるゝであらう、父は曾て哀れなる吾児を隠れて一度見たばかりで逝き、実の父とも知らぬ幼児には母に抱かれて唯だ畏《こ》わい伯父さんと思はせて別れたのみ、分別の芽漸く吹き出した今日、今の父から真の父を明かされた私生児の心緒、之を察し悩める生前無二の臨風氏が今果して奈何の感慨あるであらう⁉

私は氏の『嶺雲と僕』中に父子再会の日云々の処は最も氏の予期した喜びに矛盾した哀れなる追憶に沈ませる処であつた。（此項完）

（『沖縄毎日新聞』大正二年一月二十一日）

（八）読後の印象 1

序文総まくりを了へて愈々《いよいよ》本篇に入りて各章各齣を読んだ後の印象を是れから書かねばならぬことになると、様々の印象が一時に飛んで、序文総まくりの雰囲気の中に入つて、何にが何にやらさ迷ふた心に鎖されて了つた、「此書之を懺悔として観んには真摯を欠き、伝記として観んには光彩を欠き、小説として観んには精透を欠く。畢竟するに是れ予が其の生きながらの屍の上に自ら撰せる一種の墓誌に過ぎるのみ」。先生の序言中に斯の数行の文字に読み来ると、私の□篇に対する印象が、彼の雰囲気から次第に分□に為つて来たのである。

『即ち凡人伝也』の中には凡人の天下とか凡人の価値とか偽るを要せざるを偽らざらん等が□□た、時代の推移を簡潔に述べて「今日は凡人の天下である。…………………凡人たる吾等も自伝の筆を執るに疚しさを感じない、今の時代は吾等凡人をして、大天才大人物と同じく自伝を公に得る権利あることを信ぜしめる」。力強い自信を率直に声明した先生の大胆不敵なる態度に敬服せざるを得なかつた、ブランデス氏の自叙伝者の種類を五ツに分類したものに一々批評されて、「吾等四十年間の生涯は決して大詩人を哲人の如き趣味あり教訓ある者でないとしても、而かも瘋癲《ふうてん》や白痴の者の研究が猶心理学上に必要なりとすれば、吾等の自ら経験した心理的状態を、自ら反省し自ら解剖した者も、亦心理学者の参考として、或は一顧するに足るものが無いともいへぬ。此点に於て吾等の如きもの丶自伝も、全く反古《ほご》敗紙に比すべきものでも無からうかと思ふ」。とこ丶に凡人の価値と云ふものが鮮やかに演繹されてあつた、古来の自伝作中セント、アウガスチンの懺悔記、ルーソーの自叙伝などを引出して、古人の自叙伝の背景には一種の虚偽と誇衒とが罩めてゐるのを非難されて、「寧ろ吾等の如き無名の一小凡夫が自己を語るこそ、精神的に苦痛の大なるものがある」。と云はれた処は非凡なる自白といふことが窺はれて私には嬉れしく思ふた。『記憶に遺れる幼時』中には「生後第一の印象」であつた、「時は夜である、予は何人か（多分母であつたらう）の膝の上に抱かれてゐる。塵に見慣れぬ人の顔があつて、これを囲んで集《つど》うた人々の話し声、笑ひ声が賑やかに冴《さ》へて、明放した外面《とのも》の闇に余りの光を漂はせて、一間《ひとま》の中に灯の影も明るい」。これが先生の生れて最初世界から受けた印象の記憶である、私はこ丶を読んだ時、先生は既に其の天稟《てんぴん》□平凡中の非凡の人であつたことに敬意の念《おも》ひを走せて、顧みて私共が生れた時に最初世界から受けた印象を記憶してゐないのに、柄になく大に恥ぢた、次に「吾は何処より生れしや」があつた、「予は吾が母の臍から此世に出て来たものたるを毫も疑は無かつた」。先生が突然と母親に向つて、吾は何処より生れしやと幼時ながら哲学的発問された時、那麼《なに》私《わし》の臍から生れたよと母親が雑作なく応へられた当時の光景が偲ばれて、私共が幼い時、矢張母に向つて私は何処から生れたかと尋ねる毎に母は木の股《また》から生れたといふことを屡々聞かされたのとコントラストして私は土佐の国の人の母と沖縄の人の母とが子供に対する異つた二様の心持を想像して見た。

（『沖縄毎日新聞』大正二年一月二十三日）

（九）読後の印象 2

『記憶に遺れる幼時』中には猶ほ趣味ある幾齣があつた、「空とぶ鶴」に「五里許り距てた町に、母方の叔父を訪ねた折である。母に手を引かれて、草臥れた足を曳摺る様に歩み行く人里離れた野中《のなか》の街道に、午寂《ひるしづ》かに空は晴れたり、忽ち一羽の大きな鶴が、翼を熨《の》して高々と、見上ぐる頭の上を過ぎた。」何んと美しいロウマンテイクの絵のやうな想像を浮ばしめたではないか、「刀を差す」に「吾等の家は、祖父の代に、百姓から藩の家老の家に仕へた所謂陪臣《またもの》の、軽格ではあつたが、兎に角士族といふ肩書だけは得られた身分なので、吾等も袴着に刀をさすだけの格はあつたのである。」幼年時代に於ける先生が如何に士族と謂ふ階級的観念の深く且牢かつたことや新平民輩と同じく徴兵に出るのを甚しく恥辱の様に考へてゐられたことなどに読み来たると、私は今日の四十代の人々も矢張先生と均しく封建時代の遺物に未練がましき観念に囚はれてゐることに想ひ及ぼした、「併し又其徴兵を免れん為めに分家して（其の頃は一家の主人及び長男は兵役を免れ得たのである）、平民に落ちる（士族から平民となるのを身分が落ちるやうに思つてゐたのである）のも堪へ難く厭で、幼な心を此のデイレンマに悩まされたこともあつた。」当時兵制の不完全であつた事も窺はれると共に先生の心理状態に二ツの劇しい暗闘があつたことに同情した私は次に何んとなく先生の片意地な小主観に不快を感じた、併し此処等が先生の偽らない赤裸々の真情であつたかと、漸く理智の眼が細く開いた、「鰹の刺身」の冒頭に「高知の市街は鏡河の北岸に沿うて西から東へ延びて（自分の生れたのは其の西端の町外《はづ》れである）、其の東端は海に枕《のぞ》んでゐる。其海を吸江《（ぎゅうこう）》といふ。

……………九十九灘《つくもなだ》、……太平洋を南に受けて、

……………浦戸港で、…………………

……………即ち吸江である。穏波翠巘《（おんぱすいき）》相映発して、

其の北に長堤透麓《ちょうていとうろく》たるを青柳新地といひ、虹の如き長橋を隔て丶其の東に聳ゆるを五台山といひ、其の上に夢想国師の開基に係る吸江寺がある。其の本尊の文殊を以て有名で、寺の名を呼ぶより寧ろ文殊様といった方が通りが宜い。」何んと絵の様に描いて有《あっ》たぢやないか⁉

さうして幼い先生が家族に連れられて、文殊様の賽日《さいにち》か何かに五台山詣《まうで》をされた、斯くて午時《ひるどき》になつて、料理屋の二階で、飯の菜の誂《あつらへ》を女中から聞かれた時、幼い先生は直様生《すぐさまなま》のびんび（魚）と答へて、母親達に夫れでもお芋や大根といはなくつて宜かつたと笑はれたなど、宛として実景を観るやうな活画であつた、斯の齣では先生が鰹の刺身が大の好物であつたといふことを読者に其の嗜好物を刺戟するよりも寧ろ彼の五台山の周囲の荘絶美絶の光景が今に私の印象を深く刻んでゐる、「火事」に「予の父は、吾等の眼からは極めて厳格な謹恪な人であつたが、而《しか》し決して頑固な、乾燥な、趣味を解しない人では無かったらしい。」といふことを初めに書出して父が演劇《しばゐ》に趣味があつたことに言及し、劇場内や周囲の光景、更に様々な空気を描出して、遂にソノ劇場に出火した事件に波瀾を捲上《まきあげ》た処の描写は些と小手強く感じた、「……………寺子屋で芝翫の松王の、黒の着附《きつけ》に紫の鉢巻をしてゐた姿のみは今も眼に遺つてゐる。技芸の巧拙は固より分《わか》らう筈は無いが唯同行の人達が他《ほか》の役者が悪いからといってゐたのを覚えてゐる。」好劇家の父親の遺伝性が幾くらか幼い先生の趣味性の裏《うら》に小さく萌芽のあつたことが面白く考へられる、「麻疹に罹る」といふ題の劈頭に「多病羸弱《るいじゃく》の予、長くて四十迄と想つた命の四十を既に二歳も超えて猶幸に（或は不幸に）、綿々たる宿痾を抱きながらも生存《いき》てゐる予は、既に幼時より屡々病に侵かされた、悱々惻々《ひひそくそく》と私の胸に迫つて来た、先生が幼い時から幾度かひきかけて気絶された事や最初の病気が麻疹に罹つた折の事を追憶されて痛切に語たられた、「游子空しく四方に放浪して、歓を其膝下に奉ずるの時なく、…………………徒に闇に倚て待つ老いの心を煩し、痛め奉る事のみ多かりしを想へば、不孝の罪の、空恐しさに禁へぬ心地がする。」私の心は奄《にわか》に動悸が打つて、覚えず涙滂沱として頬に冷《つめた》さを感じたのである。あ丶、逝きし先生は永へに不幸の罪が払らはれぬであらうか‼?

（『沖縄毎日新聞』大正二年一月二十四日）

（十）　読後の印象　3

『臆病なりし少時』の初めには「三ツ児の魂」があつた、「予も亦生理的には男の形を以て生れたのであつたが、併し心理的には女らしい性情を有つてゐた。予の少時は極めて内気で臆病な意志の薄弱な、今の言葉でいへば感情的《センチメンタル》な者であつた。此の稟性は独り少時のみならず、予の今日迄をも貫いて、一切の行為の背景をなしてゐる。」私はこれを読んで今更ら先生が臨終まで女らしく柔かい心の中に炎々と燃えてゐた感想を慕つた次に「………女の手を執つて其の耳に意中を囁くにはあまりに臆病であつたからである。」に読み来り先生が偽らずに女に対して不粋であつたことを赤裸々に囁かれた処は寧ろ罪のない愛嬌に思はれた、「学校で泣く」の中には先生が三歳《みつ》に至つても未だ立つて歩み無い事や学校では除《の》け物にされて泣虫で兄達に甘いてゐた事などが暖かい夢のやうに追憶された、「西郷の詩」の中には泣虫の先生がお父《とう》さんに連れられて町の或る遠縁《とほえん》の家の遠忌か何かに招かれた時床の間に懸つた西郷南洲の自筆の詩の大きな軸の由来《いはれ》から、維新前薩士の連衡を策せんが為め、西郷の我が藩に来て宿を貸した折の揮毫であつた事など主人と父との酒間の歓談を幼い先生が面白く耳を傾けたのがソモ〳〵の初まりで、遂に南洲崇拝になつた事を色々と語つてゐた、「吾をして僧たらしめば」の中には「………従つて地上を歩行くにも、蟻などの動いてゐる処は特に避《よ》けて通つた。或時誤つて一匹の蟻を踏み殺して、惨《いた》ましさに其儘にするに忍びない、土を掘つて穴《あな》を造り、丁寧に其死骸を葬つて纔に稍々心を安じた事がある。又或時弟が折角捕へて来た蝉を放して仕舞つて、弟に泣かれ、母から叱られた事もある。」こゝを読んで来ると私は幼い先生の聖人な心に対して私が幼年時代で殺生を何とも構はなかつた腕白者であつた事に赧然と帥ぢて来た、さうして「予にして、若し鎌倉以前の時代に生れて、円顱（えんろ）緇衣（しえ）の身とならしめたらば、縦令名僧知識たり得ざりまでも、全くの腥坊主とはならなかつたかも知れぬ。明治の世に生れて、何等世を益し人に竭す所なき一売文郎を以て終るよりは、夐に優《まし》であつたものを。」世にこゝを読んだ僧侶がゐたら定めて自分が腥《なまぐさ》いか腥《なまぐさ》くないかを反省したであらうが、私は自ら天下の耳目と気取つてゐる癖に、未だ先生生前の万分の一にも足りないほど沖縄の小天地を益しないことに想ひ及んで、天分の薄い小さい能力に今更ら嘆いて見た。

『無言無形の伴侶』中に「錦絵と絵本」、「隔日発兌の新聞」、「小学とリードル」、「草双紙に耽る。」などがあつたが、こゝには別に深い印象も残つてゐない、たゞ幼い先生が種々の事象に美しい感心な特性が依稀《ほの》めいてゐたのがボンヤリと浮んで来た、買喰ひもせずに毎日絵草紙屋の前に立つた幼い先生を想像したりなどした。

（『沖縄毎日新聞』大正二年一月三十日）

（十二）　読後の印象　4

『自由民権論の感化』の冒頭には「維新の両意義」があつた、「維新の革命には二様の意義を含む、一は王政復古の名によつて象徴せられたる国民的統一、一は尊王討幕の呼号によつて標示せられたる民権拡張、即ち是である」。を書出しに当時自由民権説の轟々と天下に響いた光景が秩序整然に論述してあつた、「長髪胸に垂るゝの人」に「方に一場の演説を終へて、雷の如き喝采の拍手を後に聞きながら、悠々と歩み去れんとする背後《うしろ》より、人あり追ひ近づく、忽ち見る匕首一閃、銀蛇闇に流れて鮮血胸部よりサット迸る演劇的光景を想ひ浮べた。道のために血潮の洗礼を受けた板垣氏は、吾等の眼に更に大なるヒーローとして映ずるに至つた。板垣死すとも自由は死せずとの一語は吾等の血を湧かしめた、内藤魯一なる名は刺客相原を取つて抛げた事によりて吾等の血潮を記憶に深く刻まれた、泰山北斗なる語を始めて覚えたのも、此の時副島氏の見舞の電文によりてであつた」。こゝに読み来ると私は目下憲政の危機に痛感して明治維新当時の光景を想像して覚えず血潮が湧いた、「独身の畸人」は妻子もない親戚《みより》もない独身者の酒好きの畸人を描いてから其の住所を畸人の没した後に国家の経綸を談ずる客気と血気とに富んだ自由民権主義の結社と為つて廿四五歳から十二三歳の幼い先生のやうな人達が毎夜集まつては詩吟をやつたり撃剣をやつたり相撲を取つたりして時々隊を組んで練り歩いて他町村の者などと出会頭《であひがしら》に喧嘩してゐたに似ず当時青年間に読まれた自由民権主義の教科書とも言ふべきスペンサーのソシアル、スタチックスを松島剛氏が翻訳した四冊の社会平権論や西周氏訳の奚般《ヘボン》の心理学抔を必読書の一であつたといふ処に読んで来ると私は先生の十二三歳時代と私の十二三歳時代をコントラストとして初めから造詣の将来が宣言されてゐたやうに思はれた、「三尺の童子」には先生が小学校時代に小学校の習字教室を会場にして名を学術演説として演説者中最年少者の先生が演壇に立て首ばかり卓上《テーブル》の上から出して何かな支離滅裂《しどろもどろ》の演説をしてゐるのに当時自由主義の宣伝時代であつたから縦令学生には政談演説を禁じてゐたものの警察官が三名位臨監して演壇の側に席を設け机の上に御用提灯を列べて幼い先生達の演説を一々筆記してゐて聴衆も常に三四十名もあつたといつた処は忽ち私を怒涛の暴風との旋盤する当時の社会運動の過巻の中の人とならしめた、「水は方円の器による」には「入学して間もなくの事である。作文の題に『友を撰ぶの説』といふのが出た、小学校気習の失せぬ予は『水は方円の器に従ひ人は善悪の友による』と書き起した稚気満々たるを作つて塗板に書いた。満場は噴飯《ふきだ》して笑つた」。私はこゝを読んで、後に『嶺雲揺曳』『狭文章《（さぶんしょう）》』を出して文名天下に轟かした先生も初めから名文家ぢやなかつた平凡な真理に振り返へりて味つた。

『郷関を出づ』中に「悲しき汽笛の声」、「南国の河童」、「山羊のやうな好老爺」、「火と水」、「赤襟買ひ」、「闇に迷ふ金剛山上」、「官制改革と胃病」などがあつた、「官制改革と胃病」には官制改革と共に新に文部大臣となつた森有礼卿が学制に対する高手的施設の結果、学生を兵卒視して学生取締は圧制主義となつた、兵式体操は学校の課程となり寄宿舎は軍営組織となつたが舎監の専横は学生の不平不快を爆発せしめて色々の反抗的運動が現はれてゐた処は私をして現今学生のストライキに似たやうな発端《ほったん》を想はしめた、さうして牢獄のやうな寄宿内に舎監の眼を窃んでお互ひ同十菓子の買ひ喰ひをしてマヅ先生が胃病患者になつたのを間接に官制改革の圧迫主義の弊所を風刺してゐたのを覚えず痛快と叫んだのが今に忘れられぬ。（此項未完）

（『沖縄毎日新聞』大正二年一月三十一日）

（十二）　読後の印象　5

『郷関を出づ』（承前項）中「闇に迷ふ金剛山上」には別に奇もなく特殊なインスピレシヨンも起らない人並み

の登山中の心持と下山後の気分の外になかつたが、「人間は唯物論者が考へるほど利己的の者では無い、死生の間に出入する際、即ち『我』の上に最も暗憺に最も危急なる際に於て、却つて美《うる》はしい没我の精神が閃めく、義務の観念か最も強く全き心を支配することがある者である。」と云はれた処は尊い情操の血潮に私の印象を深く染められたのを今に嬉れしい、「赤襟買ひ」は幼い先生が田舎から大阪へ出て間もない頃学校の同級生の年長者に或夜欺されて連れられて往つたのは格子の中に紅い衣《きもの》に映《うつり》の好い白い顔の女が居並んだ家の続いた処で、ソノ或家の入口へ立留まつて年長者が並んだ女の一人の手から受取つた長煙管で煙草を喫むのを見せられたり又た奥の方から老《ふ》けた女が出て来て年長者と何か小声で話してゐたが幼い先生へ振向いて「赤襟買つてあげましよか」となぶる様な口調に幼い先生は艴然《むつ》として半ば恥かしくなつて拉《ひき》とむる袂を振りきつてワイと表へ出て通りがゝりの車に飛乗つて逃げて行かるゝ処は空想で出来た拙ナ小説よりも余程面白ろかつた、「火と水」は先生が足掛け三年間大阪にゐられた時内本町筋を焼払つた大火と河内の洪水とに遭難された出来事をスケツチの様に簡潔に描いてあつた、「山羊のやうな好老爺」は当時西洋留学から帰朝を楽しんで待つてゐられた添田寿一氏の厳君を山羊《やぎ》のやうなアゴ鬚をもつた好々爺としてナズイテゐられたことを罪のない学生の空気を写してた、「南国の河童」は「両側の灯《ひ》の華やかに明るい街の裏通りの家であつたと覚える、二階に上《あが》ると、広い座敷に燭台の光が眩《まばゆ》く、着飾つた女が侍して、兄は同宿の陸軍少尉の人と、酒に興を遣つてゐた。予の東西も別らぬ他郷に只一人を恃みとする心細さをも察してくれず、自分は楽しさうに酒を飲んでゐる兄か一図に恨めしく思はれて、予は兄の傍に座るや否やワツと泣き出した。兄も場所柄といひ此には大に弱つたらしい、予を細長い小座敷へ連れこんで、添寝をしてくれた予は直ぐに前後も知らず寝入つて仕舞つた。」南国の河童といへば逆流に躍り込んで河底に一日も二日も暴れゐるやうな河童かと思へば、こゝを読み了はると何んだか馬鹿〳〵しくて似せ河童に欺かれて落語を聞いた後のやうに今考へ出しても憤飯《ふきだ》さゞるを得ない、「悲しき汽笛の声」は『男児立志出郷関、学若不成死不還、』当時盛に諷誦せられた此の詩は少なからず少年間の青雲の志を刺激した者であつた。自由民権論に浮かされてゐた青年の政治熱は、国会開設の大詔の一下と共に較々醒めて、志を講学に向くるに至つたものであらう。笈を負ふて上国に遊ぶことは郷党青年の間の一流行となり、父兄の許を得ざる者は、維新前の志士に倣ふて、脱走と称して盗に家を脱《のが》れるを以て誇りとするに至つた。……………………………予も父母に遊学を請ふた、当時長兄は大阪の商船学校に、次兄は東京に大学の予備門にゐた、…………………………………………………………。」を読んだ私は今日四十代の人々が相互に共通した思想と方針との活画を見るやうに私の周囲にゐる先輩知友の人々が様々に異つた四十年の窮達《（きゅうたつ）》を線と色彩とで幾ツかに分け〳〵して心に描いて見た。

（『沖縄毎日新聞』大正二年二月一日）

（此項完）

［不二出版編集部注］右記事は初出時には「読後の印象　4」として掲載されたが、本書収録に際して正しい連番に改めた。次記事「読後の印象　6」末尾で、翠香がこの訂正について付記している。

（十三）　読後の印象　6

『病蓐の五年』の中の「多病善愁是我生」に「支那詩人の口吻を借りていへば、多病と善愁とは、実に予が一章の波紋を織出す経緯《たていとよこいと》である。梅雨《さみだれ》の雲の切れ間を覗く日光のやうに、予が少年の快活と健康とを享楽し得た時間は極めて短かつた。予が一生を通じて、真に何の屈託もなく心の底より笑ひ得た時代は、僅かに大阪留学の足掛三年の間に過ぎなかつた」。言々句々押へ得ない悶々の情、私をして暗い涙の淵に沈ました、あゝ心の底から笑はんとして笑ひ得ぬ先生、想へば先生の一生を通じて笑ひ得ぬ人であつたことに私は数奇といふ儚ない影を認めずにはゐられなかつた、「梟の鳴声」は可なり長かつた病院生活をされてゐた先生は「夜になると、後の山の森でホー〳〵と梟が啼いた。闇に消えゆく人魂を無益に喚び還さうとする声のやうで、寝覚め勝ちの予に悲しきもの、一つであつた」。久しく病床に親しんでゐられる先生の静粛の哀感から私の印象に消し難い悲しみを刻まれた、「父の死」は能く父の臨終の暗く沈んだ周囲の空気が描かれてゐた、私はコレを読んで後、遇《ふ》と父の臨終を想ひ出した、ソノ昏睡状態に陥つてゐて、劇しく促《せま》つて来る高い呼吸に纔かに『生』の名残を留めてゐたことなどを想ひ出した時其の周囲にゐる家族が一種不可思議なる死の厳粛の気に犇々と搏たれたことに新しい感慨を惹起した、「四匹の小鳥」は「父が唯一の楽みとして育てた四匹の小鳥は皆巣立ちをした。而《しか》し如何に鳴いても其声を聞きわけてくれる人は既に亡《な》い。予は学校を卒業した時、父の亡いのが何よりも不本意であつた」。こゝを読んで復た私は淡い暗い心に沈み行くのを覚えた。

『水産伝習生』中「蓐上の首途」は「予は医術なる者に愛憎《あいそ》をつかした。自分の病は自らの力にて癒《いや》すべき者と決心した。予は脈と舌と聴診器とによりて病を視る医者よりも、よく善く自分の病気が半以上自分の神経の故《せい》であることを承知してゐる、…………。」こゝらは世に病は気で持ツといふ語を実験されたことが窺はれて、些と医術に対する皮肉も可かつた、「初めての東京の印象」は其頃東海道の鉄道が未だ全通しなかつたので神戸から船出して東京とは甚麼《どんな》ものかと様々に想像して熱鬧《（ねつとう）》繁華の街《ちまた》とのみ思ひ込んでゐたが新橋で下《お》りて車で番町の叔父の内へ向つた車は華やかな燈《ひ》の多い通りから俄に寂しい広場へ出た城壁の名残のやうな石垣と松の靡《なび》えた土手とが闇に透いて見える未だ宵ながら絶えて人通りが無い所を見て予ねて想像してゐた東京でなかつたといふ一青年たる先生が初めての東京の印象は端なく私にソレに共鳴した印象を喚起した、「零点と百点」は「卒業試験の時経済と漁業法は幸に満点であつたが、釣に関する科目は零点であつた、…………。」先生が学生時代に於て既に頭脳の人であつて手の人でなかつたことが知れる、「パンの付け焼」には出席簿の上には勤勉皆勤者であつた先生が教場では不真面目な聴講者であつた事やパンの付焼屋が米価騰貴の影響で初めて大通の露店に売り出された事などがあつた、「特色ある教師と生徒」は「先生（内村鑑三先生）がメスとピンセツトを執つての魚の解剖よりも、予が箴言として服膺《（ふくよう）》して今に忘れざるものは、偽君子となるなとの先生の一語である」。と云つた処は最も私の心を動かしたのである。

正誤　昨日本篇の『読後の印象』に4とありしは5の誤りに付正誤す。（『沖縄毎日新聞』大正二年二月二日）

六、中頭郡教育部会参観記

雨に気を腐《くさ》らした甲斐あつてか明くる二十九日（先月）の朝は曇りが少々あつても大雨にはなるまいと気を強くして記者は早速人力車を僦ふと仝日越来《（ごえく）》尋常高等小学校に開かるべき中頭郡教育部会へ参観すべく疾走せしめた途中瀉原で時刻に遅れぬ為めに人力車より馬車に搭り移つた頃は恰度仝日午前八時十五分あ、遅れやすまいかと特に馬車を走せらした。

▲開会に遅れた　記者が乗つてゐた馬車を辺名に止めさせてそこから又た人力車を傭ふて学校まで急行させた学校に著いて校内に這入ると直ぐ向ふの広い長い会場には白い服の人々が一杯充満されてゐた何か討議でも始まつてゐたのか騒々しい声が校外に洩れてゐた記者は池原校長に引かれて会場内に入つて皆んなに挨拶して腰掛に腰を掛けさせられた記者の前には被布の蔽ふてゐる大きな卓子がある向ふ側にも仝じやうな大きいテーブルが二ツあつてその左側のテーブルを前にして洋服を著た八字髯の来賓がゐられた中央の檀上には洋服の奥村郡視学が会長として『諮問案』と『協議題』とに就て会員から種々の意見を問ひ協せてゐた最う会長の開会の辞とか君が代の唱歌とか勅語奉読などは済んでゐたと見える『諮問案』は明治天皇の御聖徳教授要目を編纂するの必要なきか若しありとすれば其の方法如何であるそれに対して会員一同は大賛成である併し教授要目なるものが即席に編纂されるものでないから何れ各学校で其の要目を研究調査して各学校長からそれを差出してからの方法と云ふことに決した次の『協議題』は本会として明治天皇の聖代を記念すべき適切なる事業如何であるそれに就ての会員の意見は凡そ七種類位ひであつた或は部会の基本金を募ふて何うするとか或は中頭郡の中央に大運動会場を設置して何うするとか或は雑誌を発刊する云々の様々な高見卓説が雲のやうに浮かんで協議されたが協議は纏らずに尋常高等の各校長を委員として委員付托にしたいと云はれたのは記者より十分も遅れた朝武士部会長が閉会前に一言されたのだがこゝで云ふて置く。

▲大木教諭の談話　諮問や協議が済むと第二中学校教諭大木俊九郎氏は古歌で働詞の最も多い中納言定家卿の『たちわかれ、いなばの山の峯におふる、まつとしくれ《ママ》ば、

いまかへりこむ』を例とした『働詞の活用』といふ講話が一時間余もやられた中等学校の二三年程度の文法講話であつたが氏の発意に係る九種の活用を色彩別にした円形図を二枚の黒板一杯にピンで止め掲げての講話振りには記者も心から珍らしく感服した学校では六七時間も説明して満足に終るやうなものを唯ツた一時間位に短縮したんだから多少無理の処もあつたが結論に至つて他の八種の基本とした『奈行変格活用』の致命骨を喝破された処は低能児でない人には大抵体得されたであらう氏はまだ〳〵満足されなかつたが時間に限りあるもので壇を下つた後で白髯老躯の部会長の主唱で大木氏の講話を謄写版に刷らせて会員に頒布することになった。

▲女教員視察談　奥村郡視学の挨拶に連れられて壇上に現はれたのは女教員喜納ツル君であつた記者は未だ演壇に立ちたる女性の談話を聴かなかつたので多くの好奇心と少しの侮蔑とを以て迎えたツル君は紫□袴を甲斐〳〵しく著けて前にある小卓子の上に先き大木氏の置かれたピン入れの小さい円形の紙箱を浅黒い指先きで弄《いぢ》りながら話し出した談話の要領は本県の誤解より生じて他県人に侮辱された実験談であつた或いは貴県の風習は男は遊んで女は稼ひで男に喰はせるとか或は貴県には学校もありますかとの他県人との会話中の発問に対してツル君は心に琉球に生れた悲哀に泣きながら斯の発問の誤解を及ふ丈け氷解せしめて本県人も他県人と斉しく文化に霑うてゐるといふ意味で本県を到る処で吹聴したのであるから是れからお互に努力奮励して教育を進歩せしめて益々本県に対する誤解が無い様にしませうと淡い悲しみの裡に力の籠つた事を云ふて壇を退つたツル君は最初から両手が顫ふてゐたその持つてゐた談話の要領書にも小顫ひが伝つてゐた又た声色に本県の音が多量に含んでゐて音声の断続して総ての語格が統一しなかつたのは遺憾であるが処女演舌としては先づ要領を得たのが唯一の儲けであつたらう。（未完）（『沖縄毎日新聞』大正元年十月一日）

（二）

▲女教員視察談　次に演壇に現はれたのは伊礼静君であつた静君の最初の演舌振りは重々しく厚い唇から途切れ〳〵に文句を出してゐたので記者は終了《しまい》まで根気強くやつてくれるかどうかと不安に堪らなかつた処が案ずるよ

り産《う》むは安《やす》しとやらで談適々《だんたま〱》佳境に入るや愈々富士登山の話に花か咲いて来た生れてから慈母の膝下から離れなかつた静君が他県へ初航海した心持やら文華の開かれた広々と大きい他府県へ行つて始めて自分等の生れて住んでゐる「沖縄」と云ふ事を鮮かに反省して努力一番しなければならないといふ奮発心を起したといふことなどは女でも男でも始めて他県へ行つたものの感想にありさうなものだが苟も中等教育を受けた女教員であるから理性の溶濾を通うした価値ある感想であつた静君は富士登山の準備に編笠やら菰やら金剛杖やら強力を傭ふ事などを備さに且又面白く話した段々御山の麓から登つて行くに随ひどこ《マ》いさう《マ》御山は晴天と呼吸は仕難《しにく》いし寒さは骨を扶《え》ぐるばかり浅間山神社に詣でては神祐を祈り八合目の旅宿に一夜を明《あか》しては東京辺の高等旅館で優遇を享けるよりは非常に有り難かつたとか本県婦人の健脚であることなど傍聴してゐてさへ身既に富士山の絶頂に共に倶に行つたやうな気を起こさしめた絶頂近い処で女同士雪投げをして引率人に危険がられて叱呵られたなどは熱帯地方に住んでゐる子の興酔《けうさま》しでもあつたがそこから落ちると萬仞《(ばんじん)》の谷底でなければ噴火口に落ちるんだもの引率人の注意したのも無理でなかつた斯くて静君の一行は末代までの記念として著《き》のみ著《き》の侭□富士登山の姿を山巓に近い写真屋で撮影せしめたといふ談に来り「一行の中で一番私が美《よ》く写つてゐました」と洒落を云ふた処却々気転を利かしてゐた静君の談話は全体に洒落が百出して傍聴者を笑はせた形容詞が多くて語勢の整は無《な》かつたのは頗る惜しむべしだ併し男の衆い前□些とも怯気なく本県女子の未曾有なる富士登山の壮挙を遺憾なく物語つたのは大向ふの出来栄えてあつた其の次に出たのは宜野湾の女教員宮城シゲ君であつたシゲ君は「私共の去る七月に女教員観光団として他府県へ旅行しましたのは重に地理歴史の実地□教材を見聞する為めに行きましたのですから」云々とあつて百聞一見に如かずと云ふ題下で諄々と説出した百聞一見に若かずなど、能く学生の口にする文句だがシゲ君は臍の緒を切つてから初めて県外へ出たものだから何もかも新しい経験をした今迄他人の話を聞いたり書物の上から想像したりしてゐたのに地理歴史の活きた教材に接して大に裨益する所があつた殊に東京女子高等師範学校附属小学校を参観して感動した事は学生児童の温順で規律正しく内外の人に接しても機敏の動作をする事や校内の諸器具の整頓して清潔にあつた事などは学ぶべきものであると話してそれで本県の学生児童も何うして活潑にせしめるかと云へば家庭に於て母親たるものが子供の出入《でいり》の送迎《おこりむか》へに笑ひ顔で接待すれば自然と子供も活潑になりますから皆さんも斯くやつて貰ひたいと云ふ意味でシゲ君は説き去り説き来りて当り前の言葉ながら切実に話してゐたシゲ君の談話は句切に力があつて声音に些とも本県の女らしい余韻がなくて始終一貫して談話の全体を統一してゐたのは恐らく本県女子教員の模範的標準語とも謂ふ可きものであらう之を前の伊礼静、喜納ツル両君に較べたら殆ど両君はモノになつてゐなかつた小柄でも両肩に脂肪《あぶら》の張り詰めたシゲ君は怜悧さうな目と引締《ひきしま》つた唇とを持つてゐたさうにても女性には外界から来る有らゆる刺戟を軽い神経に触れて何事にも動かし易いのであるからシゲ君も多分に洩れないかも知れないがシゲ君にはもつと冷かな理性が強くて容易にセンチメタルに陥《おちい》りなかつたのは彼女の凛々しい態度で解《わか》つた閨秀幸に健在に努力あれど記者は□窃に県教育の為めに祈つてゐた□□に山城カメ君の視察談もある筈だつたがカメ君不幸にして病気で見えなかつたのは残念であつた今後は県の女教員もどし〳〵県外に出して新しい刺戟を享けさせて貰ひたいさうして時々の演説会にも男子ばかり独占せずに女子にも談話をさせて実際に役に立つやうな新しい女をつくりたいものだ宮城シゲ君の様な自覚した女教員が系統ある演説でもした日には女子の権能も今日より遖に優るのである。（未完）

（『沖縄毎日新聞』大正元年十月二日）

（三）

▲学事視察談　女教員視察談が終結を告げると今度は髯の大男達の学事視察報告の談話が始まりさうだつたが奥村郡視学の挨拶で食頃《しばらく》休憩しまして中餉《ちうじき》をやりませうとの声と共に会員はゾロ〳〵会場を出始めた実は午后二時だつたから中餉処の騒ぎざないと笑ふ会員もゐた記者は池原校長の厚意で校長のお座敷に案内されて鄭重《（ていちょう）》なお昼を頂戴したお昼を一緒にやられたのは大木氏と奥村氏と比嘉氏と校長と記者の五名であつた朝武士郡長は何時の間にか外れてゐらしやつたさうして記者は校長から記念写真二葉を見せられた一枚は女教員観光団（女三十三名、

男四名）を前にして島内事務官や村の有志者などが後ろに立ちて写してあつた他の一枚は観光団一行の富士登山中に写した記念品であつた成程異様の服装した一行中で一番美《よ》く写《うつ》たのが奇弁女史伊礼君であつたソレを指し発見して座敷の人々に示すと皆んな笑ふた彼是するうちにベールが鳴つた座敷まで響つて来たので座敷の人もポツ〳〵立掛けた記者が会場に行つた頃は松元栄之亟氏が演壇に立ちて報告し始めてゐた何んでも「ソレカラ……」と云ふ起し言葉を耳にしたので一齣の話から他の一齣に移る処で記者も腰を掛けた黒い詰入《つめいり》の洋服を著た松元氏の左の目は赤い血膜をしてゐた氏は時々ソレカラと云つて話を続けてゐたソレカラとソレカラとの間は五分乃至十分毎であつたから約七十分の長い報告をした長い割りに正味の少かつた報告であつた肝付郡の優良町村の話には些と興味を起したが何処かの一徳園とか云ふ無駄話は報告として贅沢過ぎてゐた学校参観の道中に九州辺の山林に乏しのを見て将来日本の薪炭を憂慮したといふ話は教育家が忽ち木炭屋に変じた様な気を起さしめた氏の話としては面白かつたが報告の報告たるところが容易に発見されなかつた到る処の学校の校規とか学生の日誌とかを忠実に一々筆記する様では鳥渡《ちょーと》二三の学校を巡ると大冊の本になつて仕舞ふので氏の遣り方もそれに似た処がある一校一件で極めて特徴の処ばかり簡単明瞭に報告すれば宜いのぢや其れで緻密とか精細とかでないと云へば是等の内容は空虚を意味してゐるので寧ろ精密でない方がよいのだ併し氏の意見として一ツ記憶したいのは何処かの学校の身体検査の時に恰度氏も参観したので玄関に上らうとしたら廊下が研いた様に綺麗であつたので暫く躊躇して見て立てゐると靴さへ脱いで靴足袋を穿《はい》た侭にお医者さんや職員などが廊下から往来してゐるので之には氏も一驚を喰らはされたので恁んな極端までの清潔法は小学校位ではせなくても宜ろしのですと云はれた斯の意見には記者の心も動かされた何んでも極端に行くと善い者も悪るくなるのだ併し時には斯ういふ極端な者もあればこそ松元氏の土産話になる様ぢや□□普通語は薩音□九分九厘九毛丈け混成したもの□最うと勉強されて標準語の上滑《うはすべ》り位ひはやつて貰ひたい傍で聴いてゐると何んだか鹿児島の田舎にでも行つたやうな気がした是れ□は幾くら報告しても自分の地方語から根本的改造しなくては到底効果の挙るまい処が氏は氏の態度と云ひ真の結

論の一語と云ふものから察すると演壇で新説を吐く人で無くて手の人であると信ずる所詮《つまり》新説研究時代過ぎて実行的研究時代の今日には必要な好人物であらうさうして決して演説の人でなくて座談の人であらう然し部下教員は氏の座談を聴く時には余程注意しないと標準語を妨害されて飛んだ地方語に感染されるであらう氏の長い報告は時々朝武士郡長から『もつと簡単に』と云ふ命令に遭ひながらも押しの強い氏は依然として猛進してゐたが到頭厚い報告書の処々朗読したりなどして不満足らしく壇を下つたのは気の毒でした他に比嘉徳氏の報告があつたが時間が無かつたので罷めたのであるが次の県教育会で報告するそうだ記者は気骨あり識見ある氏の光焔を聴かなかつたのは遺憾であつた該会はいつもよりは盛会であつて二百名位ひの会員であつた遠い処から来た会員もあつて女の教員も多かつた閉会午后五時でそれから馬車に揺られて那覇へ皈へつたのが夜の八時であつた。(完)

(『沖縄毎日新聞』大正元年十月三日)

七、種々の色彩に現はれたる諸名士の主観相

(一)

去る十六日より我が同業者『沖縄新聞』は『琉球新報』社の醜業婦美人投票募集に対して県下錚々《そうそう》たる諸名士に社会教育上より観たる意見を続々と発表し来れるは県下社会教育の為めに『沖縄新聞』社の労を多とせざる可からず、而して、ソノ劈頭第一に菅深明師の回答より昨日迄に十八名士の回答が種々なる色彩を以て紙上に諸ろ〳〵の主観相を現はし来るは本県に於て未曾有の壮観たらずんばあらず、西本願寺出張所菅深明師の回答は暗愁の色に包まれたる意志の如何に強きかを偲ばしむるに足るのみ、未だ提案を喝破し得ざりしは遺憾とすべし、佐々木氏の評言は余り自己の主観を挿入し過ぎて角を矯めむとして牛を殺したるの感なくんばあらず、次に第一中学校長山口澤之助氏の回答は謙遜の裏に自ら盲目的意志の薄弱なるをサヂイエストしたるのみ、以て評を評するに足

らず、若し夫れ、教育会支部長朝武士干城氏の回答に至りては意志分裂して駄洒落を放言したるは何たる兆ぞ、苟も、教育会の支部長たるもの斯の如き不真面目なる態度を示す、亦禍なる哉、弁護士麓純義氏の回答は強いで通《チユウ》を利かしたる処、所謂大宮人以上の風流気ありしも、這般の学に古人の糟粕を嘗めて回答するの必要なしと認む、結局、風流罪を犯したる罪人たらんばあらず、検事正大井七郎氏の回答は麓弁護士よりは適切なる回答と評すべきのみ、何ぞ佐々木氏の『快刀乱麻を断つが如し何等の病快ぞ』云々の評の如きはアマリ痛快過ぎたる評にあらざりしか、沖縄県知事日比重明*注29氏の回答は理想と現実とを二分して兎角と謂ふ遁辞の上に姑く沈黙の自由を守り給ふと、沈黙の自由を守るの守らざるは閣下の自由勝手なれど、社会の風潮は刻々に動乱し行くは当面の大事実ならずや、然かるに、今猶ほ所謂沈黙し給ふは何んたる事ぞ、固より一県の主権者たるものが今日の如き社会現象に対しても沈黙の態度にて深慮あらざる可からざる事なれど、目前に社会風教を紊乱し、学生乃至縉紳の道徳性を傷害し、今や、高等女学校に於ては女生徒間に生徒同士の美人投票を行ふに至れりど、沖縄県知事日比重明氏は之れをしも、沈黙の自由を守らる可きか、嗚呼、一県の地方官たるもの自己の主観を沈黙てふ一種の色彩にて韜晦し、以て県当局者たる意志を公表し能はずして、猶ほ一箇の瓆々たる一新聞社の射利射倖の醜業美人投票を雲煙過眼し去らんとす、斯くて、社会の公安を動乱し、社会教育を潰害し、県下五十万人の性欲を興奮せしめて、ソレ事の全く敗れたるの最後に於て、日比県知事は初めて、沈黙の眠より醒めて、美人投票の成績如何に処分するの意志なるや、若し、コノ如き処分の事実に現はる、時はソレ其の五蒲十菊の悔ひなからずとせんや、佐々木氏の『警察行政要義』などを引張り出して丁寧、緻密に亘りたる評は其の意の存する所を察し、ソノ労を多とする所ありしも、平素、単刀直入なる氏にして、何故に、日比重明氏の所謂沈黙を破りて単刀直入に急所を喝破せ

＊注29　日比重明《ひびしげあき》
一八四八～一九二六年。第九代の沖縄県知事。三重県に生まれた。一九〇八年四月沖縄県知事に就任。一九一三（大正二）年六月、依願免職された。十年余の沖縄勤続であった。在任中に県政の円滑な運用をはじめ、那覇港の修築等に務めた。

ざりしか、予輩、大に遺憾なりとす。

（『沖縄毎日新聞』明治四十五年二月二十二日）

（二）

高等女学校長泰蔵吉[＊注30]氏の回答は龍頭蛇尾の言にして瓢箪鯰の如き幽霊的口吻なりとす、『拝復あまり誉めたことではない』と言ひたる外以下の文句は取りも直さず氏の不真目にして浅薄なる小主観を暴露したるものにあらざりしか、而してソノ『併し我は投票の締切が何時やら知りもせず昨日琉球記者当眞君に逢ふて本月一ぱいと聞いて其長いのに呆れた位又切抜の紙が何処に添付しあるかも知らず今日他の職員に尋ねて始めて見し位有り体に言つばそんなことに掛り合ふ者もあるだらふかと一向気にもして居らざりし尚又美人投票欄等実際見た事も無之此段及回答候也（二月六日）』に至りては言々句々尽く他人を馬鹿にすると共に自らを馬鹿にし更らに自己の立場が如何なる立場なるかを忙然と忘却したるが如し、コレ何たる奇怪ぞ、身苟も高等女子教育の主脳に立ちながら目下の社会現象たる醜業婦美人投票募集なるものを雲煙過眼して風馬牛に属すると倣し以てカクの如き回答なすに至りては徹頭徹尾非教育者の言辞たらずとせんや、さらぬだに周囲の刺戟に感じ易くして動もすれば誘惑に陥り易き女性の教育薫陶を主監指導せる沖縄県立高等女学校長泰蔵吉氏にして苟もコノ如き言を吐くに至り予輩県下女子教育の為めに悲しまずんばあらず、佐々木氏が秦高等女学校長の回答に対しても恰も女子に対する態度にて活教育を教へたる処、痛にして快、聊か勿来翁の面目を施したりと言ツ可し沖縄図書館長伊波普猷[＊注31]氏の回答は図書館内閲覧室に於ける琉球新報の投票用紙の十数枚切り取られしより勘付き延□て広き社会一般には醜業婦美人投票の悪影響が如何に種々なる現象のあるかに及び言愈々適切なるを極めたるは恰も平坂に波瀾を起こすの観なしとせず、若し夫れ、『不断社会教育のことに注意してゐる新聞がなぜああいふことをやりだしたのでせう？とふかく思慮のふかいひと〳〵のことであるからためになること、かんがへてやつたのでせうがしかしわれ〳〵は社会教育のためにかなしんでゐますさようなら（二月十日）言々句々風刺を挿入し他《ひと》の肺肝を衝くが如く、コレ意志薄弱にして優柔不断徒らに当世縉紳を以て自ら気取りたる軟骨男子をして忸怩慚死せしむるに値ひすべし、佐々木氏が、一言一句にウソを雑へずに真面目に簡勁に短評したる点に於て大に同感なりとす、国頭郡教育支部会長大塚市五郎*注32氏の回答は宛として帮間の遁辞を聴くが如く到底批評する限りにあらず、佐々木氏の評の如く支那人の六韜三略を心得へたるものかソノ逃げ口上が素晴しものならずや苟も国頭郡教育界のオソロチイたる大塚市五郎氏たるもの少しく内観に力めざる可からずや。

（『沖縄毎日新聞』明治四十五年二月二十三日）

（三）

県会議長高嶺朝教*注33氏の回答は恰も琉球新報社の代表的意見を聴くが如し、言々句々獰猛なる自信を示し、以て今回琉球新報社の醜業婦美人投票を募集したる根本的淵源を吐露したるはソノ勇気に於て賞す可きものナキにしも有らざれども、氏の心学を分析すれば琉球紙の為めに射利射倖を企てしより自らの人格を卑しく暴露したるは

＊注30　泰蔵吉《はたくらきち》
一八六四～？年。は福岡県出身の教育者である。福岡県師範学校を卒業後来沖し沖縄県視学や県立高等女学校の校長を務めた。先島群島、尖閣列島の踏査をした。退職後は『沖縄実業時報』の主筆になり、教育論等を多数展開した。著書は『南島夜話』。

＊注31　沖縄図書館長伊波普猷
注1（70頁）に同じ。

＊注32　大塚市五郎
一九〇八（明治四十一）年五月十二日、沖縄県島尻郡書記を任免される。

＊注33　高嶺朝教《たかみねちょうきょう》
一八六八～一九三九年。沖縄県那覇市首里出身の政治家・実業家。明治以後の沖縄の政財界で活躍した。太田朝敷、謝花昇、岸本賀昌らと共に、第一回県費留学生になり、慶應義塾で学んだ。一八九三年、太田朝敷らと協力して沖縄最初の新聞『琉球新報』を創刊し、一九〇〇年には沖縄銀行を設立して頭取になった。〇九年第一回県会議員選挙に当選、初代議長にもなる。一二年第十一回衆議院議員選挙で、最高点で当選した。

好漢真に惜しむ可しと浩嘆《こうたん》せざる可からず、今夫れ、『厳格に解釈致候時は新聞紙の芸娼妓及び犯罪其他社会の裏面に伏在する事実に関する三面記事の大部分は或は社会教育に関し多少の影響を及ぼすやも難計《はかりがたく》理想としては十年前に於て陸実氏等の経営したる日本新聞流義を可とするやも知るべからず候へども奈何せん現時の社会は新聞の無味乾燥を許さず』云々に至りては月並みの新聞学の長広舌を耳にするが如くにして、然かもカクの如き流儀を以て県下に律したるは軽薄無謀と言はざる可からず、現今の沖縄の社会に於て未だ仏教の初等たる勧善懲悪主義さへ三面記事に十分に実行し得ざるは社会一般の事情の許し難きに職由したるは何人にも首肯する所にして然かもコノ事情を知りつゝも美人投票を軽行したるは実に百斛《ひゃっこく》の唹呵を面唾して可ならずや、譬へ、口に三面記事の無味乾燥なるを振はさんを言ふも内心私利私欲に饕餮《とうさん》せんが為に今回の暴行を倣したるは識者の已に業に識認せしと聞く、さらぬだに善悪是非の人事を三面に報道するさへ県下に於ては何人もソノ善悪是非に拘はらず慊焉したる今日に於て東京、大阪の大新聞の三面政策をマネて醜業婦美人投票を募集せしなどとは鉄面皮にして老獪なる小主観なりと言はざる可からず、コノ如き一知半解にして何処までも押しの強き回答に対して佐々木氏が評したるはスデニ評するの気心を知るに苦しまんとす、畢意、勿来翁も案外野暮漢也と評せざる可からず、真教寺田原法馨師の回答は明晰にして意志の強き□管深明師の回答よりも宗教家の態度を鮮かに示したるを多とす、佐々木氏の仏教小沿革史とも謂ふ可き序言を謬々したる評はアマリ巧妙過ぎたりと評せざるを得ず、首里教育支部長知花朝章氏の回答に曰く『拝啓貴社益御多詳奉賀候偖而美人投票に対する卑見御質問に就ては部会員の意見をも聞き熟考する積りにて急に御回答申上兼候間乍不本意御断申上候敬具』（二月十三日）なりと、コノ如き無意味なる回答を何の為めに発送したるか、設し、之れを三十六計不如逃術より評せば優に太公望以上の智略と評せざる可からず、而して佐々木氏の唯夫之れを諒とせんのみて ふ評に至りては徒らに漢語調を弄したるに過ぎず、勿来翁も存外芝居気タップリの男たらずとせんや。

（『沖縄毎日新聞』明治四十五年二月二十四日）

(四)

弁護士前島清三郎[*注34]氏の回答は馬鹿〱しく動揺せる主観の色彩を放ちたり、前段に於ける所謂『虚栄の心を誘発し邪淫《じゃよう》の風を助長するの虞れあるを以て子女を有する我等の家庭に於ては閲読上頗る注意を要し居候』は一読して真に愛撫する子女を持つ親心を訴へて以て衷心憂惧の影の潜みあるを考へせしめたる点は弁護士麓純一氏よりもソノ発想法の平凡ながら上手なりと謂ふ可し、然れどもソノ手段に於ける『去りながら新聞事業も営利事業なれば社会の欠陥人情の弱点に乗じ機を観て発展を策するは亦愚者のことにあらず』に至りては急転直下、何に物かを教へむとするの含蓄あるの勢ひを示したるも、前段の意志に索然たる主観の動揺せるは洵に惜しむ可く、更らに下段に於ける『要は唯各人相戒めて社会の欠陥を補はんと務むべきのみ早々敬具』(三日朝)に至りては層一層、主観の動揺したるの感なくんばあらず、佐々木氏はコノ回答を三段に分ちて第二段第三段を問題外の蛇足と評したるは我意を得たるも、さりとて、第一段のみにてはアマリに平凡過ぎたる回答たらずとせんや、島尻教育支部会長斉藤用之助氏の回答は全く鵠的回答也とす、曰く、『真によくない』曰く、『あしくない』曰く、『しかたない』の如きは、徹頭徹尾、意志の支離滅裂して主観の幼稚なる事、蓋し、古今独歩の遁辞たらずとせんや、聞説らく、氏は長大肥満なりと、若し夫れ、コレが真なりとせば、厚き肉□裏まれたる大いなる骨格の闇に通じたる神経、は由来、外界の刺戟に遅鈍なりとす、コノ意味よりして氏は社会風教を浸害しつゝある醜業婦美人投票に対しても依然として夫れソノ感じの弱く、遅く、鈍くして殆ど没交渉の態度なりと察せずんばある可からず、サレド身苟も島尻郡の教育界の重鎮たる氏にして猶ほ社会現象の一たる醜業婦美人投票に対して無頓着なるより観すれば寧ろ痩身法を励行して少しく外界に現はれ

＊注34　前島清三郎《まえじまきよさぶろう》
?～?年。明治沖縄の黎明期の弁護士。

たる社会問題等に刺戟されて以て研究あらんことを祈らずんばあらず、而して佐々木氏の之れに対する評は最も平凡なる比喩を以て風刺したる所、痛快にして巧妙なりしは最も非凡なりと評せずんば歇まざらむとす、中頭郡農学校長河田力氏の回答は絶対に平凡を極めたる意見なりしも、ソノ簡単明瞭の所信を言ひ放ちたる態度に敬意を表するものあるも、コノ如き意見は常識上の判断にても容易に判断せらるゝものにして、豈に夫れ、社会教育上の判断のみを俟たんや、佐々木氏の『……恰も雀子の剣を行るに似たり………』云々の評に至りては少しく鶏肉を割くに牛刀を用ゐたりし慊ひなくんばあらず。

(『沖縄毎日新聞』明治四十五年二月二十五日)

(五)

私立教育会総裁の日比重明[*注35]氏の回答は実際の社会教育問題より離れたる価値なき空虚の非認也とす、社会教育は固より演劇教育と共に新聞教育も其の一二にして過般来募集中の琉球新報社の醜業婦美人投票の如きも新聞教育として何者かを社会に貢献するあらんを期待せむもソノ実際に於ける影響は学生の性欲を刺戟し、紳士の好奇心を助長せしめ、以て社会の公安を動乱して為めに社会教育より社会風教へ一波万波に混沌として波及し来れるは今や喋々するを俟ずして明なりとす、然かるに沖縄私立教育会総裁としての日比重明氏は猶ほ小学生乃至中等学生の日一日に悪風習に感染されつゝあるを今日に至るまでソノ救済に何等の手段、方法を講じたるを聞かず、コレ予輩の日比氏の回答に対して実際問題より離れたる価値なき空虚の非認也とせり、之れをしも県下全教育界の総裁たる日比重明氏は学生の品性を傷け悪習慣に感染せしめつゝあるに拘はらず猶且実際の社会教育に我不関焉として風馬牛に失せむとす、是れ則ち無感覚極まれりと言はざる可からず、苟も県下総ての教育問題を裁断する最上位地に置かれたる沖縄私立教育会総裁日比重明氏は何故に醜業婦美人投票募集に対する処分権を有する沖縄県知事日比重明氏に咨諏せざるや、予輩大に疑問にして悲憤に堪えざるもの豈に啻に佐々木氏のみならんや、『理想としては根本的非認致し度く存居候』云々と謂ひたる私立教育会総裁日比重明氏の主観と『姑く沈黙の自由を守り度くと存居候』云々と謂ひたる沖縄県知事日比重明氏の主観とを対照考察すれば、這は同一人にして異りたる両位地に立ちたる時の日比重明氏の心の働きが老手なりと評せずんばある可からず、俗に旨く好い加減に切り抜けたものとは畢竟コノ如きを指したるものなるか、佐々木氏も同一人なる二様の日比氏より好加減の回答を頂戴して渋面臭く厭や〳〵ながら筆を操りしかと想へば至りて気の毒千万也と評せざるを得ず、那覇教育支部会長当間重慎氏の回答は危険なる時代診察材料を要求せる者哉と評せざる可からず、スデニ目前に醜業婦美人投票募集流行の暴風の為めに平凡なる時代精神に幾分か波動の起り来り、県下の全精神に悪傾向たる現象の生じつゝあるは具眼者の巳に業に識認する所也とす、然かるに当間氏は猶ほ醜業婦美人投票募集を以て時代精神の診察材料と為したるは恰もバチルスを投じて患疾を惹起せしめると一般、到底県下の思潮に取り返へしもつかぬ悪傾向を強いたる者と謂はざる可からず、当間氏も却々人の悪るい方にて時機と場所柄に似合はぬ当地に於て飛んでもなき醜業婦美人投票の危険物を以て猶ほ時代精神診察に材料に資せんとはバチルスに浸害されたる患疾の局部を診察して時代精神の全体を診察せんとするが如き頗る危険ならずとせんや、既発の醜業婦美人投票なるものを時代精神診察に対して悪材料と確信したる如く又たせざる如き佐々木氏の評は全体に於て半死半生の不活発を示したるものにして隔靴掻痒の感なくんばあらず、浸礼教会牧師原口精一氏の回答は他人の口吻と思想とを籍りたるものとす、身苟も人の子を救はんとする宗教家にして一読して普遍的類似主観たるを看破せらるゝ底の回答は徹頭徹尾宗教家の為すまじき事ならずや、さらぬだに県下宗教界に於ける基督教の不振なるの今日、猶ほ原口氏の如き言を為す、宣なる哉、基督教の振はざる事や、約翰黙示録第三章の第十五節と第十六節に、われ爾《なんぢ》か冷《ひやゝ》かにも有《あら》ず熱《あつく》も有ざることを爾の行為《わざ》に由て知《しれ》り我なんぢが冷かなるか或は熱からん事を願ふ。てふ言を以て原口氏を敢て戒めんとす、又た、爾すでに温然《ぬるく》して冷かに

＊注35　日比重明
注29（139頁）に同じ。

も有ず熱くも有ず是故に我なんぢを我が口より吐出さんとす、予輩は更らにコノ第十六節の言を以て虔んで浸礼宗教会牧師原口精一氏の回答を非宗教家の言也と冷評せずんば欠まざる所也、佐々木氏の『概ね他人の言を借り来りての回答なれば批評の限りにあらず』と評したるも亦宣ならずや。

（『沖縄毎日新聞』明治四十五年二月二十七日）

（六）

沖縄県内務部長永田亀作氏の回答は宛然降りみ降らずみなる主観の光暗を現はしたりと評す可し、氏の回答はソノ上段に於ては青年以下の者には社会教育として醜業婦美人投票の如きものを募集するは意志弱くして誘惑に陥り易き感情の燃えたる青年以下には不必要と認めたる如く恰も碧空一抹の黒雲流れて雨降らむとするの意志あるを示したるも、ソノ『中年以上の者には所謂世間の人気なるものの実相を説明する点に於て』云々の下段に至りては忽然降らんとしたる雨降らずして所々太陽の光明を微かに現はしたるの感なくんばあらず、若し夫れ永田氏が中年以上の者に人気問題の価値奈何を醜業婦美人投票募集の結果を以てソノ価値無かりしを解決せしめむとするに至りては全く無謀なる冒険学の試験たらずとせんや、醜業婦美人投票の募集中に於ける種々の現象なる社会の教育上、公安上、風教上の諸般より齎したる害毒とソレ其の結論に現はれたる解決の利益と相償ひ、相償はざるか、将又た両者孰れに余りあるかは容易に成績に徴せざる限りは判断し難きも、予め醜業婦美人投票募集なる者が已に業に社会道徳を涜害し、社会一般の風教を侮辱し、社会教育を壊乱して以て沖縄県全体の精神的幸福を妨害しつゝある今日に於て猶ほ少数者の中年以上に□して醜業婦美人投票募集てふ人気ものの価値なきをソノ結末まで試験せんとするか、予輩は茲に至りて愈々永田氏の心事を解するに苦しみ、益々佐々木氏の『思ふに永田氏の此の回答を為すに当り良心の全部が活動し居らざりしにあらざりしか』との評に同感し、竟に予輩は永田氏の回答に対して降りみ降らずみなる主観の光暗を現はしたるものと評したる所以也、島尻農学校長嵩原安佐氏の回答は全く主観を韜晦したる黙殺也とす、ソノ実例を引証して以て闇々裡に悪影響、悪結果なる可き事を暗示したる所、ソノ馬鹿共の振舞ひソレ知れた事かと冷静にして傍観的態度にて些の自己の主観を謂はずに黙殺したる冷笑！　今振つて主観の輪郭を発揮し、意志の強固を示して以て円滑の裏に鈍き風刺のありしならば、図書館長伊波普猷氏の回答と伯仲の間に在る可かりし者を、顧みて好漢遺憾少なからずと做す、県会議員渡久地政瑚氏の回答は『沖縄新聞』社主筆佐々木笑受郎氏に唐突として全く裏を掻かれたる矛盾の苦痛たりしを察せずんばあらず、渡久地氏が『琉球新報社』の社長たるは万々承知の佐々木氏の事なれば、渡久地氏を全くカノ社長より離して県会議員としての渡久地政瑚氏に対して醜業婦美人投票の募集奈何の意見を叩きたる意味なりしならんも、豈に図らん哉、渡久地氏は恰も被告者の態度に出でんとは、『拝復美人投票募集に関する卑見を徴せられたるは小生の光栄とする所に候然るに小生は現に琉球新報社長にして或る意味に於ては被告（貴社に対して）の地位にあるものに有之寧ろ賢明なる諸名士の御高見を拝聴致度希望に候小生は茲に貴社並貴兄に対し重ねて敬意を表し候（二月三日）一言一句宛然として法庭に屹立したる如き観を做したるに非らずや、今夫れ、裁判官より将に宣告を享けむとする如き前の暗愁、悲痛の主観はコノ回答に鮮かに見得べざからざるも、原告者佐々木氏に対しての此奴、難題を乃公に浴びせたものかなと苦笑禁じ難きを覚えたるの観なしとせんや、然かも、県会議員としての自己と琉球新報社の社長としての自己とを何のハヅミに穿き違へたるものかコノ如く困りたる喜劇を演じたりしは殆んど噴飯に堪えずとせんや、而して、佐々木氏の『然り然り豈に夫然らざるを得んや』と渡久地氏の回答を評したるに至りては渡久地氏を最初より故意に遣り込めんとせる魂胆なりしか、予輩はソノ判断に就きて、所謂姑息沈黙の自由を守らん事を欲し、爰に敬意を表せずんばあらず。

（『沖縄毎日新聞』明治四十五年二月二十八日）

（七）完結

那覇日本美以教会牧師値賀虎之介氏[*注36]の回答は宛として調子外れの讃美歌を聴くが如し、成つて居る如く、成つて居らざるが如く、他人を馬鹿にしたる王者の如く、高慢なる小主観の看破せらるゝあるも、断乎として問題の的を外して以て今日の新聞界の所謂調子（モーラルトーン）の低きを観察して啻に『琉球新報』社のみを責むるにも当らざるなどと放言するに至りては飛んだお門違ひの御解釈を聞かせらるゝと言ふよりは寧ろ調子外《はづ》れの讃美歌を無理に聴くの感なくんばあらず。

『拝復御尋の目下琉球新報社に於て募集中の醜業婦美人投票に就ては社会風教の為誠に好ましからざる事にて大に顰縮致居る次第に御座候』コノ如き回答は必らずしも値賀氏のみに聴かずんば得難き回答にあらずして何人の常識上に考へさすとも、即席に応答する底の平凡語に属せずんばあらず、黒砂糖は黒砂糖也と縁雨の冷評語もコノ如き回答に適用せんとす、若し夫れ『併し一般に調子（モーラルトーン）の低き今日の新聞界に於て唯り此事に付琉球新報社のみを責むるにも当らざるべく候へ共今少しは風教上に留意して欲しきものに御座候』に至りては何んの事やら薩張り睨みがハグレて恰も教会に於て調子外れの讃美歌を聴くが如しと評したるは輙ちコノ事ならずや、佐々木氏がパウロの言を引きて値賀氏に反省の余裕を与へたる如く評したるは従来短期の化石とも謂ツ可き勿来翁にしてコノ如き雅量あるかは詢《こう》に奇特と賞せざる可からず、沖縄県警務課長和田勇氏の回答は強烈なる主我の色彩を発揮したる小主観と評せざる可からず、今夫れ社会教育上の影響に対して和田氏は『観る人聴く人に依り其の影響に差異ある事と被思科候』に至りては全然見解を異にせる主我的の言にして一般的言に非らざるや明白也とす、コノ如き回答は公開するの必要なく寧ろ面談上に於ける時節柄の茶番とするの適当たらずとせんや、佐々木氏が和田氏の前生涯に於ける勇ましき華々しき壮烈事を縷々と述べたる評は何んの意ありて口上したるかは姑く諮はざるとして、カレを読み去り読み来りし者、誰れが和田氏の壮烈事の過去を敬慕すると共に今日の和田氏が聊か当年の意義あるや否やの疑問に対して勿来翁と仕方なく左袒せずんばあらざる者あらんや、沖縄監獄署典獄伊藤孝之氏の回答は回答と謂ふよりは寧ろ真に善くない、悪くない、仕方がないから敬意を表す、てふ妙言を後世に垂れ給ひし斎藤氏の回答よりも所謂腑甲斐なしと評せざる可からず、佐々木氏が『面接にあらざれば以て語る能はず聊か腑甲斐なしと言ふべし』と評したるは勿来翁の全性格を忌憚なく発揮せる痛罵にして読む者をして痛快と絶叫せしむるに値ひするも、惜しむべし、ソノ『聊か』の二字を挿入して所謂聊か慮遠したる処、亦腑甲斐なしとせんや。

那覇商業学校長樺山純一氏の回答は恰も国家破産問題を研究せむとする馬鹿態度を大胆に発揮せりと、評せざる可からず、カノ十七箇條の樺山氏の提案は成程用意周到に過ぎたる極お念入りの先決問題にして、社会問題として殆ど謂ふに足らざる程の社会教育上より観たる醜業婦美人投票募集可否奈何の意見を叩きたるに豈に図らんや、堂々たる十七箇條の先決問題をアベコベに提出されしとは、人間の心事を看破するに妙を得たる怪物勿来翁も樺山氏には意外に一杯泡を吹かされたるを察せずんばあらず、而して、翁はキマジメらしく樺山氏の回答に対して冗長也と亦冗冗漫漫に評したるは樺山氏に馬鹿に翻弄されたるものにして然かも樺山氏もソレそのお人の悪い事、県下第一流たらずとせんや。

（『沖縄毎日新聞』明治四十五年二月二十九日）

八、艦隊訪問記

一

▲出発前、昨晩午前七時頃より黒雲満天に漲り俄然として画然雷電閃光、記者は失敗《しま》ったと心に叫びつゝ髯髪《ぜんはつ》を理む可く字東三角の床屋に行つたが是れ又失敗つたと思ふた、こはそも理髪屋同業者の十七日の休業ならむとは、二度共敗北したる記者は昨日の艦隊訪問は一寸見合せて置かうとしたが明十八日の歓迎会を慮りて是非行かざるをえずと勇気百番、記者の書生を呼んで床屋さんの役をやらして漸く與所行の顔が出来るや先祖代々の定紋付の羽織袴にて往復約済《やくさい》の腕車を飛ばして出発したので、車上雑観としては平の平凡平凡なれども、いつもながら感服せざるのは女の服装と立膝小便也と記者はそれよりそ

＊注36　値賀虎之介
一八八五（明治一八）年に、熊本県八代町で長老飛鳥氏と神学生の虎之介が宗教講演会を開いた。一九二〇（大正九）年から二一年、日本福音ルーテル教会（JELO）の副議長を務めた。

れ以前より様々の事を車の上で考へながら與那原警察署を過ぎて白沙の浜に腕車を下すと、三つの大きい艨艟《もうどう》は始めて明晰に認識されたので、記者は軈《やが》て記者の側を通り過ぎむとする一将士を呼んで名刺を出し一揖して、「司令官の居らる〻艦《ふね》はどの艦ですか？　え〻、私はねと斯ういふものですと名刺を出されてと申すものですか、司令官は筑波に搭《の》て居らる〻が、え〻、只今では首里に行かれて居るので、午後一時には此処の警察署に来らる〻様ですと。」「え〻、左様ですか。」「それざ、警察署でお待ちして置きませう。」「今に、水雷艇が参りますから御一緒に参りましょう。」「はい、有難ふございます」と記者と彼の一将士との間に会話が取換はされて、一将士去りて記者は水雷艇に失敬するは余り押し付けがましいと遠慮して記者は艀船《はしけぶね》の出るまでに暫らく與那原警察分署長に面会を請ひて名刺を出したれば署長客六も名刺を出され、かくて二三十分も何かとなく沖合ひて第一艦隊支隊筑波、肥前、鹿島が突然中城湾に入港したる時の與那原警察署の喫驚やら色々の雑件を問ひ且又答へつ〻昼弁をそこに始末して今度は船問合に交渉して、再び波止場の白砂を踏む時は数十の小学生が三人の教員とが記章と喧声とが記者の眼前に現はれて来たので、記者は勿論軍艦見物だといふ事を例の通りインパルスしたので一時は先生達と一緒に行かうと心窃に決定して居たのであるが俄に豹変して先便に飛入りして諸先生達失敬した時、その失敬が無駄骨で、後から出た学生諸君の乗つた刪帆船が先になつて記者達の乗って居る船が間違つて随分跡に跟いたので、記者は遺恨背随《せきずい》に徹する底遺恨を飲む。沖縄新聞の霊泉君を怨みて臀をした許りなら宜いが記者の乗合ひ連中は三人の反物売女と行商人の三四人と又職人一三名であつたので記者は生憎でも相手が居なかつたので手持ち無沙汰で一寸屈托して居た最中、艨艟と蒙古とが些と耳に落合ふので、記者は覧えず筑海《ちっかい》の台風、天に連りて黒し、海を蔽ふて来るもの何の賊ぞ、蒙古来る北より来ると、頼山陽の蒙古来を覚え出して底唱微吟《ていしょうびぎん》を始めたのである。

（『沖縄毎日新聞』明治四十四年三月十八日）

二

▲肥前艦長依田氏の厚意を謝す▲

艦長と記者との上甲板の対話、聽て頼山陽に飽いて来た記者は何となしにノートブックを弄《いじ》り出すと先刻分署で写した艦隊入港の通知書であつたので記者の眼に再び之れがちら付いて来た――

司令部

司令官　少将　野元綱明
参謀　中佐　海老原啓一
同　大尉　石川清

筑波

艦長　大佐　筑山清智
副長　中佐　飯田久恒
航海長心得　少佐　常松憲三
砲術長　仝　仲村良三
水雷長兼分隊長　仝　末次綱吉
機関長　機関中佐　木村貫一
軍医長　軍医少監　中野才幸
主計長　主計少監　朝北奈正一

肥前

艦長　大佐　依田光二
副長　中佐　本田親民
航海長心得　少佐　犬山秀一
砲術長　仝　高橋節雄
水雷長兼分隊長　仝　石川清一郎
機関長　機関中佐　上野辰之助
軍医長　軍医少監　小林幹
主計長　主計少監　宇津巻美輝

鹿嶋

艦長　大佐　小花三吾
副長　中佐　竹村伴吾
航海長　仝　森本義寛
砲術長　少佐　江藤恭助
水雷長兼分隊長　仝　福嶋慶一
機関長　機関中佐　奥村次郎吉
軍医長　軍医少監　海上仁壽
主計長　主計中監　石本久萬男

各艦毎に平員約八百名つゞと読みながら記者は筑波が一、二〇〇〇頓《トン》そうだ、肥前が一、三〇〇〇。それから鹿島になると一、八〇〇〇となる程大きと眞中に碇泊して居る肥前を仰ぎ見ると見栄の馬鹿に大きい過ぎるので、記者は鹿島より大きいなアと、……警嘆気味で、彌々記者乗り込みの風帆が肥前に肉薄して来たので、剣光帽影、燦として記者の胸を先づ以て久し振りに刺戟して、ワン〳〵騒ぐ女共や職人等の喧擾から記者は逃れ出て、昇降梯子をドン〳〵昇り詰めて直様、沖縄毎日新聞記者てふ看板の付いた名刺を差出すと、他の一人が出て受取り、暫らく上席見た様な人と話しながら、「え丶、この方は沖縄毎日新聞記者山城長馨といふお方ですと、艦長に紹介して呉れたので、記者は直ちに海軍将官に対する中敬礼を遣つて、それからいろ〳〵の会話をした「遥々と御寄港されて我々までも光栄とする処でございます」と。

「いえ、どういたしまして……」と、それからそれと、お互の間に話が少々氷解して「え丶本支隊は佐世保を去る四日に出まして、山村湾、釜山を経て、……当港に這入りました……」と艦長依田光二氏は段々お話しせらる丶ので記者も、負けてはいけないと、そうしますれば先、薩摩の國生中尉から県庁に居らる丶國生令兄に来電がありまして、第一艦隊は寄港せずとの事でしたから、新聞屋もその位ひに浮かりとして居ましたので今度の様な御来襲はどうしても罪ですよと、記者は少々歓迎半分恨み半分に漕ぎ回はしながら、艦長閣下のお話を拝聴して居る、本隊は先に申上げた通り支隊でありまして、本隊は佐世保とその近傍とを逍遥して居るのです。それは御承知の通り第一艦隊の本隊は朝日、薩摩、そして茨木で、朝日は殿下の不例で薩摩は上村大将の司令長官の旗艦で、そして茨木は何か故障あつて、……」と三艦とも異りたる事情に依りて寄港しなかつたといふことを詳しく依田艦長閣下は話して下さつたので記者も十二分の厚意の存じたるをその時から感謝の念に堪ゑ難かつたでのあつた。

（『沖縄毎日新聞』明治四十四年三月十九日）

三

▲特別に将官私室を拝見す。暫らくして記者は艦長の前を去りて案内者に導かれて最初に下カンバンから見られた方が可いとの案内の言葉に従ふて階段を降り〳〵し

て、下へ下へと行く、ペンキンの臭ひ、仕事著の白い服つけた数多の下士卒が我々の前から傍からぶツつかる様に往来する。多くの電灯が闇を破つて強い鋭い白熱が隅から隅に明《あか》るくなつて居るので記者は真先に「此等の電灯は朝から斯んなについて居るのですか」と問ひ始めると案内者は「え丶、こう碇泊して居ます時は一定の時刻がありまして午前は四時十五分位から点灯して午後は十一時四十五分位に消灯してランプになるのでございます」と答へながら彼処此処を案内して機械や室《へや》々を説明しつ丶行くので記者も其の跡に跟いて「え丶〳〵」と受け、時々質問したり等して、バラレット（第七区の防水の時閉ずる片羽の鉄板戸）やチストやスタンションやハンモツクと或は各士官私室或は被服倉等で下士卒以下の衣裳までも寧ろ説明過ぎる程に聞かして呉れるので記者は有難いと思ふた。案内者は一寸立ち止つて「一体此の下カンバンは中尉以下の居るので中カンバンになりますと大尉以上が居らる丶様になつて居ます。只今御覧になりました通り貴方のその前は士官病室です…それからもうと行きまして今度は第一発電機、第二発電機をご覧に入れますから……」と案内者の云ふ儘に偶から偶に引張り回はされて凄い珍らい発電所で光殺されてからは最う大抵にして置かうと考へて居る最中、魚形水雷に送る圧搾機を説明するときは案内者から態々機関士に依頼してやつたが専門的用語に時々圧迫されて慊やになつた。製氷機、排水電動機、機関部倉庫、昂錨機、降弾機、海底電信、錮禁、酒保等を回はつて中カンバンからは少々疲労して来たので、好い加減にしやうとして居る矢先、一兵卒が我々の所に来て「艦長閣下から只今十二吋《インチ》を開門して運転して御覧に入れますから早くお出でなさい」とまだ云ひ切れない中から私たちは小走りに行つた。其処には記者の先を越して早く軍艦に登つた三十七名の高等科の二年生と引率教員我那覇、東恩納、高良の三氏と「沖縄」の宝泉君がにご〳〵と笑ひながら私達の来るのを待つて居る様に見えた。艦長依田氏は驄て命令して十二吋を右翼に回転せしめながら日清戦争時代と日露の時の砲術比較談を小学生徒にも飲み込める様になされて約十五分間位ひでそれが済むと生徒は上甲板に休ましてかの三氏と実泉君と記者の五人は艦長に案内されて将官の応接間に行つた。花模様の緞通が敷き詰められて之も何かの花模様のテーブル被布を掛けられた大きいテーブルが中央を占めて、卓上には喫煙用の結構の西洋什器が置かれて明るい美々しき室内装飾は人をして光殺せしめた。そこを通って奥に行くと神聖の所で、畏れ多くも□両陛下と皇太子殿下の御真影が真正面に安置されて居るので一同は最敬礼を行つた。「実は普通の見物人なら斯処とカビンと将官私室とは見せるのではないのです」と船長は敬意を表して云はれ乍ら一同は大尉以上の休憩所に行つた。其処には覇気洋々たる若い大尉以上だと思はるゝ人々が居られたので一同は挨拶をして各自椅子を占めて艦長と相対して、お茶やシイガーを頂戴しながら話を承つた。「本艦は元とレツトウイルザンと称へ旅順攻撃の際、分捕した艦で、露国でも当時有名な戦闘艦でした。えゝ、大砲は何門あるかとのお問ひですか?十二吋四門、六吋十二門、三吋十四門、と二斤半が四門ありますから丁度三十四門の戦闘力ですな」とそれから艦長は前よりは詳しく日清戦争と日露戦争に於ける実験談をなされて大口形と小口形との優劣談をもなされてそれからあの御覧の鹿島は現今世界でも有名な戦闘艦で一寸□艦の見栄《みばえ》の様ではないが頼ましい艦です。又司令官の塔つて居らるゝあの筑波は一等巡洋艦で日本で新しく造つた軍艦ですよ。どうも本艦は平生は見栄えがありますが。戦争の時は敵の的になりまして一寸困りますな」と笑はれながら次第に話が実に入《み》りて花が咲いて一同は意外なる優待を感謝して艦長閣下並に他の諸氏と別れ。水雷艇に引かれたる我が六十五名余乗り込みの風帆艀は往く時よりの三倍以上の速力で進行し始めた。中頃に行つてから一同は肥前艦を振り返へて肥前艦万歳を三唱した。記者は実泉君と東恩納君と三人話合ふた。「中城湾は殆んど鹿児湾に似て居はしませぬか。併し惜しいことには今丁度肥前艦の碇泊して居る場所に櫻嶋《さくらじま》ざないが、些と蘇鉄島位ひはあつても欲しいものですな」と記者が戯談し始めると両君は負けず劣らずに話合ふた。そして彌々艀が著いて実泉君と記者とは学生諸君に別れて一寸警察分署に寄り午後四時十五分に與那原を腕車で出発して腰と尻との御苦労を謝しながら漸く午後五時二十分に帰覇したのである。（完）

（『沖縄毎日新聞』明治四十四年三月二十日）

九、現代文明の一転機を象徴せる殉死

乃木将軍の殉死は実に青天の霹靂も啻ならざる極度に於て現代人の視聴を驚倒せしめたり、されど、将軍の殉死は世を挙げて同情せざるもの無く、将軍の生前に於て既に国家に尽したる功労は炳乎《へいこ》として内外に輝き照り、世界の人をして今猶ほ崇拝の念を抱かしめたるは吾等日本国民の偉大なる矜たらずんばあらず、日本帝国の『海』の軍神として世界に名誉高き東郷将軍と共に双璧たるべきは正に乃木将軍にして将軍は允□寔れ『陸』の軍神として永遠に伝はるべき偉人なりとす、而して将軍今や逝く、噫、何人か国家の為めに哀悼痛惜せざるものあらんや。

然りと雖も、将軍の殉死を我国現代の徳化により観察せば大に誤りたるを遺憾なりとせざるを得ず、将軍か明治十年の役に軍旗を失ひたるを以て自殺を決したるの動機より察せば已に業□将軍の殉死たるの全内容は古への古樸純一の殉死とは全く差異あるの感なくんばあらず、殉死したる事実より謂へば将軍の殉死も多少の真意義を有する殉死なりしと雖も、畢竟、将軍は目的を手段に変じたりしを疑ふ、此処に自殺の動機と目的より殉死の動機と目的に変化して始終一貫せざる意志は機会の為めに動揺して以て当面の国家の大変事に転機したるを認めずんばあらず、而して将軍は先帝に殉死すると共に矛盾せる二大行為を做したる人と言はざるべからず。

殉は従也、求也の字義を有して君国急難の為めに死するを意味せり、而して我国に於ては大古より中世までは陛下崩御の際は旺んに功臣近侍のもの、中に殉死するの古風ありしも、崇神天皇の時代に於ては野見宿禰《のみのすくね》が埴輪人形を以て殉死に更へしより一千五百年来、断へて斯の幣風無かりしが乃木将軍に依り突如として復古の幣風を繰返へされしは国家将来の徳化上真に憂慮せざるべからず、抑も憲法を以て殉死又は自殺を禁じられたる現代に於て将軍の箇人の意志を満足せしめんが為めに殉死する如きは国家の大典を犯すと同時に、畏れ多くも、先帝の御遺志に背きたるを奉察せずんばあらず、而して将軍の如きは自己の為めに国家の重大を軽視したるものならずや、さらぬだに四百五十年間の近世の文明を明治四十五年間に収縮して文化発達せる現代の我が日本人の思想は

殆ど世界的文明の極度に到着するの大勢なるに今更ら古代の遺物として武士道の幣風たる手段を以て極端なる頑迷不霊の殉死を遂げたるは行為に於て現代文明に背反せるを認めざらんと欲するも豈に得ひけんや。

嗚呼、乃木将軍の如きは我国現代の軍人界に於て東郷将軍と駢びて共に世界に矜るべき隻美たるの一偉人にして然かも最後の手段として殉死されしは現代の時代精神に容れらずして却つて国家公徳の敵となりしは将軍の昔気質の直情径行の人格と冠絶せる戦功とに多大の尊敬を払ひゐるものの切実に遺憾とする所なり、されど、君子は其人を悪まずして其行を悪むとさへ謂へり、而して想ふに、将軍の最後は敢へて国家の大法を冒涜し、先帝の叡志に悖り、且又現代文明に伴はざる古代の思想を実行したるものとすれば誰れか其の行為の浅慮軽薄なりしを悪まざるものあらんや、於是乎、吾人は当代唯一たる古武士の風ありし乃木将軍の殉死たる中世以前の低き程度の極端の思想と数十年の短日月に泰西の文明を吸収して現代文明の極端に到着せる現代の思想とを対照せば将軍の殉死が現代文明に対して何等意味ある象徴なりしを感じずんばあらず、斯の意味より謂へば殉死は現代の浮華なる文明を批判せるシンボルなるやも計られず、果して然らば文明の極度に発達せる我国現代の一転機を暗示したるを意味するものなり、物の極度に達すれば一転機を要するは物理の法則たり、現代日本の文明が極度に到達したりとせば則ち一転機なかるべからず、極端なる殉死より極端なる文明に果して如何なる関係あるや、適々、予輩は乃木将軍の殉死が現代文明の極端なる反映なるを感じて以て日本国民の新しき自覚時代に入れりを警告せんとするに際し、日本固有の軍国主義の権化として且又該主義の結論者たる乃木将軍を虔《つつし》んで爰《ここ》に弔意を表するもの也。

（『沖縄毎日新聞』大正元年九月二十六日）

十、八重山の風土病研究を何故に政府の事業に附せざる歟

世人は今猶ほ明治二十七八年役の頃、恰も我が国に於て足尾銅山の鉱毒事件の世に囂々たりしを記憶するならん、而して明治四十年の頃に至りカノ鉱毒の酸鼻《さんび》を極めたる谷中村は遂に政府の手に移り死に瀕しつつありし一二千の村民は寔《まこと》に漸く生命を完ふし得たるを想へば傷ま

されたる記憶を追懐せずんばあらず、而してコノ如きの問題は区々たる一県の問題にあらずして実に人道の為めに国家の問題として優に栃木県の其県是としての微々たる問題にあらざりしは夙に熟知する所也、而してコノ如き人道問題たるや、豈に谷中村のみならんや、近くは我が県下の鳥島の如きも遂に県費の負担し能はずして県問題より国家問題に進みコヽニ政府の事業に頼りて今や鳥島の住民も人命を拯はるゝに至れり、コレ即ち人道が県是に勝ちたる一二の例に過ぎず、猶ほ五千万の同胞を容れたる我が国土に於てカノ獰猛なる風土病に苦められつゝある村落なしとせんや。

余輩はコヽに眼を転じて県下の離島たる八重山島に於ける風土病に憂惧せずんばあらず、而してコノ獰猛なる風土病は我が八重山郡の各部落を浸害して日に刻々猛烈なるマラリヤに倒されつゝあるは誰れか同情せざるものあらんや、而してコヽニ県当局者は今日まで県病院より医師を派遣し以て風土病の研究を為せしめたる事は人の知る所なり、カノ中川氏が最近に八重山へ風土病研究に行きしは余輩が窃に県下の為め其の成功を祈らざる可からずとせんや、然れども目下中川氏の研究を洞察すれば氏が如何に島袋常精氏を助手としてコノ部落よりカノ部落へ研究しつゝあるも既に後者の研究に着手し始めるや、前者は将にマラリヤの再発を免れずんばあらず、而してコノ如き緩慢なる研究法に拠りて完全なる研究を遂げ以てカノ部落を酸鼻の悲境より救済し得るやは遽に信じ難しとす、今、軒壁は風に翻弄され、屋根は漸く雨露を凌ぎ、膝を辛じて容るの小屋の所々散在しあるカノ幾多の部落を想ひ、悪辣なる病苦に想ひ至らば何人か涙なからんや、然かも県当局者は之れに対して今日の如き小規模を以て風土病の部分的局部研究を為すに至りては亦心細きに堪えざるものあり。

嘗て京大の教授松下博士は我が県下に同情し以て八重山郡の部落を救済せむと企て其の風土病研究の任を日比知事に諮りたりしも日比知事は当時松下博士の意見を容るゝ能はず、博士は薬品は大学の風土病研究の科目の下にて幾何なるも応ずる事にして博士の旅費と助手の年俸千五百円を県より支給するを得ば以て六年間に八重山の風土病を研究し了ん事を言明したるも日比知事は到底県費を以て助手の年俸を支給し能はざるを以て博士の意見と衝突し折角の博士の厚意を拒みたりしと、されど単に助手の年俸問題を以て之れを謝絶したるの唯一の理由にあらずして他に東西両大学派の感情問題をも伏在しありしとは未だ信を措くに足らざるも、当時日比知事が千慮の一失たらずとせんや。

今夫れ県費を以て到底大規模の研究法にて一日も早く渠等苦民を救済し能はざるものとすれば、勢ひ政府の手を籍らざ可らざるは理の当然なるに非らずや、而して県当局者は何故に今日に至るも猶ほ緩慢、狭小なる規模を以て瀰縫の研究を為し以て病苦の細民が悲惨なる声を聴かざる可からざるや、而して斯くの如きケチなる研究を以て八重山郡の全部落を救済し能ふやはコヽ四五年乃至十年を予想するも容易に其の終了を告げるは今日の遣り方に依りて疑はずんばあらず、然らば県費を以て支給し能はざる八重山郡の完全、急速なる風土病研究は之れを国庫の支出より為すも亦可ならずや、而して我が沖縄県は国庫の収入より謂ふも優に全国に於て三四等より降らざるより見るも県当局者が政府に交渉するの労に吝ならずんば何為れぞ八重山の風土病研究費位ひに政府が敢て拒まんや、由来八重山は本県の宝庫と称へたり。而して今や八重山の風土病研究は県の経済政策よりは寧ろ人道問題にして然かも県当局者が這般の問題を尋常の政策問題と同一視せずして以て県当局者日比重明氏たるもの、然かる可く八重山の風土病研究に対して深憂せざる可からず。

（『沖縄毎日新聞』明治四十四年十二月十六日）

十一、某氏を訪ふ▼談愈々市区改制研究会に及ぶ▼

記者は一昨日午後四時頃某氏を泉崎に訪ひ来る十八日開催の懇話会と那覇青年有志会との連合大親睦会に就き氏の高見を叩きに行きしに兼ねて座談家として有名なる氏は微笑しながら「それは無論大賛成で前から大親睦会を催すとの事を聞いて懇話会同人も喜んで居たから先づ会場と趣向でも決定したら回章を遣りませう」とそれから主人と記者との間に談笑始まり。記者は「懇話会を催さる時には傍聴でも許さるゝと諸老人様方の風貌に接する栄をえまするると共に詩歌や為になるお話でも新聞に出すと皆んなの為めになるのもありはすまいかと考へますがどんな者でせう」と記者は漸く口を切ると「さアそれは少々考へ物ですな。何しろ懇話会で一番年長者の方が六十越した方で我々と申したらそうではないがまア若い方に附きますからね。それに御承知の通り大抵の老人は今の若い者を何んとなく嫌ひますからね…」と主人は肥満の身体をよすぶりながら大きな声で笑はれたので記者は少々面を喰らひ獲て「え、実際今のお話の通りなら仲々考へもので我々若い者は先づ敬遠主義を取るのが得策ですな」と漸く逃げて「それざ懇話会の翌日貴方のお宅に上つて前日の珍らしいお話でもありましたら頂戴することにしませう」と云へば「え丶其の方が却つて宜ろしいのです」と主人は応へられて稍々居直りつ丶「時に君之は話か違ふか市区改制に就いて十年とか二十年でも宜いとして何か研究会でもやりたいと以前から私の考へだが今の様に道路の開通が不便の上に見られたものでないのに沢山の金をかけて新しい家が出来てもそれが市区改制になるとどんな運命に逢ふか知らないが、それに少し考へのある人ならまア街道から三四尺も引込まして新築すると石垣を崩して将来は店にするとか或は街道が拡張されても幸に建築の格恰を破らずに済むとか云ふ訳になるので殊に県庁と私人との売買上から云つてもお互に利害得失が少からうと考へらる丶がどうです」と主人愈々お得意の佳境に這入つた様で記者は只だ「それは御尤もですな」と平凡なる応答をしたが主人は倍々談笑の興味をゑられて近き将来に敷設せらる丶大門前通の軌道の事より区と県庁との事業上の差別談より種々様々に論述されたりしが忽ち話が一変して百尺竿頭一歩を進められて「先づ愈々市区改制の暁になりますと私達の考へではどうしても埋地から真直ぐに今の並川の新店を突貫して市場に行かる丶様な一文字の一大街道を開通せないと今日の様に迂回して市場に行くやうでは区の繁栄上から云つても少からぬ損害であつて其の他の街道も建築物を壊はしても是非とも道路改修が真先に着手すべきものですな」と云はれたので記者も少々長い気焰に烟りたがて居たので「え丶、それは今では例へ想像談として見ても大抵の人々の輿論見たやらな者でしやう。それに築港が愈々竣成する暁には那覇区と申すより沖縄県全体の大玄関が出来ます様なもので然かも玄関ばかりが大きく綺麗だつても内の方が不整頓で見すぼらしいならまア龍頭蛇尾の形容詞の弟が出来なければならないやうになりますから区を愛する方や区民の方でも将来是非起らなければいけい市区改正に対しては今日から申しても貴方の仰る通り十年乃至二十年も研究なさるのはそれは乍憚御意見の通りとも考へられますから………その研究会の成立を窃に祈つて居りますよ……」と是れで記者は大分気を緩めたので主人の戯談を聴きなから始め上がつた時𥡴に見なかつた庭の花卉を開け放したる障子の間から眺めながら「三月の癖夏見た様に馬鹿に暑いのですな」と今更繰り返へしなから記者は額面や軸物を装飾したる広々とした立派なお敷座を辞して主人に一揖して帰社した頃は午後四時過ぎであつた。

（『沖縄毎日新聞』明治四十四年三月十五日）

十二、新時代来る　▲河上学士講話大要▲

▲婦人問題　従来の婦人は家内にのみ引つ込み裁縫、洗濯、炊事等の家事に忙殺され終日寸閑なかりしが近来は各種の分業盛んになりし為め裁縫、洗濯屋は更らなり便所掃除の専業者もある世なれば家内の仕事迄で此等に托するの利あるを以て婦人の仕事も自然と減少せり外国の如きは家族一同三度の食物も料理店にて済し子を生めば娯姆に托し、長ずれば子守を附け、学校の監督、病院の看護に一任して一切の繫累を絶つが故に下層の女子のみ日々の生計に追はれて互に職を争ふも上流の婦人は却つて職なきに苦しみ随つて社交のみに浮かれ出し殊に英国の如きは数千の婦人が大行列を為し参政権を振り廻して政府に肉薄するが如きは尋常事にて敢て珍とするに足らず日本の婦人界も漸次斯かる傾向を呈しつゝあるは蔽ふべからざる実事にして婦人も将来は家内職以外に社会に打つて出て何等かの活動を期しつゝありかゝるが故に家庭制度の動揺云々と諸家の議論所々に起るも因果相錯綜して容易に解決を見ざるのみか益々紛糾を極めつゝあり

▲貧富の懸隔　社会が発達すれば変動あり変動あればそこに貧富の懸隔生ず那覇市民と地方細民との対照好適例あり云ふまでもなく貧富の懸隔は機械力が産業界の革新を促進せしめたる結果にして産業界の革新は直ちに貧富の懸隔を意味す仮りに二人の徒歩競争者ありとせよ健脚の如何元より大差ありとするも結局は矢張り五十歩百歩の差のみで未だ健脚を誇るに足らずされど一方は汽車に便り他は徒歩を以て同時に京都を発足したりとせよ徒歩者が横浜辺りにまごつく間に他は飛鳥の如く早や倫敦の客となり澄すと一般、富者は快速力の汽車□勢にて益々富に貧者は牛歩遅々として愈々貧、かくして貧富の懸隔

を生するに至る、貧富の懸隔は啻に海外のみに止らず国内に於ても日一日とかゝる傾向あるは今更多言を要せざるなり機械は一の有力なる資本にして貧富の懸隔は一に機械の有無に依るといひ得べく事実はかく立証しつゝあり。

▲社会主義　社会の変動、貧富の懸隔甚だしき為めにや近来社会革命云々と西洋諸国には社会主義者が勃興し日本に於ても亦之れを唱導するもの多く為めに文部省や政府は思想界の取締りとかで中々八釜しき様なり余も該主義に就いては平素より一個の卑見を抱持し居れど進んで開陳するを欲せざるなり只だ一言せんに社会主義を曲解してオー恐いと顰眉するものは兎も角、現代多数の社会主義中社会主義とは何ぞやとの問に明確に答へ得る者ありや見渡した所不幸にして一人もなし諸大家の著書等を一読するに名は一なれど其の内容は千差万別、縷れし糸の如く矛盾、衝突一として首肯せしむるに足るべき高見なきの一事は茲に断言して憚らざる也。

▲愉快の時代　旧時代亡びて新時代興り人去つて今や新人の独舞台たり豈に愉快の時代にあらずや物質界進歩の裏面には計り知るべからざる大変動と動揺あるが如く思想界にも亦進歩と動揺あり近く百年間の思想界の進歩は三千年来のあらゆる思想を根底より動揺せしめつゝあるなり彼の天文学は埃及に起り古代より研究されしも進歩遅々の観ありしが昨年ハレー彗星出現の予言が着々的中して寸毫の狂ひなく万人をして驚倒せしめしはよしや学術の進歩の結果とはいへ其の主因は望遠鏡に帰せざるべからす又顕微鏡発明あるや僅々二三十年間に医学界の大進歩を促し洋医興りて漢医亡ばんとする如きは機械の発明に基因し機械の発明が物質、科学界に動揺を来せしは移して以て思想界に於ける新人の将来を聯想するに足る一括せは旧時代の伝習、思想、感情は今や滔々として流れ去り新人来りて新時代建設の機既に熟しつゝあるなり。（未完）　（『沖縄毎日新聞』明治四十四年四月七日）

［不二出版編集部注］本記事は初出時無署名だが、本書編者によって翠香の執筆と判断してこれを収録した。

十三、支那革命は対岸に如何なる思潮を東漸せし乎

曩《さき》に、支那に革命党蜂起して以来、我が日本に於ても今や到る処官革両軍に対する様々の噂を為すに至れり、

噂と云ふよりは寧ろ対岸なる丈日本国民に取りては真面目に心配しあるを適切なる言とす、畏くも、天皇陛下には日夕隣邦の動乱を□はして敦く憂惧に渡らせらるゝと也、而して、今度びの支那革命に対し東京を中心とし各地の新聞、雑誌を通うしたる具眼者の予評と意見とは区々、雑然として一に帰するものなしと雖も之れを概観して剋言すれば夫れ三説に帰せずんばあらず。

一に南北両朝分離説、二に三分鼎立説、三に漢朝中興説の三説なりとす、一は南北両朝が河を隔てゝ分離するも、昔より河を挟んで両立したる事なきを以て両朝分離説は其の論拠の薄弱なるを知る、又た二の三分鼎立説は之れを文献的に評するも既にカノ蜀、呉、魏の三国時代の的証ありて永続し難きものとす、然らば三の漢朝中興説は他の二説よりは其の論拠の強固にして其の文献学より論明するも已に業に三皇五常の太古時代より厥の例を貽したるものなれば、満朝国を建てし以来、荏苒、寔に二百有余年の今日、すでに民心を倦ましめ以て大勢の趨く所、寔に夫れ四百余州の漢民族は革命の声を叫ぶに至れり、是れに由りて之れを観れば、漢室復興説は今更ら珍らしからざる説と謂はざる可からず。

今夫れ列強の干渉が或る程度まで有効を奏し現清国の内閣に漢人の有力者を抜擢し以て共和政権を組織せんも、漢民族の二百有余年来の臥薪嘗胆の遺恨を一朝に洗はるゝやは頗る疑問なりとす、遂に人事は歴史を繰り返へすに過ぎず、満漢両民族の核心に潜みたる箇性と箇性とが今日に於て相衝突して寔に夫れ其の血を相見るの運命に逢著したるにあらずや、而して、斯の運命を支那に齎したる動機は日本の新内閣の更迭と所謂浪人会なるものが直接、間接に刺戟、煽動したるに由らずんばあらず、されど如何に浪人会の豪傑連が力味返へりて四百余州に飛び入りしも畢竟革命軍の手伝ひたる陣笠に過ぎず、如何に亦前内閣の桂公が南清最負なりしを飜然現内閣に更迭したるを一の動機と為りしも動機は如何なる意味に於ても其の価値の低きものたらずとせんや、然らば此度びの支那に於ける革命は歴史的出来事に属するものにして何時かは当然に起らざる可からざる運命なりしと信ずる所也。

然り而して今度びの支那革命は我が日本に取りて仏蘭西革命よりも葡国革命よりも人種を同じくし東洋の一同盟国の隣邦として其の列強の国際上に於て其の経済上乃

至東洋政策上に於て総て□機的利害関係の繋る所なれば此際我が国は慎重の態度を以て憂慮せずんばある可からず、乃ち対岸の火災視する勿れとは応に斯の事を指したるに外ならず。

　されど、対岸の火は只に我が国是に影響し国体を汚辱するの絶体に無きを断言する能はず、然かも国体よりも国是よりも層一層支那の革命に由り日本人を覚醒せしめたる事は即ち今日迄支那の国是争奪を唯其れ歴史に知りしを今日始めて一葦帯水《いちいたいすい》に現実に展開しつゝある事なり、日本人が自らの国家を忘却して人間自由意志の実現地たる隣邦の一大帝国の危機存亡を観察するの心持ちなり、斯の心持ちを味へば軈《やが》て革命の思想と為る、革命の思想は我が日本の建国以来の皇室中心主義には到底何等動揺し能はざるも、コノ如き新思潮がその対岸なる我が国の沿岸に東漸し来りしは現代西洋文明に心酔したる大和民族の屈従的箇性を刺激したる所、　豈に僅少たらずとんや。

　秋は深く、馬既に肥ゆ、流行病の劇甚ならざる秋期は実に干弋に適す、ソレ五指の交々弾ずるよりは一拳の打撃に如かず、今や漢人一挙して北京を焚かんとす、対岸の人徒らに拱手安閑として桟上の高目見物に甘んぜんや、目下、国際多端の折柄、誰れか馬上槊を横へ詩を賦したるの古英雄の閑日月ありて正に東漸し来れる革命思潮の研究を為すものありや、斯の思潮たる須らく苟勿《くぶつ》に附す可からず。

（『沖縄毎日新聞』明治四十四年十一月二十七日）

十四、『古琉球』の自序に輝きたる著者の初一観念

一昨夕、遽然《きょぜん》として物外[*注37]先生より新著を会社に寄せらる、コレ則ち『古琉球』也、この書たる久しき以前より読書界に渇望されたるの書なりき、而して、今や県下の読書界に期待、渇望されたる『古琉球』出づ、読書子たるも、誰れが欣悦せざる者あらんや而して苟も本県民□

＊注37　物外
注1（70頁）に同じ。

□□祖先の如何なるものなりしやを知らんと欲する者先づ斯の書を措きて備さに知悉するの好書他に無きことは識者の既に熟知する所也。

然らば吾人は今日より斯の書に依り吾人の祖先の如何なるものなりしを知ると共に吾人の郷土史の内容を飾りたる古語、神話文学、宗教、教育、政治等の種々なる人文発達進路の過去を窺ふことを得て、今斯の書の劈頭に現はれたる自序を瞥見するや髣髴として著者に接するが如く著者の前生涯を知ると同時に一種の敬虔の念と愛慕の情に堪えざるものあり、恩師田島利三郎氏に対する著者の漸く遺志を紹ぎたる熟誠なる努力と胸中裏みきれざる歓喜とは読む者をして坐ろに敬服せしめずんばあらざる也、而して田島氏は今や南支那に放浪□身に在りと、著者の真実打ち込みたる恩師の再来を祈りたる処、著者が唯だ現代の軽薄者流の学者に似ず温かなる学者なるを知るに足るべし。

今夫れ斯の書が偏へに過去の出来事を記述したる冷かなる浅き琉球史にあらざることは其の自序を読むもの、自ら首肯する所ならん、而して著者は二十九年の夏、東京に遊学することになり、予ねて政治家になりて侮辱されたる琉球人の為めに奮闘せん事に決心したる当年の志気を想へば、著者が最初より単純なり歴史家にあらざりしを知るべし、然らば、著者は著者自ら専門に修めたる言語学に拠り□□オモロの光りを以て琉球の古代を照し観察したる一種の歴史家たらずんばあらず、而して、斯書は嘗て言語学者チエムブレン氏が一種不可解な韻文として概嘆筆を投じたる『おもろさうし』[*注38]の研究に指を染めたる田島先生の遺志を紹ぎ寔に較や大成の曙光を表象したる第一著の書と謂ふ可し、琉球古語の唯一の辞書『混効験集』と田島先生よりの『琉球語学材料』に拠り独立研究をなしたる著者は固より其の専門の言語学外に文学、宗教、哲学、神話、人類、考古等の諸学に通ぜずんば今回の如き絢爛詩の如き『古琉球』の好著を成すに難かりしならん、蓋し、著者の熱心と精力とは大いに与つて力ありしなるべし。

人智の発達するに随ひ、眼前の仮現に満足し能はず、遂に其の満足し能はざる欲求の如何なるものなるかを考究するに至る、其の考究する手段、方法に種々なる学あり史学、人類学は即ち其の一二の科学に過ぎず、ソレ史学たるや、人類の過去に於て人類進化の一大勢力なるを明証し、将来に於ても斯の勢力を以て進化するを推究せんとするもの也、畢竟、『古琉球』の如きも我々古代の琉球人の生活状態を語ると共に将来に於ても斯の如き進化の勢力を以て進歩、発達するの希望を過去の事実を以て読者に明証したるに過ぎず。

　然かも、吾人は著者が「オモロ」の光りにて琉球の古代を照らしたる如く斯の書に依りて古代の琉球を知る事を得たるは著者に対して感謝せずんばある可からず、而して、斯の書は四百六十有余頁より成る、未だ魁然たる浩瀚の一大冊子にあらざるも、内容は美しき詩と、確実なる史科を以て充実さる、況んや、自序には燦として輝きたる著者の最初の美しき恩師に報ゆるの観念の溌剌たるに於てをや、而して、之れを尋常一様の歴史物と同一視するの人あらば思ひ半ばに過ぎるものあらん。

　時下、秋は熱し、書灯に親しむの夜、『古琉球』を机上に展して自序より眼を「目次」に転ずれば嘗つて新聞、雑誌に読みしもの尠からず、翕然、寔に二十七篇を綜合し以て一新書を成すに至る、亦新しき感なくんばあらず。

（『沖縄毎日新聞』明治四十四年十一月三十日）

十五、本年も今日将に暮れんとす

　本年も又た暮れんとす、今朝将に徂かんとする一年間を顧みれば一県一国にソレ相応に事多きとする、我国に幸徳秋水を生れしめて内外を鼎沸せしめたる謀叛処決あり、次に南北両朝の正閏《せいじゅん》問題勃起して国基の神聖を動揺せしめたる小松原文相の失敗と為り、崇神訓諭、文芸院、通俗講演等の彌縫策の為め東京バックに現はる、小松原英太郎の為め確に本年は醜態を演じたりと謂はざる可からず。

　而して朝鮮併合は我が国土の版図を拡張し将来幾分か国力の発展に増進する有らんと察せらる、更らに条約改

＊注38『おもろさうし』
　琉球王国によって編纂された最古の神歌集。尚清王時代の一五三一（嘉靖十）年から、尚豊王代の一六二三（天啓三）年にかけて、首里王府が編纂した歌集。全二十二巻で、総計一五五四首の神歌を収めている。一九七三年六月に国の重要文化財（書跡・典籍）に指定されている。外間守善の訳注で岩波文庫から出版されている。

正せり、続いて内閣の更迭あり、伊藤内閣時代の大博覧会は中止と為る、或る事情に依り中止と推せば来年、去来年よりは更らに一二年に至るも或は中止の儘に置かれん、而して今の西園寺内閣は奈何んと為す、依然として無い袖は振られぬてふ流行語を出すに至れり、党派関係の無き一銀行家たる山本蔵相を抜擢したるは新内閣に一異彩を放ちたりと雖も、新内閣の振はざるは事実に於て昨より今に徐々に徴せずんばあらず、而して来年の総選挙には現内閣の運命を那辺に影響するや、事深き疑惑に迷ふ。

伊土戦争ありしも我国に直接の利害なし、国と国との間に利害なき時は、軈て真の適切なる同情に欠く、最も其の同情の適切なるは対岸なる清国動乱なりとす、官革両軍の成敗は容易に断定せざるも、兎に角日に近く其の成敗の孰れに決するかは予想さる、その予想たるや官軍、革命党を征服するか、革命党、官軍に勝つか、官革孰れかの成敗に由り列強の内、自ら利害の関係の別る丶処なしとせず、是に列強の内、孰れか干渉の強き国とするや、今日に至るも未だ明白ならざるも実際に於て我国がソノ利害に唇歯するもの他に非らざるの当然なるを見る、清朝が亡滅して、倘寔に共和政体の実行せられんも人心の果して一新するを得んは疑問とす、支那の国情より謂へば支那や民族の人心倦むに随ひ国乱を起すは寧ろ歴史の造りたる習慣と察せらる、雨降つて愈々降ればこそ地も愈々固たし、乱れに乱れざる目下の動乱の遽□講和の握手するも一時の仲直りに過ぎず、一方の民心を収攬する間に他の一方より騒ぎ出すとも保せず、畢竟、支那に対する永久の解決は明年とても見当の付かざるべし。

斯くの如く本年は内に外に多少、軽重の事件を有せり、筆茲に到るや曾てポーツマス事件に国民を激昂せしめたる小村寿太郎が東洋問題に解決を与へ遂に逝きしを追悼すると共に劇界に貢献したる川上音次郎をも弔はずんばあらず、翻へて、県下に於ける本年の諸事業を顧みれば其の事に多少の発達を為しつ丶あり、或は成功したるものと或は明年に続くものとあらん、瓦斯問題や、電鉄問題の解決、第二中学校の増設、沖縄製糖株式会社の設立、航路運賃の低減等は県下の進運を促進したるもの也。而して豈に斯等のみならんや、猶ほ無形に有形に社会の進運の稗益せるもの茲に挙げるの何に遑かあらん。

今夫れ電車の市中に敷かれるは近き将来に有らむも、

【『山城翠香――短命のジャーナリスト――』付録】

山城翠香

比屋根 照夫（近現代日本思想史・言論史 琉球大学名誉教授）

今回、高良勉氏の編著『山城翠香――短命のジャーナリスト――』が出版される。沖縄近代思想史に関心を持つ人々に本書が読まれることを期待したい。

山城は旧時代から新時代へと転換する明治末期に、『沖縄毎日新聞』紙上で活躍した新進の明治言論人であった。時代は新進の言論人の活躍を求める琉球ルネッサンスへ突入しつつあった。

月城（伊波普猷の実弟）を中心とする若手沖縄言論人の台頭と現状打破を目指すその言論活動の展開。これらの思想潮流の中に翠香はいた。その上、後年、沖縄学の樹立者とされる若き伊波普猷の琉球史講演と琉球語講演が開始され、伊波の『古琉球』（明治四十五年刊）の発刊と共に琉球歴史・文化の発掘、再検証が提唱された。

翠香は明治四十四年三月、月城と相前後して『沖縄毎日新聞』に入社した。入社の言葉は「汝の立つ所を深く掘れ、其処に泉あり（ニーチェ）」というものであった。琉球ルネッサンスの昂揚を目指すこの時期の言論人らしい覚悟の表明であった。月城の「登壇の辞」によれば、「末吉麦門冬、山城翠香の二兄と共に本壇に筆を取る」と紹介され、新沖縄の建設を高らかに宣言した。山城はこの宣言に沿うて『沖縄毎日新聞』紙上の論説欄「飢上餘瀝《よれき》」などで沖縄の改革、精神革命を唱道する。

中でも、「琉球に生まれたる悲哀を告白して琉球民族の自覚時代に論及す」との長文の論説はこの短命のジャーナリストの代表的な遺作となった。翠香がいう「悲哀」とは明治政府の無為無策によって放置された琉球、あるいは明治社会で差別・疎外された琉球の実像に根差すものであった。明治国家の「帝国主義」、国家主義、同化主義等々への翠香の根底的な批判はこの地点から開始される。

こうした思想潮流のなかで、翠香は月城らとともに論陣を張り、新沖縄建設へ向けて奮闘する。高良氏の編著は翠香の生涯を詳細に追究し、沖縄言論史上に消えた短命のジャーナリストの肖像を活写している。ご一読を薦めたい。

田岡嶺雲と沖縄

西田　勝（文芸評論家）

最近、田岡嶺雲の死を悼む文章の数々が、当時の沖縄の新聞に掲載されていることが分かり、まさか嶺雲の影響が沖縄の知識人にまで及び、しかも彼らを、このように深くとらえていたとは……、と驚いている。その数々というのは、以下のようである。

①「文壇奇才を失ふ　▼田岡嶺雲氏　▼日光の客舎に逝く」（無署名）、沖縄毎日新聞一九一二年九月二十日付所載
②「嶺雲の死を悼む」（翠香）、同紙同年同月二十二日付「言論」欄所載
③「田岡嶺雲と云ふ人」（麦門冬）、同紙同年同月二十三日及び二十六日付所載
④「数奇伝を読む　故田岡嶺雲先生著」（翠香）、同紙一九一三年一月十日〜二月二十日まで全13回連載

これらの文章の存在を私に教えてくれたのは、沖縄に移住し、近代沖縄のメディアを調査している、不二出版会長の船橋治さんである。

①は、いわゆる死亡記事だが、お座なりのものではなく、「不遇なる一生」と「氏の思想と著書」とに分かれ、前節ではその生涯を概観したあと、「今にして氏の一生を思へば、狷介《けんかい》にして常に世に入れられず、轗軻《かんか》不遇にして而も俗世と闘ひ来りし氏の運命と性格には千古に磨滅すべからざる光輝を内包し居るやうに思ふ」（ルビ・読点ともに引用者）と結び、後節では「青年時代に愛読したのが主に老荘の書であつた故か氏の思想の根柢は荘子と共通の点があつたが、後ちカント、ヘーゲルなどの哲学書を読んで多少内容を豊富にし、ルソーの自由思想にも接近してゐたやうである。氏の著書には『支那文学大綱』の一編、『嶺雲揺曳』『雲のちぎれ』『壺中観』『下獄記』等があるが、殊に『嶺雲揺曳』は当時の青年を感化する所浅くはなかつたのである」（読みやすいように若干、読点を補ってある。引用者）と述べている。

正確にいうと、嶺雲はカントやヘーゲルではなく、ショウペンハウアーの哲学からもっとも深い影響を得、そこから老荘の近代的な再生を試み、その結果の一つが『支那文学大綱』のために書かれた屈原や蘇東坡、また高青邱や王魚洋についての評伝だった。

実際、嶺雲の最初の著作であった『嶺雲揺曳《ようえい》』（一八九九年三月）は日清戦後の文壇に対してのラディカルな批判だけではなく、「藩閥」と「富閥」を打倒する、維新に次ぐ「第二の革命」を訴えた社会評論をも収めることによって版を重ね、続篇の『第二嶺雲揺曳』（同年一一月）と合わせて一万余部が売れている。③によれば、沖縄毎日の編集部も「嶺雲好きの人ばかり」で、彼らの机の上には、嶺雲の『嶺雲揺曳』や『雲のちぎれ』（一九〇〇年四月）が一度は置かれていたという。

この死亡記事は、その切り口や用語法からいって②と④の筆者、山城翠香によるものと思われる。翠香は本名長香、一八八二年、現・那覇市内に生まれ、一九一一年三月、沖縄毎日新聞に入社、以後三年間、文芸・政治・社会などの分野で論陣を張り、その後、退社、貧窮の挙句、八重山に移住、マラリアにかかり、死亡している。戦後、遺族の手によって論説集『机上餘瀝《よれき》』（一九八八年三月）が編まれているが、その中には、「忠君愛国」を「小主観」とした文章もある。

②は、いわば①の評論というべきもので、「明治文学史」を三期に分けた場合、その第二期において嶺雲は「忘却すべから」ざる批評家であったとし、北支事変の従軍や、官吏侮辱罪によっての入獄にも触れ、「筆を振へば熱血迸る所、縦横の文字を成して天下の青年をして其の壮烈に憧憬せしめ以て各地に嶺雲宗の若き信徒を群生せしむるに至れり」（ルビは引用者。以下同じ）と賛辞を重ねている。また、嶺雲を斎藤緑雨・北村透谷に次ぐ、いやそれ以上の「奇才」だとして「吾人は斯くの如く世を刺戟したる奇才の世に亡びたるは大正元年の損失なりと痛惜せずんばあらず、噫《ああ》、現代に於て誰か亦奇才なるものあらんや」と結んでいる。

なお、この追悼文では「彼の思想を観察せば、其の根本思想はショペンハウエルの思想が高く聳えて世を超越したるの感なくんばあらず」と、死亡記事での説を修正している。

③の筆者の麦門冬は翠香と同じ沖縄毎日新聞の記者で、『沖縄大百科事典』（沖縄タイムス社・一九八三）によれば本名末吉安恭《あんきょう》、一八八六年生まれで、俳人でもあり、折口信夫によって「南島第一の軟流文学、風俗史の組織者」と称えられたが、一九二四年、那覇港で誤って水死したという。

麦門冬のこの一文はやはり「大の嶺雲信者」の一人だった自身の過去を振り返ったもので、やや自嘲気味で、「私共の嶺雲崇拝の仲間は皆んな不平家、小さな不平家ばかりになつて終りをよくしなかつた」として、一人の同僚の例を挙げている。

興味深いのは、一九〇四年秋、嶺雲が『天鼓』創刊のために上京してきた直後、石川半山に招かれて講演会の講師をつとめたのはいいが、聴衆と衝突し、討論会の態をなすに至った様子を細かく、この一文で麦門冬が伝えていることだ。この講演会での失敗については、『数奇伝《さつきでん》』にも言及があるが、私は初めて、このエッセイで、その会場が神田美土代《みとしろ》町の青年会館で、演題が「世界史により見たる日露戦観」であり、戦争の歴史を三期に分け、「部落対部落」・「国家対国家」・「人種対人種」としたことなどを知ることができた。

④は文字通り嶺雲の自叙伝『数奇伝』についての感想と批評を述べたものだが、連載一三回、四〇〇字詰原稿用紙で四二枚に及ぶ、書評としては異例の大作である。一読する限り、未完の作品のようにも見えるが、もしそれが完成したものだとすれば、異例なのは、その量だけではなく、本伝自体についての「読後の印象」は全一三回中の六回に過ぎず、その他は「序文総まくり」と称するもので、本伝につけられた、三宅雪嶺を筆頭に河東碧梧桐・泉鏡花・徳田秋声・登張竹風・堺利彦・藤田剣峯・佐々醒雪・国府犀東ら一六人に及ぶ知人・友人らの序文を一つずつ検討しているのである。

どうして、このような多くの序文が『数奇伝』に付けられたのかといえば、人種的・社会的・性的格差のない、国家を超えた地球共同体を構想するに至った嶺雲の思索を織り込んだ第四評論集『壺中観《こちゅうかん》』（一九〇五年四月）が発禁処分になって以来、その主だった評論集が次々に同様の被害に遭ったため、このような人垣を作って、それを回避しようとした結果だった。

この翠香による長文の書評は、一言でいえば、②のさらなる詳論であり、そうであることによって評者自身のこの時点での思想の開陳でもあった。その中で、翠香は「若い私共には波瀾に富んだ先生の自叙伝たる数奇伝を読み去り読み来ると、却つて私共には先生の一生は幸福であつたことに羨しくなる」と書いている。

（初出『日本古書通信』通巻一〇三六号、日本古書通信社、二〇一五年一一月）

『山城翠香——短命のジャーナリスト——』〈付録〉
編著者　高良勉　／　二〇二四年三月一五日　第一刷発行
発行所　不二出版株式会社　／　組版・印刷・製本　昴印刷

水道の必要なるの迫れるを感じるも未だソノ問題さへも起らざるは明年に待つべきか、築港の竣成の四十五年度に予期せらるるも、未だソノ市区改正の幾許の歳月に施行さるゝやを、遠きを憶ふて今日の県下の状態を察すれば大に研究と実行とを要するは固より言を待たず、故に問題は明年に於て漸次、多きを見むとす、問題の多きと少きとは幸福の多数と少数とに関係の消長せずんばあらず、今日暮るれば明治四十五年の春頭に立つ、亦有事有望たらずとせんや。

（『沖縄毎日新聞』明治四十四年十二月三十一日）

十六、本年は更らに慶賀せざる可からず

年明くれば人心何にものか新しき感を覚ゆ、人に依り幾分か快、不快のあるも習慣の力は容易に理性の屈従を欲せず、何人か新年を迎へて微笑せざるもの有らんや、微笑さへせざるものは殆ど病的の人に邇きものと謂はざるべからず、一年より十年、十年より五十年、五十年より増して現代は百七十五歳を以て箇々人の一生一代を画するに至る、その長きか短きかの百七十五歳の間、茫と暮し行かば何んとなくシマリ無きを感ず、故に年々、歳々一年づゝを画して屠蘇《とそ》を挙ぐ、這般《しゃはん》の快感は古今の筆舌に表はしたるの罕れなりとす、何程か、如何にしてか、何故にか歳月の新しき感の、楽しきかの意味は畢竟、言はぬが花なり、無理に其の意味を押し付けて折角の花を凋ますの遺憾なりとせんや。

一日を後に顧みれば明治四十四年は杳として故人の如し、昨年は一昨年よりは内外の事件、較々《かくかく》、多事、多望なりしと謂ふ可し、而して今や明治四十五年の第一月第一日の春頭に立つ、計を本日に慮りて一年の幸福を獲得するの予想さるゝは之れを箇々人より一県、一国に見るも固より祝福せざるべからず、事の成敗は其の人の能力奈何んに職由するも多少□時機と、場所とに依り事の敗れるに陥る有り、其の何故な□かは姑く人智の認識し能はざるの、顧みて不可思議なる□以て命運と称へ居れり、漸次、人智の進むに随ひ、命運の不可思議なるを認めるに到り、時機と場所とを征服するの喜びを獲ん、当分、斯の喜びを獲るは不可能の事に属するを以て事に手を著くるの初頭に神酒を祝ひ、一年の第一月第一日に屠蘇を挙ぐ、幾分か迷信と排せらるゝも、斯くせずんば歇み難

き本能あるは拒むべからざる事実とす、此の点よりすれば新年に屠蘇を酌むの喜びは強ち無意味なりと謂ふべからず、又た本年は子の歳と謂ふて喜ぶの、或いは子卯と称へて喜ばざるの二途に出ずるも、寧ろ積極の御幣を担ぎて、愈々喜ぶに若かず、矧んや、聖寿の御還暦に膺らせらるゝに於て庶民の均しく祝福せんばあらず。

元旦に酔ひ始めて年中酔うものと、一生酔ふて夢死するものと孰れぞ可なる、性に依り不可と可との転倒の止むべからざるの事情あるも、両つながら渾一に臻らず、願くは一生の中に小なる「吾れ」てふ印象を何者かに刻せん事は意思の強き人に見る、意志の強き、弱きに由り箇人に、一県に、一国の屈伸、消長の夫れ相応に関する所にして、意思の強弱は個人のみならず、一県乃至一国の屈伸、消長に関する所とす、意志の働かんとするや、先づ新年の春頭に立ちて考へざるべからず、意志は多と一に拘泥せず、人生を大と小に結論するの能力とす、是に於て吾人は如何にして本年を送るかの考へは軈て一生に及ぶの第一歩の考へたらずんばあらず。

昨年の内閣は桂内閣に更迭したるの形ちのみにて未だ何等の改革なかりしは所謂「無い袖は振られぬもの」、と観念したるか、陸軍拡張や、線路延長の見合せ、海軍拡張の明後年度の延期、港湾修築等は一々緊縮主義に緊縮されて彼此侃諤《ひかかんがく》する中に四十四年も暮れて、明けて四十五年の今や、昨年の有事、有望なりしより本年は層一層有事、有望なりとす、現内閣の新事業たる行政整理、税政整理は国民の最も期待する所とす、斯の二大の事業が昨年の如き内閣の手際として果して民力休養の実を挙ぐべきかは今日予め期すべからざるも、余り多からざる国庫を所謂緊縮すれば、カノ二箇の整理も敢て至難なりと速断するの心細きの無からん。

翻へつて、県下一般の社会は県としての理想の未だ半途に到らず、問題は尠□らんよりは夥からんを欲するも、多少の問題中、何んの問題か多と一の幸福の孰れに決するかは、県民の斉しく虞ふる所なりとす、人材を適所に寘《お》きて十分の期待を得らるゝは筆舌の易く、実現するの難きは何人の言を待たざるも、如何にして昨年より続きし問題を解決し、新に起らざるべからざる問題を提出するやは新しき明治四十五年より徐ろに現れむとす、社会問題と謂ひ、箇人事業と謂ふも、或る限界迄に成長中の我が沖縄県は須らく、本年は更らに慶賀せざるべからず。

（『沖縄毎日新聞』明治四十五年一月一日）

十七、県下堂々たる名士の人格暴露の醜怪事

予輩は昨朝、端なくも、突如として一種の警報に接せり、是れ輒《すなわ》ち琉球新報主催の美人投票を行ひたる根本動機の真相を探知したる警報なりとす、読めば昨日、本紙二面に於ける『砂糖期節を待つたのだ』てふ大々的警報を見て奈何なる感覚を惹起したるや、恐らく予輩と同じくソノ記事の果して十二分に正確なりしや否やを判断する前にマヅ其の歴々としたる顔触れと其の根本動機たる心中の醜怪なるに喫驚《きっきょう》、顰蹙《ひんしゅく》したるならん。

今夫れ、探聞子の報道したる如く、在台の東恩納□□氏の送別会の酒宴中、適々、奇抜なる金儲策□戯□より美人投票説に移り、遂に、台湾の美人投票の大景況なりしに由り、満場一致を以て美人投票を県下に行ふ事に決し、愈々、砂糖期節を待ちて実行すべく至りしと謂ふ、果然、砂糖期節の到来したる去月十七日に『琉球新報』の三面に美人投票を行ふの公開を為すに到れり、爾来、荏苒として本日漸く満一ヶ月が代謝すると雖も、社会の風教を流害しつゝあることは已に業に具眼者の憂惧する所也とす、同業者『沖縄新聞』の昨日より美人投票に関して県下、錚々たる三十名士の意見を発表し始めたるも、カレが社会教育の為めに絶体に美人投票を非定したる意志あらんを察するに余りありとせんや。

雖然、単に社会教育の方面のみならず、今日、県下に於ける時代精神より観察して、時機と材料の選択との二問題に失敗したることは予輩の去る五日の『論議』に論議せしと覚ゆ、中央に於てさへ中等程度の学生に性欲に関する智識を与ふる可否の問題の研究中なるに社会一般の智識程度の低き県下に於て猶ほ醜業婦美人投票を行ふに至りしは総ての方面に悪影響を及ぼすは殷鑑遠からずとす、ソノ社会の低級智識者の性欲を刺激し、以て誘惑の淵に沈めつゝあるは明々白々なる現象なりとす、琉球新報社たるもの是に反省して善後策を講ぜざれば県下五十万人の同胞に対つて何をか応へむとす、応へるの応へざるとはソノ意志の奈何に拠るも、琉球子の老獪なる意志の頑固なるは、之れを過去に徴するも、夙に世人の熟知する所にして、豈に、夫れ、今回の砂糖期節の好機会に投ぜられたる美人投票のみならん。

県下に、美人投票を行ふは、ソノ時期に於て不可と為し、醜業婦美人投票を行ひしはソノ材料の選択に於て、更らに、大なる不可なりとす、矧《いわ》んや、自己の金儲策より社会風教の奈何を顧みず、砂糖期節へ投機されたる醜業婦美人投票は言語道断なるに於てをや、由来、首里、那覇の人士が地方人を侮蔑するは固有の謬態なりしと雖も、今猶ほ、地方人を侮蔑し、以て砂糖期節を睹して、美人投票てふ刺戟性にて所謂一攫千金を嬴獲《えいご》せんとするは固より卑劣なる小主観に職由せずんばあらず、然かも、地方人を見ること宛にして『陸《エギイ》の馬鹿者《フウリイムヌ》は田舎者《イナカンチユウ》』とされずんば何故に砂糖期節を利用せしか頗る疑問なりとす。

今夫れ、県下、堂々たる名士中の名士とも称す可き、カノ諸氏が斯くの如き浅薄にして、卑劣なる小主観の動機より刻々、滔々、濁々と、当面の風教を動乱しつゝあるかと惟へば、美人投票を憎悪するよりも、層一層、カノ酒席に演出せしと伝ふ、県下の堂々なる諸名士の人格暴露の醜怪事を憎悪せずんば歇まざらんとす、サレド、予輩、今猶ほ、コノ醜怪事の信なるかを疑はずんばある可からざるは名誉赫々たる諸名士にマサカと憂へたれば也。

（『沖縄毎日新聞』明治四十五年二月十七日）

十八、風月楼を移転せしめて那覇公会堂の設置奈何

事、啜茗談笑の一些事に属すれども、年一年に我が県下□名所旧蹟の人工災禍に値ひて殺風景に豹変しつゝあるの今日、心あるもの誰れか此等の保護策を講ぜさる者あらんや、地方の各所は偖テ置き、区内字泊の風光美の焦点とも称す可きカノ名高き『泊高杠』の如きも今や人□の迫害に遭ふて美感を殺ぎたるは尤も遺憾とす可く、全じく崇元寺畔の景色は軌道てふ文明の機械に破壊せられて此処に古色蒼然として神々しき我が歴代の旧藩王の古廟を囲みたる精華を汚涜したるは啻に画家詩人の筆を投ぜしむる而已ならず、聊か我が国固有の敬神の観念を涵養するに顧みて遺憾尠からずとす、而して首里城は已に業に荒廃地に塗みれ、小学校の教室に充てられ酷だしきは大建物を公売に付せむとするに至れり、コノ如きは名所旧蹟の保護法より謂ふも優に区費乃至県費の補助を以て永久に保存せざる可からざるものならんに首里区民は何の意か猶之を区の当事者に委ね、区の当事者は手前

味噌の理由を付して公売せむとするは予輩の痛嘆する所也とす、斯くて今日より十年二十年后に至らば沖縄三十六島を統一したる我が中山王の偉業を何んに憑りて敬慕し、祖先を想ひ、国家に尽すの念を養ふ事を得んや、解せず、コノ点に於て知花区長たるもの須らく猛省して切々偲々を倣さずんばある可からず。

斯くの如く那覇、首里の処々を点検し来れば他に猶ほ琉球民族の矜りとして永存す可き名所旧蹟の存し在るは固より言を俟たず、区内風月楼の所在地の如きも区若しくは県の保護物として十分の価値あると共に将来那覇の青年の倶楽部を兼ねたる那覇公会堂を設置して種々の会場に充つるも亦好箇の場所ならずや、人若し□漫湖の入江に棹させば其処に青螺の浮ぶあるを見ん、コレ県下唯一の奥武山公園の所在地にしてソノ北角の一端に風月楼の崛起するあるを認めむ、昔は風月楼の所在地は御物城《オモノグスク》と称へて支那よりの嘉賓を迎へたるの高尚、瀟洒たる城なりしに、今や星移り、物換りて、一介の料理屋の営業地に堕して白光の電燈の下に黄ろい声と感情を煽動する管絃の音を鬻ぐ淫楽の遊戯場に化し了んぬ、料理屋も文明人士の一の遊楽本能の去勢機関として是認するも、現在の風月楼の位置は将来の那覇の中心として公会堂を設置するに唯一の適所たらずとせんや。

今夫れ風月楼の移転問題たるや、年来識者間の宿題也と聞く、然らば早晩一料理屋たる風月楼は移転されて新に那覇の中央倶楽部の如き公会堂の設置あるは予輩の敢て主唱する所に非らずして依然として那覇区の宿題の一たらずんばあらず、然れども、ソノ早やきと謂ひ、晩きと謂ふも空漠として程度の差の幾許なるやに於て容易に想像し難きも、現に該楼の建物の傾斜せる際に於て当事者たるもの、熟考を要す可きものとす、況んや、風月楼は区より十年契約として月二十四円にて貸与されしに於て十年更らに十年の契約を重ね、永久無限に貸与するに至らば那覇の勝地中の勝地たる旧御物城の風光を徒らに一料理屋に独占せしめ以て矜る可き那覇区の風上《かざかみ》に置くは愚の極也と謂ツ可し、コノ意味よりして予輩は風月楼を移転せしむるの急務なるを認めずんばあらず。

然り而して風月楼を移転して那覇公会堂を設置するものとすれば、其処に種々様々なる娯楽機関を設け以て平生は那覇に於ける大々的倶楽部とするも可、遠来の珍客の驩迎会、或は、二三百以上の人員を収容すべき演説会、講習会等に充つるも更らに可にして、年々歳々南方政策上中央より来航する種々階級のある同胞を容るゝに規模小にして上品ならざる一料理屋たる風月楼の如き手に委ねて猶且甘ぜんとする那覇区の体面奈何、将又、沖縄県の体面を奈何と為すや、思ふに爰に到れば一料理屋を移転せしめて那覇区民の多数の快楽を容るゝの機関を設置するの問題さへも豈難からずとせんや、県下の名所、旧蹟、荏苒《じんぜん》として歳月を閲みするに伴い失ふの今日、漫湖の馬歯山《ばしざん》と倶に夫れ真の風光に欠く可からざる旧御物城より風月楼を移転せしめて奥武山公園を拡張するも亦一挙両得ならずや、嗚呼、漫湖の江心、永しへに眠りて語らざるも、当年、中華国の嘉賓を迎えたるの霊あらば、今日、風月の鄭声を聴きて奈何の感あるや。

（『沖縄毎日新聞』明治四十五年三月十四日）

十九、将に新紀元を画す可き我が県の光栄

本年より愈々我が沖縄県にも代議士選挙法の実施さる可き光栄を負はむとするに至り、端なく驩喜の情の抑え難きものと、顧みて進歩せる我県の昔日を追懐せずんばあらず、嘗て我県は他の各藩と共に廃藩置県てふ国家統一的ダイナマイトの覚醒に拠り、徐ろに文明の曙光に照されし以来、荏苒として僅に三十年の星霜を代謝するの今日、漸やく社会百般の秩序、茲に整頓しつつあるを観る可く、近くは自治制の県民として県政の実、著々と年一年に挙るを見ずや、而して昨年より□□□県会に至りて益々統一し来れるは今猶ほ県民の記憶する所ならん、況んや、来る五月十五日の総選挙には本県よりも愈々最初の新代議士を選出するに於て選出権の有無に拘はらず、我県民として誰れか祝福せざるものあらんや。

今夫れ、県下逐鹿《ちくろく》界の形勢を傍観すれば中原の鹿、誰か□□□るの遽に決定し難きも、先づ、高嶺朝教、岸本賀昌の両氏を候補者に推薦するの声、日一日に高まりつつあるを聞く、高嶺、岸本の両氏は我県の先覚者として両氏とも異りたる位置に立ちて我県人文の開拓に肇めて貢献したるは県民一般の公平なる認識の斉しく厥の功労を多とせずんばある可からずや、予輩のコノ見地に立ちて両氏を観察すればソノ力量の非凡ならざるや、ソノ人物に多少の欠点あるも、之れを多年経験したる実力より県の重大問題を可決すべく信頼するの人物として、敢

へて国会へ参政せしめるも、県の面目を恥づかしめざるのみならず、却つて今日まで謎の如く誤解されたる我が沖縄県を代表して最初の国会に於て『真の沖縄』を自ら発表するに価値ある先覚者として相応の能力者として夫の高嶺、岸本の両氏を本県の代表的人物たらずとせんや、況んや昨今の形成漸やく定まらんとしてコノ両氏を推さんとするを聞くに於て、誰れか我県の選挙界の美徳を頌せざる者ぞ。

サレド、我が先進なる他府県の逐鹿界の風雲や、由来端睨すべからざるものとす、今や、我県の逐鹿界に於ても端睨すべからざるの風雲横はりて閃々□擾々《じょうじょう》容易に物色し難きを観る、而してソノ選挙運動が県会議員選挙運動に似たるは最も遺憾なりとせずや、今回政府の選挙法改正は畢竟小選挙より――中選挙――は大選挙が所在の群小勢力圏を淘汰して以てヨリ以上のソノ選挙区の代表的大人物を選出せしむるの根本的精神なりしならんも、我県の有権者は各自の勢力圏にのみ齷齪して以て県全体の大局を察せざること恰も北海道の熊が鯡を捕獲して之れを蔓《かづら》に串《くしぬき》にしたるもソノ止めるの始末なきに由り遂に巣窟に到着する頃、既にエモノの皆無なりしを悟らざると一般、熊の鈍愚や寧ろ憫笑《びんしょう》すべきも、県下逐鹿界に於て一票一人に与へられたる自由意志の有権者か夫れ〳〵各自の小利害の打算上県認識より見たる容積の小なる人物を推薦せむとするの噂の所々に起れるは最も県全体の使命を負ふ可き適当なる代表的人物を忘却したる不見識の愚を更に嗤笑するに足らずとせんや、サレド斯くの如き愚は今日各所に於て覚醒の一転機を示して漸やく県の大局に目を注ぎつゝあるに至りしとは県民一般の喜ぶべき兆候也とす。

政治家は必らずしもエラキものに非ず、日本現代の政治家中、真に一県一国の機を観て、勢を察し、之れが処決を做して立憲国民の基本たる代議政体より選出されたる代議士の本分を尽したるもの少からざるとせんも豈に得べけんや、而して今や我県も一県一国民の注目さるべき栄誉ある代表的人物を選出せむとするに方り、全県下の有権者は須らく小理小情より超越して深慮せざる可からず、抑も、中原の鹿は果して、高嶺、岸本の両手に落つるの趨勢の歴々と現はれ来るは争ひ難き県下必然の大勢たらずんばあらず、而して、聞く如くんば高嶺、岸本両氏の態度が不偏不党にして所謂党派関係上の小利小害に拘泥せず、コ、ニ夫れ嶄然として悠々たる超然の態度なりと、コノ如き態度は県下一般の信望を容るるの喜ばしき態度にして亦何人か敬服せざる者あらんや。

要するに予輩は我県の逐鹿界に新紀元第一年を画す可きの光栄ある本年五月十五日を予め祝福せむとして虔んで茲に祝杯を挙げむとするに際し、県下賢明なる有権者に慎重なる態度を以て公平なる人物を推薦せん事を祈るもの也。

（『沖縄毎日新聞』明治四十五年四月十七日）

二十、火事場泥棒を県外へ放逐せよ

火事場泥棒の意味たる現代に於て種々の意味に用ふるに至れり、畢竟有りと謂有人事の多端なる渦巻の最中へ何物か副産物を贏得《えいとく》せむとして援助に擬《ぎ》するもの、目を挙げて社会を観察すれば何れの社会にも日比コノ類の横行するを見る、果然、本県下に於て第一回の逐鹿界の曙光の明けてより所々に所謂火事場泥棒の出没して紳士の仮面を被り以て正義を口にし、公平を売り物にして然かも神聖なる沖縄県全体の認識を侮蔑して猶ほ饕餮《ごうてつ》飽くなきの私利私腹の為めに白昼自己の飼主《かひぬし》の推選運動に恬然として跳梁跋扈するあるはソモ〱何たる前兆ぞや。

今夫れ、沖縄新聞主筆勿来《ほつらい》佐々木笑受郎氏の態度の如きは優に火事場泥棒たるの言行を為したるもの、将に絶叫せむとするに非らずや、渠が最初に寄留商人に追随して以て基太村氏を推薦せむとして無定見に没見識に提灯を持ちたりしは今猶ほ世人の記憶する所ならん、当時、実業団体の全認識より果して渠が飼主たる基太村氏を推薦するや否やは非常の審議を行ふべきものにして決して軽薄に基太村氏を推薦すべきものと決定し居らざりしはいろは楼上に於ける基太村氏と魂胆を通じたる一人の演説者と基太村氏の承諾答詞とに依り満場の群集心理を煽《せん》動《どう》、韜晦《とうくわい》したる一笑事を研究して始めて無意味なりしを氷解したるもの也。

其の後、渠は大選挙の声を聞くと共に旧飼主たる基太村氏を捨てざる可からざる勢ひを察して新垣盛善氏の提灯持ちと為りて新飼主の為めに日も夜も猶ほ足らざるとして奔走しつゝあるは平生渠が抱持せる副産物主義より謂へば朝唱暮改の都合主義に豹変するとも他の容喙《（ようかい）》するの必要なきも、渠は苟も一箇の主筆として社会人文を指導すべきものなるに、一の定見なくして見識乃至人格の貧疎、卑低なるは斯くの如き醜態より判断するに苦しからず、況んや、渠は源氏の末裔とて常に武士道の清廉潔白にして忠君愛国主義を標榜するに於て自己の新聞紙の主義も厳乎として清廉潔白にして忠君愛国主義を履行せんとす、ソノ履行して来れる言行の果して渠の標榜せる主義に合致するやは今更ら瞭然たる火を火なりやと問ふと一般、最早や渠が一新聞の主筆として高潔にして実力あるの定見なく、不偏不党にして全県下の大勢を達観する見識なきはソノ言行に徴して豈夫れ然らざるを得んや。

料理屋へ行くも可也、遊郭に行くも可也而して或る程度まで酒色に彷徨するは人格を毀損せざる限りに於て社会研究として新聞記者たるもの丶一種の方便たらずんばあらず、コノ意味に於て渠れ即ち勿来佐々木笑受郎氏の遊里並に料理屋の活動は大に諒とすべきも、屡々、知友間に於て予期せざる勘定書をアテらる丶は卑劣なる手段の一として悪評あるにあらずや、然かも、今回小選挙より基太村氏をハヅして大選挙に至り神村吉郎氏の全く無能なるをミキリて新垣盛善氏と臭味を一にして以て主筆たる新聞紙を私利私欲の機関として今猶ほ飼主の機嫌を上手に取ること、沖縄紙の日々の記事にて明ならずや、而して悪を好む事、酒色の如き沖縄紙は依然として種々の捏造説を吹聴して以て有権者の自由意志を浸害しつ丶あるは殆ど沖縄新聞主筆佐々木笑受郎氏の全性格を発揮せるものと謂ふ可く、コノ如き火事場泥棒の主筆ありて始めて沖縄紙の特色を現はしたるものと謂つ可し、沖縄紙は今や中央政党の公認並に全県下の最大多数の推薦に決定せる岸本賀昌、高嶺朝教両氏を中傷して歇《や》まざる無きの乱暴を示するに至れり、コノ新聞紙たるや、一箇人の勢利の為めの機関としてはイザ知らず、全県下一般の輿論の為めとしての機関としては刻下多端の折柄、亦一の問題たらずとせんや。

沖縄紙がスデにソノ存否の問題なりとせば、ソノ主筆たる佐々木笑受郎氏の存否の問題の次に起らざる可からざるを当然なりとす、而してコノ如き人物を本県下に存在せしめて果して幾何の利害あるや、寧ろ裨益《ひえき》するある無く、害毒を及ぼすこと今日の言行なる由りすれば、須らく、渠を葬りて県外へ放逐するの得策たらずんばある可からず、嗚呼、渠は言行一致せずして今日の如く堕落せり、吾人は涙を揮って、渠を県外へ放逐せよ、と叫ばずんば有る可からざる也。

（『沖縄毎日新聞』明治四十五年五月十七日）

二十一、医薬両界に於ける分業の新要求

人智の拡大するに従ひ、種々の事業の各自単純より複雑へ進化する深化の状態に於て□寘に其の事業の発達を為すもの、分業の力を措いて何者をか覓《もと》めんや、吾人は幸にコノ活きたる理法を最近に至り、日本の刀圭界《とうけいかい》に学びたるものあるを感孚《かんぷ》せずんばあらず、コ、に夫れ生物進化の原則は現代の学術界の総べての原理と握手して渾然『物の発達てふ唯一の真理』を結論するに至りしは亦慶賀すべきものならずや。

昨年の旧臘《きゅうろう》中に、日本の刀圭界は未曾有の新現象を呈したりき、コレ乃ち久しき陋習に囚はれたる医師薬剤師両方の分業主張なりし、彼の物故された刀圭界の偉人長谷川泰氏の如きは猛烈なる非医薬分業の主唱者にして薬学の専門智識を有する薬剤師を目するに唐風《カラフウ》の薬盛《くすりもり》を以てし、薬盛□日本に正則に教育実施に与りて力ありしは長谷川氏自らならずやと高く標榜する底の論難攻撃したる処、吾人第三者の門外漢より忌憚なく言はしむれば一途に思ひ込んだる恐《こ》はい叔父さん也と感じたりき、而して日本の刀圭界に於ては長谷川氏の如きは有数の功労者として今猶ほ刀圭家の崇拝の情と、報恩の念に切なるもの有りと聞く、而して此の人にして当年の薬盛を以て今日の堂々たる薬剤師を律せんとしたるは、ソノ人格に於て死馬に鞭打つの酷なるも、ソノ論旨に於て未だ徹底せざりしを惟はずんばあらず。

然れども、当時、長谷川氏の論旨と云ふよりも、氏の深遠なる見識より推察せば、現今、薬剤師の位置、未だ一般の社会に存在の認めざるを識認されて以て医師と両立、分業するの非なるに職由したるものならん、然るものとすれば、氏其の他の歴々たる大家の分業問題の非なるを主張したるは、結局、クスリモリなるものが組織、体系の薬学を専修せる薬剤師に進化せるもの位ひにて新しき発達の価値を未だ十分に認定せざるより起由せずんばあらず、兎に角、医薬分業の実現は日本の今日に於ては実施されざるものと見て至当なるものとす。

然かるに、近代は日本の薬学界に向ふて当局の注目する、年一年に厳重の取締りの高圧し来れるは、之れを種々の方面より来由する誘因乃至原因の尠からざるの存

し在るも、単り国家刑法上の犯罪者の自他殺害の行為より、ソノ一年間の統計より観察せば劇薬を使用するもの鮮少ならざるを観る、殊に近来、悪辣なる木精《メチール》アルコールに対し、内務省令第八号に依り其の試験法を規定されて、更らに厳格の取締を他の一切の薬品に拡張するに至れり、コノ如き獰猛なる悪傾向の比々皆然らざるの勢ひを示し来れるは、之れを社会政策上より観察せしめば、果然、薬学界の責任問題に討究せざる可からざるの当然なるに至る、随つて、薬剤師及売薬業者の責任を問はざるべからざる事に及び、薬学界一般の薬品を従来より厳格に取締ると同時に売薬商を警戒し、併せて売薬商の商品に対する初等の専門的智識の普及を実施されしは夙に専門家の熟知する所也。

　斯くの如く主務省より薬学界に対する方針の昔日と一変し来たりて、適々、主務省の直轄たる衛生試験所の手を経由したる薬品さへ薬剤師に一々試験、分析せしめて検印を押捺せざれば、医師或は普通人へ売薬する事を許可せずと法律を以て規定せるは、苟も主務省たるものが人名の死活を左右する薬品に対して自己の職責を重じ、小心翼々星霜を踏みて堅氷に至る底の用意周到なるは虔ん□敬意を表するに値ひすと雖も、自己の直轄せる薬局の試験員の検印を開封せしめて再び薬剤師の手を籍らざれば十分若しくは十二分に安心の出来ざるとに、殆んど直轄当事者の技術を軽視し、薬剤師の時間的経済を徒費せしむるは恐らくは、当局の自縄自縛より、責任を二重に転嫁せしめたるの感なくんばあらず、而して這般の事情は遂に薬学会の自覚を鬱起せしめて以て当年クスリモリと軽侮されたる薬剤師をして憤然、決然として薬学分業の新要求を叫ばしむるの新機運□際会せるは亦以て日本に於ける薬学界の一進歩と認めずんばあらず、爰にソレ遠く生物進化の原則に淵源せる学術進化に由り発達せむとするの兆候を発見せずんばあらず。

　さるにても、医薬分業の実施は現に欧米諸国の都市に於て実行され、亦支那に於ても昔しより漢法医の処方箋に依り所謂百味箪笥より売薬さる、如きは固より識者の熟知する所にして、然かも今日、日本の刀圭界に於て漸やく医薬分業論の火の手を見るは較や喜ぶべきも、他の学術より進歩の遅きは大に悲しむべく、徒らに舶来の技術のみに腐心せる刀圭家の多数を占めたる現代日本の刀圭界に於てコソ分業論は新しき要求なれ、之れを列強の先進国より遠望せば奈何の感慨をか抱かんや、吾人も亦我が日本の医薬界の為めに多少の感慨なくんばあらざる也。

（『沖縄毎日新聞』明治四十五年六月十九日）

二十二、智力の分化より自覚へ

分化の作用は宇宙間の有機体を進化せしめ、発達せしむるの至上作用也とす、而して自覚とは意識の最も発達したる認識を有する人類界に於て肇めて認知するを得べく、然かも、存在の真価値を認識せる「吾れ」てふ本体の唯一可能力にして、コノ可能力にして若し完全に発達せざる間は未だ智力上より意識せる「吾れ」てふ自覚の絶頂に識到せずして、普通人の半ば覚めたる記憶上の「吾れ」と肉体との「吾れ」との二大意識作用に職由せる所謂「自覚」なるものに過ぎず、超然として人生より宇宙へ徹底する渾一観念の存したる「吾れ」てふ全体の自識力の活動する無くんば、猶ほソレ其の真の自覚と認めんと欲するも、得べからざるの遠きを考へざる可からず。

然らば分化作用を人智の進化上、発達上より観るも、依然として智力進化の諸作用中に至るなるものと認めずんばあらず、智力の発達中、分化更らに分化を起し、変化は他に変化の容積へ拡大し、複雑の分化作用の行はるゝに従ひ、智力次第に進化し、発達して遂に如上の三方面よりの「吾れ」を意識して全き「人」たるの真意義を自覚するに到る、自覚てふ真の全き内容はコゝに至りて真価値の認めずんばあらず、斯くて人智の進化への分化作用は自覚に徹底して乃ち歇《や》むものとす。

然れども、単純なる分化作用は自覚の識域上に達せざるは固よりの必然性にして、複雑なる作用を倣すには何人も断えず、読書と観察とを力めざる可からず、読書の豊富なるも、観察の貧疎なると、幾何かの観察力あるも、常に読書の修養するもの微きものと、両つながら孰れも完全を欠き、畢竟、単純なる分化作用の退化に堕す、読書と観察とは相伴ふて智力の分化作用を助けて以て複雑に拡大するを要せずんばあらず。

今夫れ、国民性に依り、時代精神に由り、而して箇人性に拠りて、種々別様の独特の自覚を発揮しつゝ、あるは之れを各国に於ける推移する時代に生活せる箇人性より民族性へ研究、考察すればソノ分化作用の進化状態と其の由りて来たる自覚の種々異りたる態度の存し在るやは直前、常識の判断を下して明なりとす、然らば、我が国民の自覚状態の那辺《なへん》に存し在るやは爰《ここ》に言論の煩雑と迂遠を避けて、唯夫れ、我国建国以来、世界無比の独特なる皇室本位主義の忠孝至上主義は漸やく明治維新に入り、内容の正確に認めらるゝものありて、漸次、最近に至り、国民の世界的自覚に進みて其処にソレ旧道徳亡びて将に新道徳の建設の時代に逢着せむとするは箇々人の心理状態より国民全体の群衆心理へ仔細に稽査《けいさ》すれば、念ひ央ば、に過ぎるものあらん、之れを現代の先覚者の心持ちより聡明なる文芸者の気分とを観れば最も能くソノ内部生活の絶頂に炎々たる反抗の焔の燃えたるを惟はずんばあらず。

　結局、現代は実力の世の中也、反抗の時代也、封建時代の遺物たる階級制度を破壊して実力を以て箇々人の「人格」を建設せむとしつゝあるは啻に我が日本のみならず、世界各国の民族心理の状態を観察すれば、自ら現代の世界的自覚時代に進みたるを識認せずんばあらず、同盟罷業、婦人参政権の主張、帝王の領国への示威運動の出御等は正しく世界各国を通じて種々の社会に出現せる新現象たらずとせんや、コノ新現象の根本的な心は世界各民族の自覚せる反抗力にして、コノ反抗力の遂に或る機会毎に政治や経済やの各方面へ□□と活動を始めらるゝ状態也とす。

　斯くの如く進みたるは、世界文明の潮流久しく東西両半球へ交謝するの間に人智の次第に拡大し、種々、複雑なる智力の分化作用起りて、真全なる「自覚」の最上限度に識到したるものと謂ツ可し、而して我が日本に於ても、智力の分化作用に依り従来単純に遵奉したる国家の旧道徳は自覚せる新道徳に入り、必然の理を考へて、自然に従はさる可からさるの新しき道へ進行せるは主として智力の分化より自覚へ進化せるに原動せずんばあらず、翻つて、本県下に於ても、過般、最初の代議士選出の新経験を加へたりしは、県下の全智力に一大分化作用を起したるものと謂ふ可く、従つてコノ智力の分化より県全体の自覚へ逢着せる機運を齎し来れるは五十万同胞の倖しく慶賀せずして可ならんや、然れども、各自の修養に読書と観察とを常に自己の業務に従事しながら偲々力行せざるの日は未だ十二分に徹底せざるの自覚の中途に於て退化するの悲しみ無からずとも限らず、故に各自の智力の分化作用を複雑更らに複雑ならん事を力めば翕《きゅう》然《ぜん》、五十万同胞の智力の分化作用の綜合して、コヽに夫れソノ「真全の自覚せる県民」たるに発達するを得べし、是に至れば吾人は智力の分化より自覚へ進化するの前途の猶ほ遼遠たるを察せずんばあらず。

（『沖縄毎日新聞』明治四十五年五月二十八日）

二十三、謹んで書を森山校長に呈す

森山校長足下、足下が曩に山梨県より本県師範学校長に転任せられし以来、茲に荏苒《じんぜん》として殆んど二星霜《せいそう》を代謝するの今日、迂生不幸にして未だ一面識も無く、常に謦咳の栄に接するの念、切なるものあるも、□に面晤《めんご》の機を逸して今日に至れるは迂生の遺憾に堪えざる所に御座候、然かるに幸にして不肖ながら新聞記者なるより種々の方面より足下の崇高なる人格と部下職員の統御の権能あるゝを承はり、迂生と雖も県下教育界の為めに必窃に喜び□候、而して其間に、足下の敏腕に依りて、西村前校長の徳化に事由せる良校風致更らに光彩を発揮すべきもの有之候はんと期待致し候処、次第に、足下に至嘱せる希望は幾多の事由に拠りて薄らぎ、最近に至り、本県師範学校の創立以来、未曾有のストライキを惹起せしめ、県下教育界に時ならぬ低気圧を生ぜしめ、随つて、社会人心を震盪《しんとう》せしめ、以て識者に憂惧せしむるに至りしは、黎明《れいめい》刻々、足下の奥手の明るく相成候て、遂に足下の本県へ赴任以来、今日に至る迄、何等事績の挙らざるに、職員の交代するの頻繁なるや、一種の奇蹟に候はずや。

森山校長足下、於是、迂生の最初、足下の如何なる人物なるかを聞きし際、迂生の知己なる人は、『アノ校長は、別に月旦する程の人物ぢや無いが、随分、山梨では職員の首を切る丈は独特の伎倆を持つてゐたといふ評判よ』と迂生に語りし言を今日に於て顧みるに、全く的中せるは、事実に於て足下の奇怪なる御伎倆を拝見致し甚だ恐縮に被存候、前任校長西村光弥氏時代の職員は全体統一の下に和気藹々と調和し、職員と生徒との交情は他校の生徒をして欽慕《きんぼ》に堪えざらしめ、校風、茲に他校の模範たる良風を挙げ、校長の徳化、茲に全校の生徒をして仰がしめ、職員一同互に校長の人格に依り、権衡《けんこう》の努力を保ちて、相衝突し、相反目するの弊風《へいふう》の一掃し去りたるも、急遽として今日に至り、人格と学識との相応に兼備せる良教諭、各自手加減の理由の下に続々、相踵《あいつ》ぎて退職せるもの、此処、二年間の短日月に、十八諸氏に及べり、嗟、徒らに職員を交代せしめて、以て教授の成績を良好にならしめんとするは、足下独特の斬首主義に候はずや、足下が山梨に於て有名なる三十五人斬りの高名を博したるの術を以て、風俗、習慣を異にせる本県に於て直前、コノ術を以て斬首主義を実行するに至りしは聊か毛を吹いて疵を求むるの威無くんば無之候、果然、未曾有のストライキは鬱《うっこ》乎として勃起せしめたるの証左に有之候はずや。

森山校長足下、足下が試みに生徒の身になられて御思考一番に願上度きは、西村校長の人格と技倆とに由り多年陶冶されたる信望ありし諸先生が決然と相踵ぎ、相去るに至り、哀別の情は忽ち憤怒の念に変するは人間心理の状態乎と被存候、さらぬだに、平生、本多講師の猜疑心と、聾者に擬して、質問を嫌ひ、然かも、一字一句の字義の説明に拘々《こうこう》として全体の要義を解せざる無能者にして、且又曩日《のうじつ》、本紙に報道したる一生徒の『恋の罠』の主謀者なりし如きと、或は生徒自ら独習するを冷笑する如き、或は曾つて、旅行生をして旧恩ある前校長西村光弥氏に親しく面会せしめるの当時の好機会と若干の時間を余裕あらしめばあるに拘はらず、卑劣にも、汽車の室内に避けて、之れを拒絶せし如き、更らに、生徒の人格を恰も犬馬の如く視る底の態度あるを以て、一番此のバチルスより県下の為めに征伐せんものと、群衆の憤怒はコヽに弾劾運動の意志の作用に到来せるものと相認め候はゞ足下なりとも、戦慄せらる可く候、足下が常に口癖に「新任教師に向ふて、琉球人は矢張り駄目だから、手厳しく、教授して貰ひたい」と云為せる三百の琉球ツ子はコヽに夫れ奮起せしを、御覧の通り、余り馬鹿には出来兼ね間敷候はずや。

森山校長足下□本県は古来、歴史を異にし、民族性を異にし、風俗、習慣、生活状態に至るまで、他府県と、峻別せざる可からざるの特殊の事情有之候に就き、乍憚、本県人を一の教育家に養成する中等教員が無暗にホヤ〳〵と来県しても、二三年乃至四五年間に於て、霊肉共に琉球人となりとて、智識の伝授を第二義にして、其れソノ精神的教育を倣して、未来の教育者を陶冶するに至らずんば、結局、形骸の教育に成り了んぬとは誰人も口にするも、之れが、実行に至難なる事は県下教育界の為めに痛嘆に不堪候、然らば、足下も県下へ赴任以来、僅々二ケ年間の如きは日猶ほ浅きものと謂はざる可からず、然かも、多年間本県の風俗、慣習を経験し、殆んど、純乎として大醇ならざるも、凡そ県下のローカル、カラーに体得せる有力の人を靡然《びぜん》として斬り放す如きは、余り足下の慣用主義を濫用したるものと申し候も敢て過言にあらざる可く候、畢竟、本県の教育者は何人を問はず、全然琉球人と為らざれば真の教育の実を挙げるは到底不可能事にして、今日足下の態度の如きにてはドヤラ百年清河を須つの感なくばあらずと愚考仕候。

時下、新緑の香、天地に薫ずる砌《みぎり》、龍潭池畔の頭《ほとり》、師範学校の創立以来未曾有の椿事を曝発せしめたる今日、足下、若し過去二年間を顧み給へば、果して奈何の感慨を浮べ給はん、迂生不肖ながら如件書を呈し敢へて足下の尊厳を犯したるは、三百の健児を殺すか、一教師を活かすやの活殺自在の手は実に足下に有之候へば聊か昨今の形勢漸やく、定まりたるに安堵し、師範学校を中心として、沖縄及び沖縄人の過去及び現在の輪廓を差上げ以て此節の案件に一ヒントをサジヱストしたき老婆心より出でたる次第に候、足下、幸に諒察し給はゞ幸甚而已。

（『沖縄毎日新聞』明治四十五年六月二十日）

二十四、個人我と群衆我

個人我は自意識を有する感情乃至思想を意味し、群衆我は個人我を無意識にせしめ□群衆の感情乃至思想に統一されたる一種不可思議なる力を指す、而して箇々人の感情乃至思想が、唯一人の存在を意識して他の威力と圧迫との皆無の□は、ソノ心意状態は全く自己中心の心理作用を惹起しあるも、時に他人の接するあらば、ソノ人の如何に依り快不快の感情起り、偶々自己の思想に何等かの波動あ□□、群衆心理の萌芽にして、コノ理を較□□歩進めて謂へば、カノ一犬虚勢吠ゆれば萬犬実を伝ふる如き雷同付和の群集的暴動も、盖し、群衆心理の第一歩たるを免かれず、サレド、雷同付和の如き暴挙、浅薄の運動はソノ箇々人の感情乃至思想に強硬なる意志ありて、利害得失に対する打算的結果に出ずるあるも、真の群集心理の作用は箇々人の自意識を没却せしむるにありて、譬へ、最初十分の自意識あるも、漸次、朦朧になり、知らず、識らずの間に、識域下に没入し、遂に群衆意志の下に自由に統一さるゝに至る、コレ群衆心理の法則たらずんばあらず。

カクの如く、群集心理の法則に由り、社会に種々なる現象起る、則ち所謂ストライキの如きものコレ也、世上に往々惹起するストライキに善悪、是非の存し在るも、畢竟、社会政策より観察して、判断したるものに過ぎず、箇々人の心意状態の径路を叙述して、僅かにソノ一定不変の普遍的法則を根本義とせる心理学に於て今猶ほ群集心理の不可抗力の作用の由りて来たる哲学的深奥なる原理の明瞭ならざるに於て、焉んぞ区々の現象に拘泥して、善悪を是非し、以て群集心理の妙諦《みょうてい》を軽視するものぞ、吾人は寧ろ社会政策の憂惧せる同盟罷工や、火事場騒動の如き群集心理の作用に依る種々の事象を観てソノ悲絶、壮絶なるを称せんよりは、カノ其の華々しき劇烈、悲惨を極めたる革命に於て群集心理の極端なる作用の発揮せるものあるを最も考へ、最も悲壮なるものの他にあらざるを信ず、コゝに個人我を吸収せる群衆我の強大を極めたる意思の活劇を想へば群集心理の深奥の未だサイエンスの灯火に拠り、明ならざるものあるを察せずんばある可からず。

カノ古羅馬の名将アントニイが、羅馬政庁に於て大シーザーのブルータアスに惨殺されし時に、群衆に対する巧妙の演説は、遂に群衆の心機を一転せしめて、共和政治を愛する代表者ブルータアスに対して讃美の意を翻へしめ、城に火を放たしめてブルータアスを殺害せしめたるに至りしが如きは、古今を通じて、東西の青史に斯くの如き善美を尽したる、四辺包囲の大敗の意志を、恰も奔流を逆流せしむる底の群集心理の作用を試みたるもの、他に一二の存し在るも、アントニイは実に古今、東西に於ける最初の試験者也と推奨せずんばあるべからず、而して近くは支那革命の如き、満朝の腐敗、沈滞に依り、時代精神の刺戟に乗じて、遂に興漢排満の革命運動の機運に際会したる如きは、固より他に種々の所因の鮮少ならざるあるは、結局、二百有余年間の満朝の政治に不平、不満の鬱積せる箇々人の感情乃至思想は遂に一の焦点に曝発して、此処に革命の猛火を起るに至りしは、群衆我の統一さるゝ迄に機の熟したるに職由せずんばあらず。

然らば、箇々の個人我の群衆我に統一さるゝ焦点に到著するには、ソノ性質に依り充実なる時間の緊張するに有らずんば、到底一朝一夕の突破的、煽動的暴動にては真の意義ある群衆我の意志を遂行せらるものとは謂ふ可からず、最近に至り、県下、師範学校に惹起せしストライキの如きも、其の内容の根本的焦点を考察すれば、今猶ほ他府県人の久しき因習に囚はれたる先入観念なる琉球人圧迫の衝突したるに原動せずんばあらず、新知識を切り売りにするを唯一の能事とせる非教育家！　情実を唯一の武器とせる無能教育者!!　に対してコヽに意義あるストライキを炸裂せしめたるものは、県教育史に一大汚点を染めたるも、種々の圧迫を八年間、二三の事情に依り屈従し、忍び来りたる三百の箇々人の感情と思想とは、遂に夫れ其の群衆我の統一さる可き機運に逢著して、一波萬波、本多てふ一標的に衝突して、渦巻く波動はコヽに校風の総てを改善せんするの勢力を団結するに至りしは豈に尋常一様の発作的弥次馬の煽動的暴動なりとせんや、今回、師範校に起りたる未曾有のストライキは単に、本多講師弾劾運動、校長不信任問題を惹起せしめたるのみならず、弱者を徒らに高圧したる極、個人我の敗北を見ると共に此処に偉大なる群衆我の強烈なる意思の発揮せる火と血との捲土重来したるに悩殺されずんばあらず、於是乎、意義ある群衆我の前には地上の一切の権威を払燼《ふつじん》するの力あるを見る、嗚呼、吾人はコヽに群衆我の偉大ある力に恐怖するもの也。

（『沖縄毎日新聞』明治四十五年六月二十四日）

（承前）

予輩は昨日の本稿に於て、箇々人の自我を個人我と称し、従来心理学上に使用せる群集心理の作用を集合的自我として群集我と称して以て個人我と群衆我の関係を説明し、ソノ真の群衆我の意志の如何に偉大なるかを、二三の例証を示して言論せしも、未だ疎らなる線と薄き色彩とを以て、恰も雲烟模糊《うんえんもこ》たる輪郭を書きたるの感なくんばあらず、□に予輩は更らにカノ輪郭に線と色を染め加へ来り、群集心理の作用を此処に個人我に対して群衆我に新しき意義ある所以を愈々敷衍せずんば歇まざる者有り。

人あり、室内に端座して他に人なき際、一箇の自我は奔放自在、或は被害縮小妄想となる人もあれば、誇大妄想となる人ありて、様々なる感情と思想とは箇々人の性格に縁るも、畢竟、外界の刺戟なければ、一自我の感情乃至思想は、自己を中心として世界存するが如き気分に耽溺するは、乃ち小我の雰囲気に包まれたれ□也、されど一度び室内に思ひがけなき懸人来たるものとすれば、カノ独座の人は忽ち微笑を洩し、快晴時に花開かんとし、今迄小なる主観に立籠りたる人も、遽かに二人の世界となりて、自我の強度漸やく下り、感情と思想とは次第に対者の感情と思想とに調和せんとする両者の心理状態は群集心理の作用を始め来る、予輩の所謂群衆我の萌芽時代に入りたるものとす、然かるにカノ室内に平生アマリ好まぬ人来たらんか、独座せる個人我は忽ち圧迫若しくは反感を起し、不快の火焔は感情を煽動し、思想を震盪して意志へ何等乎の善後策を促進するに至る、此時は両者共に群衆我の初歩たる雷同付和の雰囲気中にありて、相触れ、相衝く如き暗闇を欲せざらんとするも、既に勢力権衡の個人我は各自の力にては奈何ともし難き力の生じたるを如何にするや。

　次に吾人が地方へ旅行せむとして乗合馬車等に搭じて、室内に入らば、直ちに人間無くて七癖てふソノ一の癖とも見らる可き何等かの奇現象を呈す、或は襟を正うし、或は髪の毛を直うし、ソノ態度に於て何等かの変化を起すは、多くの人の常に注目する所ならん、斯くの如き現象は予輩の謂ふ所の群衆我の圧迫に依り、種々なる心理状態を外形に現はしたるものと謂ふ可く、各自の感情乃至思想が群衆我の圧迫に依り、各自の異りたる外部的変□の屡々繰り返へされて、コヽに習慣となり□所謂癖といふものになるもの也、コノ意味より出発して、人類生活の深遠なる意味を想像し、人間の必要状態の表現せる生活状態の習慣性を種々の社会的現象の中心軸に結び付け、更らに之れを無数の生活状態を支配せる群集我に連絡すれば、コヽに終に絶対世界我に想像し来り、一国の生活状態の生命たる群衆我より世界に頭を為せる六十四有余国の群衆我若しくは国体我へ想到せば、人類の生活状態を組織せる箇々の個人我より群衆我の偉大なる力に拠りて、世界我に統一されて、コヽに其れソノ宇宙の意志を遂行せしめ、神の賜はりたる「人」たるの使命を完ふせしむるやは、正に人生観、世界観、宇宙観に入るべく、コヽには端ど群衆我の如何なる力あるかを昨日より本日に至り、微かに暗示したるに過ぎず。

　今夫れ、予輩の群衆我を整々に立説して旧来の社会学に突入せしめて、現代日本の社会組織の中心たる群衆我の薄弱なるより、立論して、日本現代を批評せしめば、紛々として七花八裂に言論せんも、既に遠藤博士により、日本を一の有機体と做し、一の意志あるものとして「日本我」の出でしものなれば、予輩は姑らく「日本我」の如何なる正体なるかを見届けて、然かる後に予輩は予輩の「群衆我」より観察せんとす、然らば、此処には単に「箇人我と群衆我」との輪郭を明刻に示したるのみ、他日機を視て之れを言論せずんばある可からざる也。（完）

（『沖縄毎日新聞』明治四五年六月二十五日）

二十五、財政上に現はれたる現内閣

現内閣は何を為しつゝあるや、之を遥し望観すると雖も、西園寺首相の一昨年内閣更迭の際、官僚派と情意投合を做せる政友会の大政党に向かって前後二回の大演説を吐露したるのみ、何等実際的の手腕を揮ひたる事績なきは天下の認むる所なり、惟国民に公約せる整理主義は今日に至るも殆ど有名無実の観を為せるは何の兆ぞ、近く日露協約成立の□聞あるも、縦へ実現するも、西園寺首相の手腕にあらず、将又、公桂、男後藤の中途半端の洋行土産とも考へられず、亦公と男の従来露国に関係せる有らゆる事情を綜合するも斯く考へられざるの至当にして、若し日露協約の成立せば寧ろ時運の然らしむる所たらずんばあらず、嗚呼、現内閣は何を為しつゝあるや???

今日不幸にして諒闇に際し、上下君臣の哀悼悲痛の中にあると雖も、政機の一日も苟且に付すべからざるは民心を統一し難たければなり、而して現内閣は猶且つ依然として無為に為す所を知らず韜晦裏に日を送れるは首相の優柔不断にして閣員の無能たるを疑はずんばあらず、昨今、聞く処に拠れば男後藤公桂新侍従長の寵を恃みて小刀細工の早業を振舞はんとしつゝありと、是れ平□に波瀾を起す如きものにして何等内閣の革新に影響するもの無からん、畢竟前内閣の主義を踏襲せる現内閣の根本主義を破壊して新しき主義を建設せざれば国民の満足せざる新機運の到来せるにあらずや。現内閣が財政の困難より諸般に大なる影響を及ぼし以て行制税制の整理さへ行悩みて海軍拡張と朝鮮二箇師団増設の間に板挟みと為りて貧民の哀求せる米価暴騰問題を可決し能はざるは殆ど無能と評せざるべからず、而して英米より日本を負担の重き国民と称せられたるは政府の年収入の四億八千五百二十六万円□実に国民に賦課されたる各種租税収入は無慮三億二千四百九万円なりと注せらる、然らば残収入は僅に一億六千百十七万円なりとすれば以て国民の負担の過大なるやを察せずんばあらず。

今試みに政府の四十四年度各種歳入比較を示さば各種租税収入を除けば「各種官業益金収入」六千二百二万円之に次ぎ順次「郵便電信電話収入」四千八百五十八万円「印紙収入」二千五百二万円「森林収入」千五十四万円「免許料罰金科料雑収入」七百十万円「配当金」二千三百六十七万円「公有物貸下料払下料」二百六十九万円「囚徒工銭及作業収入」百二十七万円「献納金」二十八万円等にして斯くの如き国庫歳入の存し在ると同時に之と同等若くは以上の歳出あるを念はざる可からず、而して日露大戦役の前後の衝に当りたる前桂内閣は戦捷国の名誉に酔ふて大に軍国主義を拡張して遂に財政の窘窮を極め、無い袖は振られぬ侭に、貧乏世帯を現西園寺内閣に開渡したる次第なれば猶ほ依然として財政の貧弱なるは当然の事にして寧ろ同情せずんばあらざるものあり。

然れども、不明無能なる現内閣は僅々五六千万円の節減主義を行ふて以て帝国主義を相変はらず進行せしめむとするは心事の那辺《なへん》に在るかを斗《はか》り難しとす、さらぬだに軍国主義の積弊《せきへい》の痛苦に疲労せる六千万の国民は国家経済の収支の相償はざるを憂懼《ゆうく》せる折柄、猶ほ帝国主義を踏襲せんとするの傾向あるより察せば、内閣自ら破産せんとするの運命の迫りたるを恐察せずんばあらず、而して国家歳出入の相償はざるに至りしは重に政府者の明治以来の帝国主義の余弊に帰せざるべからず、内閣亡ぶも国家は亡ぶ可からず、国家と国民とは両面の一性格を有するものなれば、一政府の破産は忍び得んも、固より政府の破産したる結果の国民に至密なる影響あるは忍ぶべからず、即ち政府の破産は国民の破産に至大なる影響を及ぼすものにして国家破産の容易に出来せざるも、現政府の再び前轍を履みて、多少の彌縫を為して復た無い袖は振られぬものと好い加減に次回の内閣に更迭せば、勢ひ積弊を増進せしむるに過ぎざるのみ、於是、財政より観たる現内閣の運命を恐るる所以のものは軈て国家の将来を杞憂する老婆心より惹起せしむるの動機たらずんばあるべからざるなり。

（『沖縄毎日新聞』大正元年九月五日）

二十六、女教員有夫問題に就て

女教員有夫問題と云へば少しく奇矯に聞ゆるも実は教育家の常に口にする処なり、斯の問題に二説あり、一は夫のある女教員は身持ち確実にして時々教育界の醜聞の出づるを未然に防ぐ予防策なりと云ひ、他の一は女教員に夫のあるものは兎角子を産むものなれば学校に出勤しても殆んど子守りに気を腐らして教授のおのづから実《み》の入らぬ弊害を説くものあり、孰れも利害得喪ありて容易に可決し難きも、之を縦へ数字に示さずとも一般の趨勢より観察せば夫なき女教員の教授に於て顕著なる好成績あるを認めずんばあらず。

されど、女性の独身主義は或る期間までは他人の同情を牽くも、若し其の期間内に於て重に経済問題を中心とせる生活状態に変調あるに至りては、何等かの理由を以て男子と結婚するは世人の熟知する処なり、故に女性の独身主義は生理上若しくは或る特殊の感情の下に結婚を深刻に拒絶する無くんば一生を独身に暮らすは不可能の事たらずんばあらず、然らば斯の論拠よりすれば女教員も早晩有夫せざる可からず、抑も婦女子には二大天職あり、一は子を産みて賢母たらざる可からざると、他の一は百年の苦楽を共にする夫に対して良妻たらざる可からざるの天職なりとす、而して斯の二大天職は「性」に由り、「時代」に依り孰れか価値の輸贏《ゆえい》あるも、両性間の生殖の目的を根本とせる人生観と、生殖を重んぜずして「自己の発展」を目的とせる人生観とに岐れて爰□渾一せる哲学上より観察せざれば到底男女別々にせる人生目的論や、両性の差別を擯斥して「人」としての人間論の如きは至難の業なりとす、されば、予輩は通俗の経験論より男女両性の目的を察し、「人」たるの帰著点を想像せば、男女両性の生殖作用の快楽を手段として遂に人生に立ちたる女と男との目的を考出し、組織するに至りしは、手段の真意義を解せずして漸やく手段の永き反覆に依り目的の何者なるかを考察したるに過ぎず、畢竟、男女間の斯の手段を排せば、目的の何れにありしやを疑はざるべからず、故に本題に於ては「人」としての意味にあらずして男性と女性との天職を関係せしめて以て之を合したる一の人生の目的の帰趣を仮定せざるべからず。然らざれば、女性的女性の天職を自ら破壊するものなればなり。

斯くの如き論旨より「健全なる女教員」に敢へて結婚を非定するは女性の天職を妨害するに於て罪悪なりと雖も、於是、職務と天職との分岐論に逢著せざるべからず、従来、有夫女教員の成績が無夫女教員に劣る所ありとせば、劣る所の那辺より職由し来るかを稽査せば、唯だ単純なる原因なるを発見せずんばあらず、或は哺乳児を学校に抱き来たりて授業を妨害し、或は哺乳児の為めに身心の疲労困憊を惹起して以て教案に悪影響を及ぼすなどは少しく反省して努力せば決して怠慢無能に陥らざるべし、斯くの如くせば決して怠慢無能に陥らざるべし、斯くの如くせば有夫女教員は既に性欲問題の弊害を醸すの憂ひ無くして婦女子としての天職を完ふすると共に教育家としての天職をも完ふすべしと謂ふべし。

今それ、女教員たらんが為めに独身主義を行ひ、若しくは在職中有夫せざるあるに至りては、職務に名誉を博するも、婚期を逸して婦道の使命を忘却する如きは「女」としては確かに不成功なりと謂はざるべからず、而して斯の如き思想が、漸次、本県にも流行するの傾向あるは果して喜ぶべき現象なるや否やは遽に判断し難きも、教育の事業に何程女教員の効力あるや、「女」の生殖力を無視してまでも之を償ふべき能力あるや、此等を深く考へざるべからず、如何に現代の婦人は自己の権能を主張するも、事実は渠等の失敗を語りつ、あるにあらずや、婦人参政権、独身主義、女教員無夫主義等を標榜して以て其の態度に於て、其の活動に於て旭日黎明の曙光あるも、未だその沖天の勢ひを示さざる間は天下は依然として男のものにして、女は昔より「女は女なり」てふ定評を免れざらんと欲するも豈に得べけんや。

「女」を教育界に要求し、女教員の有夫の弊害を認めるとするも、「女」の「女」たる真価に較べて何程の価値あるかを考へざるべからず、寧ろ小なる価ひを認めて大なる価ひに払ふべきを理の当然なりとす、女教員有夫問題も「女」の第一義を有せざる不健全なる婦女子に関しては問題になるものなれど、強いて良妻賢婦の婦道に悖りたる女教員無夫主義を唱ふるものあらば、真に「女」を呪ひ、国を亡ぼすものなりと謂はざるべからず、予輩は適々本県の教育家にして女教員無夫主義を吹聴するものあるを風聞し、勢ひ女教員採用に就きて種々の弊害の生ずるを憂慮し且又学問ある婦女子をして処世の道に惑はしむるを念ひ、聊《いささ》か識者の顧慮を煩はさんと欲するもの也。

（『沖縄毎日新聞』大正元年十月五日）

二十七、此一問題

言語も風俗も部分より全体へ徹底せる思想を表現する異りたる形式なりとす、斯の二ツの形式は「時代」に依り「国」に拠り様々に変化し種々に固定して遂に国と国との文野の差を生ぜしむるは世界に於ける種々様々の風俗言語あるに徴して明かなり、されど部分の思想は全体の思想に統一され、小なる国の文化は大なる国の文化に統一されつゝあるは現代世界の大勢を察して思ひ半ばに過ぎるものあり、言語も風俗も亦然り、英語よりも殆んど独逸語を以て世界語に為らんとするの趨勢あり、亦東亜に於て西半球の衣食住の盛んに行はるに至れり。

何の世、何の国と言はず、中世迄は各国の言語風俗は各国内に於て共通の部分より全体に統一しありしも、漸やく、近世に至り眼を国外に放ちて或は衣食住にも長所あれば競ふて模倣するを却りて矜りとせり、日本人が明治四十五年間の短日月に於て祖先以来の生活状態を激変せしめて以て西洋人の衣食住に模倣するもの凡そ国を挙げて然らざるを欲せざる者無し、所謂泰西より輸入せる文明の盃を乾して酔ひつゝあり、斯の間に幾多思想の変遷ありしも、現代の文明は二千五百七十二年の紀元以来、最初名も無き日本の人力と国力とを協せ尽くしたるの大結論たらずとせんや。

欧洲四百五十年の近世の文明史を明治四十五年間に縮小発達せりと識者は唱ふるも、建国二千五百有余年間人智の文化より合化の共鳴分子なかりしならば如何にして現代文明の精華を見しならんや、畏れ多くも、世界の英主と欽慕され給ひし明治天皇の聖徳とは申しながら、亦箇人性の自覚に拠りて克く国民性の時代精神に戦ひ勝ちたるにあらずんば今日の文華に際会するを得しならんや、而して心をして現代日本国民の生活状態を顧みれば豊富にして絢爛人の目を眩するものあるも、泰西の思想は日本固有の忠君愛国の思想を如何に感化しつゝあるかに思ひ至らば桂、山県二公等の態度に生前慊焉たりしと聞く故乃木伯の死を憶ひ伯の死に種々の事情ありしも、伯の幾分の思想は忠君愛国の模範たるべき元老等に何程かの自覚を与へたりしなるべし。

忠君愛国の思想が元老等の根本思想に乃木将軍の殉死に依り如何なる意味に変化せるかは一小部分に属する問題なれど、国民が泰西の生活状態の形式を標準として狂奔せんとするの大事実なるより形式の倣りたる事実の職由せる思想を研究し、更らに世界に独特たる皇室中心主義の国家主義の根本主義とせる忠君愛国の思想が国民の大部分に於て如何に変化し、将来如何なる意義に解釈されるかを研究せざるべからず、今日斯の問題を研究して新しき可決を為さば実に「将来の新日本」の予知たずんばあらず。

忠君愛国は日本国の唯一の生命たり、厥の生命にして泰西の思想に動揺されて、今後、如何なる意義に変化するやは国民の斉しく猛省する秋ならずや、徒らに海外輸入の芳烈なる文明の酒に酔ひて未だ言語風俗を国内に統一せず、猥りに外国の華やかなる形式美に憧憬して、茫漠として美しき形式の下に深き思想の潮流の遠きより遠きへ流れつつあるを認め能はずんば日本の文明は啻に形式の極美を発揮したのみ、是れより国民の思想を統一し、生活状態を醇化して形式と内容とを合致せしめ、且又、言語風俗の画一を全国に行ふて以て国民思想の一転機を促進せしむるは蓋し大正の新時代に入りたる最初の問題にして、真に国家将来の安危をトするは此一問題を研究するに在り、近時、先覚者の此一問題を提出して世は覚醒しつつあり、何人か喜ばざるものあらんや。

（『沖縄毎日新聞』大正元年十月十日）

二十八、記念事業に対する県下諸名士の意見に就て

坊間に所変はれば品換はると謂ふ事あり、土地の変化に依り事物の変化せざるべからざるを意味せり、今回、全国に於て明治聖代の御記念事業として各方面の主唱者の下に諸名士の種々の意見を公開せしめて以て輿論に拠り各自記念事業を建設せしめむとしつゝあるは豈に啻本県のみならんや、同業者琉球新報社の這般の事業に率先主唱したるは洵に奇特として敬意を表せずんばあらず。

去る五日より琉球紙上に続出せる県下諸名士の所謂「本県に於て如何なる事業を実行す可きか」の条件の下に各自の高見卓説を拝見するの栄を得たるは感謝に堪えざる所なり、十人十色とは云ひながら斯くの如き事業に至り大に共感せる意見のあるは敢へて珍しからず、今更

ら先帝の御遺徳に恐懼感泣《きょうくかんきゅう》せざるもの無□□御記念すべき事業に、或は精神的事業にあれ、或は生産的事業にあれ何れも大なる公益事業を理想とせるは何人の見ても首肯されたり、中には意見の暗合するものあり、明治神社、博物館、記念林、公会堂等の如きは三四の人の同一理想なることを思はしめたり、而して今日迄の諸名士の意見を点検するに未だ考案と方法とに就き具体的の説明なかりしは題そのものの然らしむる所ならんも、聊か龍を書きて睛を点ぜざるの感なくんばあらず。

今夫れ、百尺竿頭《ひゃくしゃくかんとう》一歩を進めて各題毎に考案と方法とを審《つまびらか》にせしめて、郡部に於て記念林や明治神社を建設せば如何なる考案と方法とを為して経費の予算を立つるかを徴して以て具体的に起案せしめば、直ちに実行に著手さるべく、尚且、予算の如何に依り土地柄と事業の性質とを考究して事業の大小、又は廃立に関係を及ぼすもの鮮少ならずとせんや、予輩は斯の意味に於て我県目下の情勢を察し、県事業として県の経済状態をも比較考慮を要すべきものにして徒らに抽象的理想的、主観の投影を見るよりも、却つて所謂実行的価値あるを識認するものなり、而して「所」の「性質」と「力」とに由り事業の適否あるは人の遍く経験する所ならずや、所変はれば品換はるてふ言草も多少の真理あるを認めずんばあらず。

然らば我県に於て明治聖代の御記念事業として如何なる事業か実行さるべきかの問題とならば、現に県外に於て這般の事業に対して滔々と種々の意見を公開せるあるを参考として以て県事業に推すもの尠からざるあるも同等の事業を不等の場所に起すは実際的調査の結果に拠らずんば遽かに是非の判断を下し難きも、計画と実行とは殆んど理想と実現との同等の程度を前提とすれば相等しき結論を得るものとして、人の理想や計画が終始全く実現実行し能はざるは屡々失敗せる経験の結論に鑑みて、場所即ち空間と事業とは両性質の適否、二物（場所と事業）を関係せしむる経営方法等の実際的調査なければ、縦へ県外の或る事業を理想とするも、無意味無定見なりと謂はずんばあらず。

一文も要せざる理想的意見を聴くよりも寧ろ吾人は県当局と民間有志者との糾合に依り明治聖代を最も記念とするに足る可き最も適当なる唯一の事業の建設あるの実行的意志あらん事を勧告するものなり、明治聖代を御記念するに阿旦葉苗を植付けるなどと主唱する如きものあるに至りては最も不適当なる適例なりと謂ツ可し、県の力に応じて最も適当なる記念事業を撰定して以て県当局並に民間有志者の主唱に依り一日も早く実行するは非実行的提案の募集に日月を空費するよりは所謂実行的以上の真の実行たらずとせんや、若し其れ、経営方法の実際的意見の無き意見を要求せんと欲せば、安んぞ読み甲斐なき県下諸名士の独創なき空虚なる公見を読むの必要あらんや、去つて月刊の新聞雑誌に『明治聖代の記念事業』に関して天下嘖々たる諸大家の高遠なる大意見あるを読め、而して読んで好加減に摸倣せる小主観化せる猿猴的頭脳の県下諸名士に尠からぬあるを失望せずんばあるべからずや。

（『沖縄毎日新聞』大正元年十月十二日）

二十九、県立水産学校の前途を危む

水の事業と陸の事業とを較らぶれば、時代と国とに拘泥せずに、姑く人力の広く多く及ぼしたるは水よりも、陸の顕著なるは争はれぬ人事とす、日本と英国との海を境遇とせるの事情は同一なるも、力に於て英の半ばだに及ばざるは、国として恥づるあるも、猶ほ水産の事業に力を伸ばすに於いて、英よりも前途有望なりとせり、而して日本が斯の前途有望にして無尽蔵の海上に在りながら、未だ水産業の進歩せざるは、縦へ之を数字に示めさずとも、目下の情勢より観察し難からずとせんや。

斯の如き情勢を考へる毎に、吾人は県水産事業の□膨張あらん事を希望したるに、往年、県立水産学校の垣花屋良座原頭に創立するに至れり、吾人は窃□健全なる発達あらんことを祈れり、されど、最近、学校の設備□不完全にして、且又、職員の不足なる点に於て吾人の希望は時ならぬ暗雲懸かりて県立水産学校の前途を危み□以て予輩は県水産事業の将来の膨張の為に職員不足の点に対して一二の卑見を吐露したきものなり。

県立水産学校が時勢の要求に応じて創立されしは他に多くの理由あるも、重なる理由なりしと謂はざるべからず、既に斯の理由を満足に発達せしむるには学校の設備は固よりの事にして、学科の数と種類とに適応する丈の職員を要するは目的を達するに必須の第一条件なりとす、然るに、該学校は教師五名と講師一名の六名を以て毎週二十七時間の学科授業を為すと云ふに至りしは中等学校として或は授業時間数と云ひ、或は教科数より云ふと、拙にしておそく出来上りたる中等学校たらずんばあらず、之を県の師範、中学、農学校、商業学校等の中等学校に比較して甚だ心細らずとせんや。

全国の中等学校が徴兵猶予の恩典あるに倣ひ、我が水産学校生徒も均しき恩恵に浴する光栄を得たるも、教授時間と教員欠乏の結果、水産学校の卒業生たる資格を有しながら、水産講習所へ受験される程の実力あるや否や□危ぶまれるは、当然たる理の然らしむる所にして亦憐れむべき運命なりと謂ふべし、由来、運命を人力にて挽回するとは、所詮胡蘆《ころ》に属する沙汰なれども、水産学校の悲しむべき運命の由りて来たりしは、創立の目的に応ずる手段の至らざるより生じたるものなれば、一度び当局の猛省するあらば、運命の開拓は敢へて難事とせず、開拓の道はその経費の増額の存じ在るを発見せば翻然と将来の光明は期して俟つべきものあり。

今夫れ、水産学校長亀井顧一氏の年俸凡そ六百円の現額に四百円を増額して県技師を廃せしめて以て誠意恵心に学校の発展に力め、部下教員の統一を為さしめて以て教員の出張若しくは病気欠勤の際には補欠授業を為す如きに迄至らば乾坤一擲校の実の著々挙るべきは、眼前に視る如く恪信するものなり、更に部下教員をして県技手を兼職せしめずに、何れか重きを考へて兼職の種々なる弊害あるを察して天秤棒的両股の俸給に恋著せしめずに以て一致協力学校の成績を良好にせしめざるべからざるを考へざるべからず、若し其れ、斯くの如く刷新して一層教員を増し、授業時間を他の中等学校の如く三十時間以上にせば、生徒の学力の日に月に進むべく、年を趁ふて水産講習所へ受験する底の実力を発揮せしむるに至らん、猶且、学服年限を三ヶ年とせる実習半ヶ年と学科二ヶ年半と他に半ヶ年の別科を設けたるは、何れも其の僅々の日数に於て実習を修めるとも、学科を卒へるとも覚束なき実力を与へるに過ぎざるのみ、苟も□□中等学校として豈に其の目的たりと謂はんや。

斯くの如く観じ来たらば、心あるもの誰れか県立水産学校の前途を危ぶまざるものあらんや、而して斯の運命を開拓して一道の光明に際会せんには、須らく経費の増額を主張せざるべからず、故に之を主張するの責任あるの士は奮つて来る県会に於て然るべき可決あらん事を祈らずんばあらず、時下、天高く、秋風南日本の富源に満つ、適々水産学校の萎微《いび》振はざるを憂ひ、予輩は本県を以て将来「海の沖縄」たらん事を望み、虔《つつし》んで爰《ここ》に識者の深慮を促したる所以のもの也。

(『沖縄毎日新聞』大正元年十月十七日)

三十、商業会議所の設置奈何

多年有識者間の宿望たる沖縄県砂糖検査所の設立や既に出産の祝杯を挙げるに至れり、県重要物産の首位を占めたる砂糖の将来完全なる発展を祈るもの豈に啻に当業者のみならんや、苟も、県を愛し県の為めに竭すあらんとするもの誰れか今回の砂糖検査所の設立を喜び、且又、有終の美を発揮するあらんを至嘱せずんばあらざるや、而して官尊民卑の旧思想たる他府県より暗闘の劇甚なる我県に於て今日幸に官民提携して砂糖検査所の如き官民合同的事業を実現せるは洵に地方の弊風たる官尊民卑の旧思想旧感情を打破し本県の為めに奮励するの模範事業たらずとせんや。

然らば該事業たるや固より砂糖の膨脹を企図すると共に従来官民間に横はれる頑迷不霊の官尊民卑の病根を芥除するの好機関とも謂ツべし、徒らに官憲を濫用せず能く民意民情を代表せる少数の砂糖検査所員の意志と疎通せば該事業の前途たるや実に春海の洋々たる如く実績の著々挙り来たるは其の組織に於て其の適材を抜擢せるに於て今日より卜知するを得べし、而して吾人は該事業の将来に於る円満□□□達を為さしむるには必らず県商業界の画□なくんばあるべからざるを□す、故に□の画□の機関として商業会議所の設置あらん事を切望するものなり。

由来本県の商業界には二大暗流あり、一は寄留商人側の高圧とし、他の一を土著商人側の反抗とす、反抗と高圧とは「力」の強弱に職由し、時に強きと弱きとの転倒するあるも、今日迄斯界の商権を掌握せるは寄留商人側に有りとせり、屡々、土著商人側は何者かに嘆息し、憤起し来たりて、漸やく最近に至り、地歩を進みて彼我の意志を疎通せしむるに及び、朧ろげながら斯界の画一を彼我の間に意識しつゝあり、されど政治界の閥族の情弊ある如く、県商業界に於ても、較や之れに似たるものあるは寄土両間に於て反省する所あらん、反省して思ひ半ばに過ぎるものあるは単に歴史的誤解より遂に複雑なる政治的利害得喪の事情を生ぜしむることあり、互に県全局の福利の為めに是非一判断を個々の間に識認するも、一時的群衆心理の暴風に捲き倒されて、大事を惹起するあるも、顧みて、彼れの意志と我れの意志の未だ徹底せざるは何んの故なるかを考へざるべからず。

同情は理解を生み、時に理解より同情を生むことあるもの漸次、本県の歴史を了解し来たれる寄留商人側は同情の度を高めつつ従来の因習的高圧主義の薄らぎあるは将来県商業界の発展上希望溌溂たるものあり、是れ同情より入り、理解に進みたるの賜物と謂ふべく、更らに理解を進めて徹底の域に達せしむるの策を講ぜざるべからず、県一般の米穀商と雑貨商との重立ちたる人々を以て商業会議所の発起者と為りて那覇区内の適当なる位地に設置し、会頭は人望あり、統一の力ある士を推薦して以て組織せば奈何ん、若し夫れ、組織の方法や細目に至りては予輩の容喙《ようかい》する所にあらざるも、発起者より京阪地方の商業会議所等を視察せしむるの先決問題なることは何人も容喙せしむべし。

今夫れ、斯の如き事業の実現せば県下の輸出入品たる総べての商品に対する価格や品質を会議統一し、或は貨物運賃問題や、或は県重要物産より生ずる種々の関係等を常に研究調査し、猶且、銀行会社とも連絡して以て県経済界を画一するの機関は亦軈て寄留商人側と土著商人側との暗闘せる高圧と反抗との氷解されて相互の意思の徹底するの道を開拓するの好機関となるべし、然かも県糖界の改進児たる沖縄県砂糖検査所の出産に□□て県商業界の何等反響の声なきは甚だ奇怪ならずや、此の場合に於て予輩は商業会議所の設置あらん事を切望して歇まざる所也。

（『沖縄毎日新聞』大正元年十一月四日）

三十一、監査役無用説に就きて

監査役の職権を説きて法規の解釈を論議するは既に遅しとす、時に或る場合に於て法規に拠り、監査役の職権を的確に解釈するは敢て遅からじ、今、眼を転じて県下の銀行会社の所謂監査役なるものを通観すれば、果して監査役の資格あるもの幾人かあるや、而して其資格なるものが何に依りて標準とせるか、標準とする処、善良に法規の条件に由り、恪守《かくしゅ》実行しあるや否やを考へざるべからず、銀行会社が単に法規に由りて、監査役を置くべきものとして、名実相伴はざる時には業に已に法規の本旨に索り、却つて銀行会社の破綻するの種々の弊害を醸出する事尠からず、故に名義を実質に伴はすべき賓たるものは実に人物の如何に存す、此の意義を以て監査役に人物の如何を評議して以て推薦する如きは、敢て徒労にあらず、却つて監査役の監査役たるの実績を発揮せん。

　然らば、奈何なる人物を以て監査役に充つるかの問題よりも、事実は千百の論議よりも、夙に証明しつゝあり、現下の何々銀行何々会社の所謂監査役なるもの、人物及び識見を観じ来たらば、意外の反証の潜在せるを発見するならん、例へば、沖縄銀行の監査役たる高嶺朝申、小嶺幸之両氏や、沖縄電気会社の野田儀一郎、田中弥吉、南崎豊吉三氏や、商業銀行の比嘉賀慶、太田実太、前田英次郎三氏や、百四十七銀行の島津隼彦、河野庄太郎、原田耕夫三氏や、沖縄銀行の護得久朝惟、仲里朝義両氏や、沖縄実業銀行の具志保門、新川崖賀両氏や、沖縄共立銀行の親泊康尹氏の如く、果して諸々の計算報告を調査して以て其細目に至る迄観察するの能力あるやを疑はんとす、如何となれば、共銀の頭取たる岸本賀昌氏や、電気会社の社長たる才賀藤吉氏や、或は農銀の頭取たる仲吉朝助氏の如く、人物より謂ふも、才能より謂ふも何れも、前記の各監査役たる諸氏よりも優れるものとせざる可からず、優れるものを劣れるものが監査役の職権を行はんとするは何人もその矛盾の甚だしきを笑はざらんと欲するも豈に得べけんや。

　今夫れ、前記の監査役たる諸氏が各自の監査すべき種々の簿記を調査し能はざるものとすれば、更に監査役たるの資格なきものと謂はざるべからず、誰か遺憾とせざるものあらんや、ソモ〳〵監査役なるものを法規上の形式視するは非常なる謬見なりとす、而して監査役が定期の計算報告の末へに『前記計算の通り相違無之候也』と新聞紙上に恰も正確の如く公開するに至りては、其の監査役たる人物と才能より謂へば、所謂相違無之候を疑はずんばあらず、然かも、斯の如く公開せる計算報告を以て株主に報告し、且ツ、世人の保障に供せんとするは、亦考へものならずや。

　監査役の何にものなるかを熟考し、監査役の実を挙げんとせば、必らずや、頭取若しくは、社長以上の適材を撰択せざるべからず、今日の如く、監査役を以て一の形式とせるは啻に法規を軽視する而已ならず、軈《やが》て、金融機関の永遠の基礎に禍危を及ぼすべき遠因たるべきもの

となら ん、識者の深慮を要すべきものなり、而して斯くの如く県下の銀行会社に於ける所謂監査役なるものが、殆ど、有名無実の傾向より謂へば、監査役無用説を叫ばざるべからず、由来、官界に盲判《めくらばん》なるものあれども、実業界の盲判は銀行会社の社長や、頭取の一種の使用人とも称すべき監査役の手芸なるものあるに至りては、奇々怪々ならずや、爰に、監査役の資格なるものに就きて有識者に咨諏し、以て監査役無用説の将に起らん事を一言し置くもの也。（『沖縄毎日新聞』大正元年十一月十三日）

三十二、真理とは何ぞや

濤韻君の『真理を愛慕するの心』を読みて

徹底真理と可能性真理

真理の意義に凡そ絶対あり、相対あり、更にアンチノミーあり、絶対とは真我の欲念が、矛盾の現実界と対比せる理想的目的を謂ひ、相対とは現実界の経験的智識を調和統一して欲念の満足する目的を謂ひ、アンチノミーとは理論の可能界に於て相反対して而かも同様の論理的真理（代数学に於けるxの次数が高きに従ひアンチノミーの複雑となるが如し）を謂へり、而して実践界に於ては善を欲念する価値あるものを幾多の可能性真理中より撰取して欲念の目的を満足せしむ、於是乎、撰取したる真理は真理其物となりて徹底せる真理の原理を発揮す、古言に「真理に二つ無し」とは則ち之を意味せり、然れども人生の生命たる欲念より徹底真理の離るるとすれば、人生に於て徹底真理は何等無意義にして無価値なるを考へざるべからず、故に真理ありての欲念にあらず欲念ありての真理なれば、真理は欲念より創造されたるものと謂はざるべからず、然らば絶対と謂ひ、相対と謂ひ、更に可能性真理（即ちアンチノミーを指す）と謂ふも、畢竟、欲念したる善の目的に外ならず、而して善悪と謂ふも、一に欲念の肯定と非定とより創造されたるものにして、善悪其物は理論界にあらずして、真に実践界にあるを認めずんば非ず。

真理の真剣勝負

今夫れ万物を静観すれば、静中に動あり動中に静ありて、元より静動一に帰するは人をして徹底真理を思想せしめ転た恋慕の念を起さしむ、而して啻に徹底真理は思想せしめるのみならず世態人事に実に真理の真剣勝負によりて進歩し退歩して従つて波瀾あり平和あるものなり、就中国家とし社会としての欲念運動中には血あり涙あり火あるを観る、是れ幾多の可能性真理が徹底真理たる唯一の真理を決せんが為に真剣勝負するものなり、之を世界の近世史に見よ、或は興亡し、或は盛衰す、其の起因するや種々の事情あるも、多く国家社会の経済状態を基礎とせる政府と国民との意志の衝突とす、此の意志は欲念の目標即ち目的にして真理たり、結局、政府側の小数の真理と国民側の多数の真理との真剣勝負なるものなり、夫れ少数者の真理勝つや、将た又た多数者の真理負けるか⁉　多数意見の論理的真理は常に愚なるも、国家の経験的智識を調和統一せる国民全体の欲念の目標は真理其物（徹底真理）なることを忘るべからず、目下我国に起れる振古《しんこ》の政争は最も真理の真剣勝負を実現せり、公桂が新政党を建てんとして、立憲の精神を無視したる態度を、国民は憤然として憲政擁護に起てり、（此際政友会並に全国記者大会の奮起せる□最も特色あり）国民の欲念は挙って憲政条章の遂行を以て徹底の真理としたるも、公桂の官僚派は自己の欲念を満足せしめんが為に、新政党創建の名を仮りて、遂に国家的真理の葛藤を起しつ、あり、是に於て、少数者の真理を聞くよりも多数者たる国民が心のどん底より絶叫せる憲政の危機!!　財政の窮困に傾聴せざらんと欲すも豈得べけんや、シルレルの所謂「多数意見に愚なり、聡明は常に少数者の頭に宿る」然り、多数の意見は愚なり、然れども意見は既に理論にして唯一の真理にあらず、理論の可能界に於けるアンチノミー即ち理論的真理とは早晩唯一の真理によりて淘汰せらるべきものなり、もし、理論的意見として群盲なる国民なるも、一旦欲念のデレンマの一角に進まざるべからざるを自覚せば、遽に理が和に勝つを逆睹すべからず、必らずや真理の真剣勝負は自明の原理に於て実見さるべきものなり、今や吾等国民の生命財産を委託せる憲政の危機に際会し、公桂一輩の真理と国民の真理との真剣勝負の秋にして、誰か少数真理と多数真理の理論的可能性真理攻究に耽り、以て現代の多衆文明を謳歌するの閑日月あらんや、嗚呼、立憲政友会は憤起し、筆政将に壮烈ならんとし、国民刻々に生死のデレンマに迫りつ、あり、此秋!!!　何人が現代を洋々乎として謳ひ、寠々乎として詠ずるものあらんや!!?

濤韻君の彼の心は龍頭蛇尾なりき

我が敬愛せる濤韻[*注39]君の去る十六日、十七日、十八日三日間に亘れる『真理を愛慕するの心』てふ長論文は三回に至る迄真理といふことに言及せずして徒に列強の近世文明史を娓々綿々に語りて畢にゲーテの「真理は尊むべし、然れども真理を愛するの心は更に尊むべし」との名言を引出して多数の幸福をもたらすべき文明は謳歌すべしなどと漫然、索然、眇然に結論したるは宛として龍頭蛇尾の観ありき、斯の如き結論の二要前提たる記憶的舒《（じょ》事《じ）》（此には歴史的考証の記述）に労したるも、所謂心理に対する些の判断力なかりし為に却つて長々しき舒事は読者をして知識の夸衒《（こげん）》に覚えず顔を反向《そむけ》しめたるに過ぎず、然かも実践的真理に一言せずして、忽ち現代を謳歌せしめんとしたるは頗る狐憑《（こひょう）》の感を起さしめたり。

（『沖縄毎日新聞』大正二年一月二十九日）

＊注39 濤韻
島袋全発《しまぶくろぜんぱつ》（一八八八～一九五三年）の雅号。歌人で、沖縄学研究者。沖縄県那覇市生まれ。京都帝国大学法学部卒。新聞記者、教員を経て県立図書館長を歴任。一九二三年沖縄郷土研究会を組織し、『おもろさうし』の新しい読解法を提唱し、「新おもろ学派」と呼ばれた。

Ⅳ

「編輯日誌」「編輯の後」一覧

〈謝辞〉翠香の編輯日誌に登場する関係者で、南村君は小橋川南村[＊注40]、汀鳥は東風平汀鳥[＊注41]、壺屋の三念君は高江洲康健[＊注42]、公論記者丘春君は上間常三郎であることを、新城栄徳氏に教示してもらった。記して感謝申し上げます。なお、周知のように新城栄徳氏は貴重な史料収集と研究者、ジャーナリズム史研究者、琉球美術史研究者、『琉文手帖』主宰者等で有名である。（編者）

〈Ⅳ〉「編輯日誌」「編輯の後」一覧

朝来の暑気夏期にしては可なれど今の春には少しく猛暑こんな調子で行けば愈々夏の央ばに至らば天下幾人乎焦死せざるものあらむ哉と編輯局諸子椅子にて一大テーブルを囲みながら編輯〆切後話の火蓋を切るや語笑信々佳境に入り或は邪道に誘ふ者ありしが余は胃袋の空虚なるを痛識して糞弁当を家に取らすも面倒なりと所謂ジイカシテイラアを買はす可く会計部の雪峰君より金十銭也を拝借して愈々現品到著するや余は所謂井戸の主人になりてタッタ三個を頂戴したるのみ。（下略）

（明治四十四年三月十四日）

（上略）▲午後五時帰社後艦隊歓迎会にて例の酒豪岸本君例の通り又々臂したるならむと編輯局同人中腹を抱へて笑ふものあり（中略）▲色男の月江君曰く夏来たらば早取写真器を田舎に携帯し行きて田舎乙女の夏姿を写さん哉と▲芸術と情婦とは何か因縁深きものと嘗て琉球文豪の名言にして然かも風鋭く咫尺も弁ぜぬ今夜の如きは願ふことなら半匹の情婦でも持ちたきものとは隣人の恥き也。（下略）

（明治四十四年三月十九日）

（上略）▲数日前より社一階下に活字盗人闖入すると聞

＊注40　**小橋川南村《こばしがわなんそん》（南村）**
一八八七～一九三六年。沖縄県那覇市首里出身の新聞記者。本名は、朝明《ちょうめい》。教職を経て、『琉球新報』記者となったが、同志と退社して『沖縄朝日新聞』を創刊した。末吉麦門冬らと共に文芸活動でも活躍した。

＊注41　**東風平汀鳥（汀鳥）**
沖縄県出身の俳人。「カラス会」に属し、「山蟻の足這ひ上がる墓参かな」、「湿り地の乾く匂ひや風薫る」、「一樹又た一石送る枯野かな」等がある。「カラス会」は、明治四二年に『沖縄毎日新聞』の「毎日俳壇」に登場するようになった。それはまた、『ホトトギス』でも、紹介された。

＊注42　**高江洲康健《たかえすこうけん》（壺屋の三念）**
？～一九一一年。沖縄県那覇市出身の俳人。俳号は、三念。俳句「駅を出れば古郷道の雲雀かな」が、残っている。

き之を例の亀公に問ふと何んでも人間の扮装した頭大犬也と（中略）▲編輯〆切午后六時。（翠）

（明治四十四年三月二十六日）

▲高等科卒業高嶺朝徳子昨日編輯局給仕拝命子雀躍して曰く私も亀公より先に後藤新平に成つて見せますと（中略）▲本日東京の安元君より筆太の長い手紙社宛に来る。要は唯だ自分「人物地理」の予告の切願之を南村君汝□して曰く押しの強い人だと。（下略）

（明治四十四年三月二十七日）

▲昨今他人より編輯局同人を冷笑して曰く毎日記者は尽く健啖家の寄合也と然り吾人は大に喰ひ大に活動せむ哉▲昨朝編輯局新憲法中に局内に下駄の儘不可入てふ条令有りき▲昨日今川焼と腐れ縁を断たん為め之を亀公に買はしめ大勢彼を囲繞して哀別して了んぬ。（下略）

（明治四十四年三月三十一日）

（上略）▲昨朝社用を帯びて池畑旅館に河上法学士を訪ひしに生憎永田事務官の官舎に行かれしと翠復び腕車を飛ばし事務官の官舎に到れば其処に珍客河上氏在り也焉翠は五分間に目的を果して一と先づ退陣したり今更先生の風貌を慕ひて今猶彷彿たり。（下略）

（明治四十四年四月三日）

▲去日南君軌道会社株主総会に行き帰らんむとして玄関に行くや豈に図らんや南君の浅嚢《せんのう》の紛失とは忽ち怒気軒に満ち弥次て曰く抑も草履の盗賊は誰ぞと。（下略）

（明治四十四年四月十四日）

（上略）▲一昨の音楽会琉楽の萬歳を聞き端なく之を岸本事務官に告げしに然り洋楽の合奏に至りては不調和の様だつたと（中略）▲早大の仲吉君布哇の「沖縄同胞」より未来の文豪と刮目せらる斯の調子なら文豪も馬鹿の異名たらん。（下略）

（明治四四年四月十八日）

（上略）▲県庁のｙ氏首里、那覇の人物を□□して曰く、首里には筆も勢力も円満に備いたる人物の数名存するが、那覇には或は筆のみ或は勢力のみの人物許り在るは如何と▲然り那覇は元と植民地なりし結果斯く偏したる人物の多々ある所以也▲予を小山内君に私淑せりと言ふものあり▲さ問す、斯く誤解する人の眼に予の何程の反映ある乎を。（下略）

（明治四十四年四月二十二日）

▲昨日の東電中に、皇族の御病名の下痢云々に至り一同頭脳《あたま》を鳩めて苦心惨憺、一向好箇の敬語無し御の字も斯る場合には無用の長物也（中略）▲某氏曰く曩に本紙に『河上肇氏と本県教育界』とありしは永田事務官の筆也と是れ全くの門違ひ也。（下略）

（明治四十四年四月二十六日）

（上略）▲打狗□狭浦子より端端二枚一緒に舞ひ来る▲中に駄洒落あり曰く「何んと間が好いんでしやう」と▲東都と台湾との間海山一千里而して今にして斯の如き流行語を聴く咄▲締切午後六時半。（翠）

（明治四十四年五月三日）

▲先□公園で富久娘に惚れた祟で二三日欠勤して登社すると亀公曰く先生の事が又「沖縄」の飛入欄にありましたと早速見たら風月の一二君と三吉君の火縄銃であつた請ふ両君健在あれ（中略）▲東都に遊ばんとする一友人を送って曰く、君行かば花の雲にも浮かれ見よ。（下略）

（明治四十四年五月六日）

（上略）▲今麦[＊注43]と汀の両君編輯局に入り快談の火蓋を切り始めたり▲モク君温となしく挨拶して退社▲蓋し今夜の雨模様に恐れたらん▲南村君何に憤りしか不平満腹何時の間にか行方不明。（下略）

（明治四十四年五月九日）

（上略）▲近来徹底と謂ふ語の流行して居るが果して酒と恋と学問に徹底した人が居るか。（下略）

（明治四十四年五月十一日）

▲K氏曰く本県名士の理想は重役と頭取也と然り大に然

＊注43　麦
末吉麦門冬《すえよしばくもんとう》・本名安恭《あんきょう》（一八八六～一九二四年）のニックネーム。沖縄県那覇市首里の出身で、俳人、ジャーナリスト。新聞の俳句欄やコラムを担当した。歌人の山城正忠と共に、沖縄の文芸を興隆させた。博学で、南方熊楠とも親交があった。

り然らばK氏にさ問したきはKは奈何なるものを理想とするとやと▲聞説くK氏は窃にナポレオンに私淑せし人也と。（下略）

（明治四十四年五月十三日）

（上略）▲沖縄演劇界ほど悲しい者は無い役者自ら芸題を作りて之を興行するとは▲私は真に琉球人から脚本家が出て本県の劇界を真に革新せんことを熱望して居る▲昨夜中座に行つて染み〴〵と感じた。（下略）

（明治四十四年五月十六日）

▲南村子山羊の馳走を恐れて瞬く間に逐電▲モク君平生に似合はぬ無断欠社▲水君近来杳として消息知れず社員一同失踪案の起稿有り。（下略）

（明治四十四年五月十七日）

▲月城、雪峰、南村の三君如何なる発心か斯る炎天に糸満へ一泊旅行に去る▲麦門冬君の長女夭死▲二三の親友之を聞いて今更健忘症の甚しきに驚き▲本日首里に喪主を訪ふ。（下略）

（明治四十四年五月二十一日）

（上略）▲モク君南翁の使命を帯びて、モク〴〵として社を出で直に車に上り楼に対つて同人に黙礼して去る▲笑止石油発動機船を首里に見に行くとは。（下略）

（明治四十四年五月二十四日）

（上略）▲南翁*注44を始め浮翁、モク、南村の四君と社友月城、汀鳥の二君等の大勢の快談局内より洩れ屢往来の人をして楼上を仰がしむ▲久闊見えざりし浪笛君会計課に来れり▲彼の髪は長く蓬々と延び彼の顔や痩せて蒼白▲哀れ、色男に成り上りたるかな▲あゝ、寂しい。（下略）

（明治四十四年五月二十六日）

▲一年に一度しかない糸満の爬龍船《はりゅうせん》見物に渡久地丸に搭り遅れ遺恨骨髄に徹して日誌かくのも嫌やになつた▲猶ほ之に搗て加へて伊波普助君の名古屋行の見送りにも行かなくなつて不平又不平▲聊か癇癪癒やしに例の富久娘と酒盗とを呼んだ▲諸君、中塵行はどうぢや。（下略）

（明治四十四年六月一日）

▲近頃神経衰弱症の奨励に依り僕もお多分に洩れないと

見えて頭痛岑々に神経朦朧として不眠症▲昨夜も午前二時頃から五時まで富久娘と語り更かして到頭南翁の急便矢の如く享けて漸く出社（中略）▲先日実銀の攫み合ひ会実に汚い程凄かつた▲何んでも刑事問題に為つて既に某弁護士に依頼もあつたとの噂▲斯の評判が先日から局内で持切つて居る。（下略）

（明治四十四年六月三日）

（上略）▲永田監理官の過日不法選挙に対して農銀の意気地ある株主が四十七士も同盟血判して其の筋に諮ふたら譴責位ひはお手の内だとは局内でのお茶菓子の格▲斯ういふ暑さに往来に社から官庁までの往復でも仲々骨の折れたものだ▲新聞記者の芸当も至りて両足を使ふものだ。（下略）

（明治四十四年六月六日）

▲養□の香客君久しぶりに其の馬鹿にスラリとした体躯をヌット局内に運び来り▲何時もながら好い色をしたり▲麦君入社の辞を書かんとして気分乗らずと見え▲早く其の縁大□筆□押出しを拝見したいとは香客君の刺戟▲薄暮、武石署長を官邸に訪ひ六七十分間で談話に渉り豁然と懐疑釈然たり▲近頃、県庁側に□々団の現はれたりと聞く▲之が団長は何者かとの発問には大抵の人は弱はると思ふ▲監獄帰へりの大義の無焰は本県□闘以来の政客的蓄音器だつたとのこと▲今日も九十度▲斯うなつては酒党も甘党にならざるをえないとて▲誰れかゞ西瓜の阿弥陀を始め出した。（下略）

●末吉氏入社　麦門冬末吉安恭氏一昨七日入社せり。

（明治四十四年六月九日）

▲初めて裁判所に行つて刺を通ずると広い応接室に案内された▲何処を歩いて見ても広ろかつた▲今にも広ろかつたといふ意識しか無い▲実に裁判所は他の官庁と違つて広い〳〵雅量の空気が漲つて居心地が可かつた▲老木の花に虫が附き易いとは時節柄貸座敷業者が皮肉の様だ▲近来、日米戦争の声が漸く高く為つて居るやうだが、

＊注44　南扇＝南香
諸見里《もろみざと》朝鴻《ちょうこう》、生没年未詳。当時「沖縄毎日新聞」の主筆であった。

毎度腕力で、勝て寸舌に巻かれるやうな日本人の主戦説は頗る考へ物でないか▲山城正忠君が本月号の『ほとゝぎす』に「九年母」といふローカルな創作を出したのを琉球人にしてはといふ特別な観念で非常に推賞して居たが、琉球人として且又全君を理解した僕等には左程有り難くも無い。(下略)

(明治四十四年六月十一日)

(上略)▲今日中に親しい知友に悲しい事を與へた▲一は宮城君の厳父で他は比嘉君の細君を逝かした事だ▲孰れも命運と締なから現世の苦熱を去つて今頃は嘸ぞ涼しからう永久に帰らぬ世界に逝きし人々を想ふて果敢ない悲しい情緒を味つた。(下略)

(明治四十四年六月十三日)

無学だから無学と書きたいが翠君の小言あつたから一二かく▲翠君登社匆々琉紙の毎日社の個人主義の翠香君が云々の記事を一瞥し無暗に個人主義など扱き出すがどーせアノ夜の子には解るまいねと乙は澄し込む▲維新の革命や明治の進歩は高等遊民のお蔭げだ或る意味に於て高等遊民は社会進歩の要素だと某民は云つて居る、で我世□には無為徒食の輩は多いが資産あり学識ある真の高等遊民らしい遊民将来社会進歩の要素たるべき遊民は隻影だもない。(モク)

(明治四十四年六月十五日)

[不二出版編集部注]右「編輯後記」は山城翠香ではなく、〝モク〟(黙堂)の執筆によるものだが、記事内容が翠香に関わるため、編者了解のもと本書に収録した。

本県空前の強震の祟りで脳貧血を起し今日初めて登社すると▲昨夜の暴風雨に気遣して半ば肝を潰したか黙、麦、南の三君に菊翁を加へて徹夜局内に痛飲して短夜を明したとは稀有の痛快事である▲其の夜に南村子の囃子《はやし》で菊翁独特の琉球すてゝこ踊は尤も振つて居たとの事▲雪峯君の細君が第四回の分裂式があつた事を登社匆々聴されて無暗に喜んだ▲石門の森そば屋から地震見舞として冷素麺が来た後に登社した自分は聊か長蛇を逸した様な心持をした▲自分の仲間に一人として利他主義の者は居ないと見えた▲今夜も空模様が怪しい。(下略)

(明治四十四年六月十九日)

▲翠香ビラを出して呉れといふに「ハイ」と云つた南村

ビラは僕が出すから日誌を書いて呉れといふそれにも「ハイ」と云つた▲別に翠君の異議も出なかつたから後の「ハイ」で前の「ハイ」は取消したことになる積りで日誌の筆を執つた▲誰かゞ編輯室に自由党史といふ厚い二冊物のクロース本を持つて来てある其の巻頭の口絵を何気なく見ると面白い発見をした▲該口絵には自由党創立以来の重なる党員の写真が出てゐるが就中何々事件など、云ふことに関係した人々の顔が皆んな振つて物騒顔をしてゐて其顔が既に其事件を語つてゐることだ▲菊翁の奮発で「森」から冷素麵を取つたのを翠香が昨日の日誌に暴風見舞云々と書いた為め素麺屋が驚いて今朝は倉皇金を取りに来てゐたさうな締切五時。（門）

（明治四十四年六月二十日）

[不二出版編集部注] 右「編輯後記」も山城翠香ではなく、〝門〟（末吉麦門冬か）の執筆によるものだが、記事内容が翠香に関わるため、編者了解のもと本書に収録した。

今日も九十二度、斯の調子で六七月に行けば百度位ひは訳もなく為るから▲北氷洋探検はどうぢやと県中に檄を飛ばす程の勢ひだ▲明日も又々片山県視学の現実暴露が出るので殆ど完膚無からしむるので早や影の薄い人となつて来た▲今頃は片山君は東京でどんな夢を見て居るか知れぬと▲一人が云ふと他の一人が彼奴の恁んな事を屁とも考へない男だといつた▲近頃の貸座敷業者取締は渠等バチルスを市内に放散して追々琉球民族を滅亡させる先鞭では無いかと▲局内で誰れいふとなく話し合ふた▲入社以来容易に欠勤しない精力主義の菊翁今日何かに憤つたと見え事故を搆へて早引▲黙君は或る骨肉の関係ある人の看病の為め南君は東風平黌《こちんだこう》＊注45へ列席の為め欠社▲画家竹雨君が支那の年少漢詩人漢三高相杰《こうそうけつ》君を楼上の応接間に拉して社員一同に紹介した▲年歯《ねんし》を諮《し》くと十九だと▲怪しい琉球語で応えた▲斯の新しい若い外国人の美しい顔は私共の荒んだ眼を華やかに染めた▲締切午后五時。

（明治四十四年六月二十三日）

＊注45　東風平黌
沖縄県島尻郡東風村にあった学校。

（上略）▲昨日の九十二度が豹変して今日は余程涼しいので、読書欲がむら〳〵と起つて来た▲南君羽織袴で素敵な田神に真似たつもりで久茂地黌の落成式に列すべく六十銭の腕車を飛ばしたそうだが、何かに落胆して汗を拭き〳〵帰社してコボシた。（下略）

（明治四十四年六月二十五日）

（上略）▲時々、或る人々から小説を寄稿されるが、惜しい事にはまだ実生活の一片たる芸術の仮想生活を其れに確執して其処にピユリフワイする技倆が足りないので、今日も涙を揮ふて失敬した。（下略）

（明治四十四年六月二十八日）

▲君の低く太き円肥りと其の女の手の甲の様にふつくりとした処などはてんで山路愛山先生に似て居るが其の顔と名声とは絶体に似て居ないよとバク君が僕をバクする意気込みで評した▲二面の方はすつかり肩の凝るやうな顔揃ひの記事ばかりで一般の趣味に投じないといふ訳で追々に三面種子の女の子と二面の八釜敷屋の叔父さんと強請的情意投合をさせたらどうぢやと話し出した者が居た。（下略）

（明治四十四年六月三十日）

▲筆達者な南君も夏負けしたと見えて台湾時文を翻訳すると力んで居るが一時間に十行位ひを日本文に渋々と筆を甜つて訳して居る▲姑く山原に遁れて居た公論記者丘春君が一週間前に那覇に出た挨拶に来社、平凡の話中に丘春君は如何にも淋しい声で公論の休刊を話た▲新来の南博士の講演が甲辰黌《こうしんこう》開催さるとて午后二時頃からは諸官庁などは大抵椅子を開けて了つてガーランとして居た▲社内も南翁始めモク君、バク君の三名が奪はれて了つて南君と僕とは実に寂しかつた▲月城君がライブラリイの帰へりに社に寄られたので幾くらか寂寞を破つて貰つた▲こゝまで書いて居ると甲辰に行つた三兄が漸く帰社した▲何うだつた、博士達の智識はと誰やらが借問すると壁を隔てた階子段をトン〳〵と登りながら何者か大声俚耳に入らなかつただらうと捨てセリフを放つてカラ〳〵と笑ふ声がした。（下略）

（明治四十四年七月一日）

▲朝から煮えきれない暑さで気がクサ〳〵して居る▲其

のクサ〱の気分が全身に波動すると何もかも打《ぶ》ち壊《こ》はして了つて目に遮ぎるもの丶無い世界に行いて見たくなる。（下略）

（明治四十四年七月四日）

（上略）皆んな暑い〱とコボしながら書いて居る、モク君は例の如くモク〱と、バク君は其音の因縁から不思議に貘といふケモノの様に何かの夢を喰ひつ丶書いて居る、南君は哲学者の様に何か思索しながら時々他《ひと》の顔を見てペンを原稿紙にツウ〱云はして居る、菊翁は読経する様な低い音読で山なす校正を汗と共にセイ〱遣つて居る▲今朝、県庁へ行つたら君の机上餘瀝はどうしたかと問はれた其時僕はバウルゼンの言を想ひ出して都々逸の畸形児を産んだ、パンが無ければ真理も出ないヨ、妾のユダレもそのとほり。（下略）

（明治四十四年七月九日）

（上略）▲三念病客から昨日長い手紙を親展にて□々自宅へ届けてあつた▲読み終はつた跡、私は何んとなく涙がコボれた。あ丶、これが最後の手紙かと幾度となく其の手紙を眺めたのである▲そして、其の手紙の中に、夏至南風、涼しき頃死なんかな。と恐らく彼が最後の句であらうと気が附くと顔を反向《そむ》け持つてゐたその手紙を机の上に投《ほ》りやつて鬱ぎ込んだ気を抱いて家を出たのである。（下略）

（明治四十四年七月十一日）

▲諸官庁や学校等が昨日から十二時退きになつてから愈々材料の飢饉期になつて来た（中略）▲親友から今朝銭湯で君の日誌は日誌らしくなくて気惰るいから大に勤倹貯蓄したらどうぢやとの忠告もあつたからマヅこれで余白を埋めて置く。（下略）

（明治四十四年七月十三日）

（上略）▲菊翁は近頃、癇が嵩じて無暗に八ツ当りをする▲傍《はた》の他《ひと》が幾くら迷惑しても全く構はずに、丸で赤子の様に暴れ廻はす▲然し、その腹立ちさが殆ど無意味で詩的な赤條々の感情には人をして敬服せしむる処がある▲菊翁を呼びに行つた給仕がまだ帰つて来ない▲三念の病気が二三日前から又々可くなつて来たとドクトルのB君より電話が掛かる▲例の画伯がハイカラ式の洋服の中に這入り込んで歌を作つたと二階に上がつて来た。（下略）

（明治四十四年七月十八日）

（上略）▲今日、もつと夜に入つてから皆んな揃つて久病の水嶋兄を見舞に行かうかと一同都合克く快諾した▲菊翁は一昨夜風月の脂粉□残んの夢を見つゝ今日から顔を出した。（下略）

（明治四十四年七月二十日）

▲今朝、京大の濤韻君が家に来てゐて河上助教授の話なども出てゐた▲河上さんは京都へ帰へられてから講堂の琉球の事を公開して琉球におぢやるなら忠君愛国の草鞋穿ゐておぢやれと云はれて忠君愛国主義は恐らく琉球から始まつたとカラ〳〵と笑はれたさうナ▲然し、河上さんは今一度是非来県したいと仰さつたさうだ▲酒を呑みつゝ廟堂の選挙沙汰に及んだ▲締切午后七時馬鹿に遅い。（翠）

（明治四十四年七月二十一日）

▲気候の不順の所為《せい》か皆んな申し合せた様にデカダンに為つて十八番から土用見舞に来た所謂土用鰻と例の富久娘とを皆んなで突き合ふて喰つて仕舞ふた。（下略）

（明治四十四年七月二十二日）

▲無情な機械でも久しく使用すると病気に罹ると見えて昨日一日丈を休ませてやつたら復たニコ〳〵と動き始めた▲昨日の分丈今日のとに増刊して諸君にまみえるつもりだつたが都合に依り斯の通りですから読者諸君勘弁して貰ひたい。（下略）

（明治四十四年七月二十四日）

▲モクは日誌恐怖病にかゝつてゐると翠君が云はれたがどうもそうらしい▲□菊翁に診察《み》てもらつたらイヨ〳〵不治の病だと匙まで投げ出す▲こんな都合の好い病なら疾うからかゝつて居ればよかつた▲締切七時。（黙）

（明治四十四年七月二十五日）

［不二出版編集部注］右「編輯後記」は山城翠香ではなく、〝黙〟（黙堂）の執筆によるものだが、記事内容が翠香に関わるため、編者了解のもと本書に収録した。

▲日が暮れかゝた頃、水蒸気が湿めぽつくなつて首里城の高い遠い淡く見える松林の上は曇りかゝて涼しい風が強く柔かに吹いて来る。（下略）

（明治四四年七月二十六日）

（上略）▲新帰朝者の上間君から暑中に見舞ひとしての原稿を與越した▲原稿の暑中見舞とは世界中に振るひ過ぎてゐる。（下略）

（明治四十四年七月三十一日）

▲午后六時頃比屋根春樹君と初めて応接間で会つた▲目の大きい瘠せすぎの初々しい少年だつた▲此れがラヌンチオの死の勝利の梗概を書いた人かと▲建築神の心もちをしたとバク君に云つた春樹君は来週の水曜日までに「デカダン詩人オスカー、ワイルドの「デ・プロファンデス」を論ず」というのを寄稿することを約して原稿紙を貰つてさあ〳〵と帰へて行つた。（下略）

（明治四十四年八月五日）

▲飛岡氏よりビール一奮中浣見舞として来る▲最うアルコール性が胸一杯に漲つて日誌も、実は書きたくない。（下略）

（明治四十四年八月九日）

▲昨夜のコンパイでモク、ナンの両君本日欠社、僕も県庁廻はりをしてから正午十二時頃、久しく見舞に行かなかつた三念君を壺屋に訪ふて家に帰へたら、矢張りモク、ナン両君と同然でコンパイして到頭寝込んだら時間を超越して社から南翁の使ひで松公が呼びに来た時は最う午后四時頃だつた▲社に出たらバク君が独りつくねんと何か書いてゐる、何んと間が淋しいんでしやうと云ひたかつた。（下略）

（明治四十四年八月十六日）

▲菊翁が真先きに床の上に仰向けに寝転んで羯南文集を見てゐる、其の態《ぢや》まが如何にも傍若無人で癪に触はつたか麦君がソノ寝態《ねざま》まは何んだツと罵るとコレは曾て本県中学の英語教師だつた故アーモア先生の衣鉢だと翁得意に弁解してゐる（中略）▲黙君は首里城内南殿で村上先生の講話を聞き帰社するや記事幅湊と聞いてそのコンパイした顔付から白い歯を出した。（下略）

（明治四十四年八月十八日）

▲那覇高等校の絵画展覧会から帰社したナン君曰く「沖縄」であれ位ひに褒めちぎる柄でなかつた、西洋画も日本画も感覚の鈍い線と色とで描き塗つてゐた。就中渡嘉敷画家のゝはどうちも色気たつぷりで立派と評せばそれ迄の事ぢや、余り官能の弱さうなものばかりだ。却りて

親泊君の描いた絵画が官能の強い、感覚の鋭い気分が現はれてゐたのには感心したが、どうも渡嘉敷君のゝは乍憚後頭部向きだつたと下馬評ながら仲々発溂としてゐる▲今朝打狗から安次崔狭浦君が二年振りで帰省したことを警察部の酒豪先生から聞いて無暗に喜れしかつた▲今日黙君の消息黙乎として聞えず見えず蓋し夏負けで欠社か▲麦君運輸丸に乗り遅れて仕方なく国頭へ陸行したとは勇気がアル乎。（下略）　（明治四十四年八月二十二日）

（上略）▲蓬莱兄の今帰仁紀行は既に編輯局の机上に見えたが古代式の唐人君のゝがまだ見えないので少々心細くなつた▲正忠君が昨夜酒気を吐きながら僕はまだ君等の編輯日誌に載るやうな光栄を負ふて見ないとコボシて云つたさうナ。（下略）　（明治四十四年八月二十四日）

（上略）▲国頭へ行つたバク君から今晩始めて葉書一枚に二ツの封書がきた▲中には紙切れにバク君自らを主人公にした濡れポンチを描いたものもあつた▲丹次郎肌の汀鳥が編輯の這入つてきてバク君のポンチを覗きながら嘸ぞ妻君が心配してゐるだらうから宅に知らしてはどうかと独りで気を揉んでゐる。（下略）

（明治四十四年八月二十六日）

南君登社するや会計の月江君を頻りに探してゐる（中略）▲道理で最前から風がピユ〳〵鳴つて高い編輯の楼上が揺れてゐる（中略）▲一生懸命に何かの漢文を筆耕してゐたモク君が一時に見えなくなつたのも尤もな事だ。（下略）　（明治四十四年八月三十一日）

近頃は台風更らに台風で今にも東京に襲ふた悲□惨風にもなりはすまいかと老人などが頻りに神経を強奮させてゐる▲楼上から街頭を覗くと人の目は風塵の為めに細く小さくして往来してゐる。（下略）

（明治四十四年九月一日）

▲初日の統計講習会の記事を書く筈のバク君が今に見えないがら最う駄目だ▲昨夜後頭部用の飛行機から墜落した村君が成程欠社したのも尤もなゲ▲仁壽、球陽の二船が宮古で坐礁難船したといふ事を聞いて彼の酸鼻なる三浦丸沈没の事を想起せられずにはゐられなかつた。（下

略）

（明治四十四年九月五日）

（上略）▲県庁から奇人来社、頻りに而してを連続して何か自讃してゐた。（下略）

（明治四十四年九月六日）

▲モク君はおできの祟りで平生よりは猶更らモク〳〵としてゐる。（下略）

（明治四十四年九月七日）

▲今日も又た〳〵寂しいと云ふと読者は嘘だと云はれるが、実際さうだから仕方がない▲キク翁は頭痛で、モク君は睾丸炎で向ふ四五日間お暇と来た。そして南翁がいまだに見えない▲時々、社友の誰れかゞ来さうなものだと□首を延して二階から往来を覗いてゐるが、矢張り来ない▲バク君とナン君と僕の三名が更る〳〵下の工場に行くと、二階の階子段がけたましくカタン〳〵と鳴る、と人気の少い広い大きな二階が一時に鳴り響く、全く三名で空家《あきや》を留守番してゐるやうだアヽ、本当に秋だ。（下略）

（明治四十四年九月八日）

▲汀鳥君が僕の日誌の時にどうぞ青年天文学者東風平汀鳥君と書いてくれと嘆願してゐた（中略）▲南村君倖公訪問記の続きを書かん為めにどうか□某氏を叩きに行つたら、帰へて書く筈の処、折角の記事をフイにして某氏の促す儘、どうかに飲みに行つたとは南君今度は割の好い役ぢやた▲社友西平野の守君編輯局に這入つてきてシイ〳〵と頻りに歯の痛い事を訴え、之も此方から肱鉄を喰はした遊女の罰だと、苦し相な顔からニヤ〳〵と薄すら笑ひをしながら惚ろ気た、色男は直ぐこうぢやモノと警句屋のモク君がゐたら吃度野□守君を攻撃したに違いない▲今日は気障な□横山が去つた頗る琉球晴れのした記憶日である。（下略）

（明治四十四年九月十二日）

▲先夜、君□宅を探し外れた□、オヤ此処ぢやつたか、大いにお門違ひだつたと初めて梅山君の宅に引張られて行つて主人にそんな事を話すと、主人は白い歯を見せた▲昨日紫山君が編輯室に這入つて来て直ぐ何も話さないでフイと出たさうナ▲それがどうした意味かとバク君が尋ねてゐた▲月城君が本県では政治的意味から原稿生活は六ヶ敷しいが、コスモポリタンになれば原稿生活も出来て面白いぢやないかと、何んだか生々した新しい要求

を吐き出すやうに云つた▲今日は三四日一向顔を出さなかつたモク、ソン、スイの三君が出社したので、其処に何んとも云へない温みが出た。（下略）

（明治四十四年九月二十四日）

▲近来は長い物ばかり出て小雑報が馬鹿に少い、明日は殊に甚しいのでモク、バク、ナンの三君と僕の四人の間に怎んな話が始まつた▲それぢや、姑く論文号と題して小雑報は『琉球』と『沖縄』に見よとでも断はつて置くかとバク君が切り出したので他はカラ〳〵と笑ひだした▲話は其れから、新聞記者は機械説か自主説かとの是非論になつて各自区々の説が輩出して討論に花が咲いて折柄寂しい編輯室に霹靂を投じた如く色めいて来た▲南翁は本日中頭行。（下略）

（明治四十四年九月二十六日）

▲イプセンの運命観が我が編輯室に狂ふて来た▲後はどうにか成るぢやらうと▲怎んな事を云つて運命を開拓する実行力に乏しい卑怯者はいつまでも棚の上の牡丹餅を仰いでゐる位ひな人間の屑に過ぎない▲あゝ、吾々は人間のクヅになりたくない▲先夜、正忠君[*注46]が一生の警句を吐いた▲即ち、肉食は色欲を燃やす燃料なりと▲その燃料が一寸腐心した斧跡が見える▲同人中の誰れかが『四ツ竹怪談』を先日から起稿中の処もう第五幕に行つてゐるから明日の紙上から発表する事になってゐる▲それが吾々目前の辻遊廓にあつた実談丈あつて頗る好奇心を満足せしめると思ふ▲『芝居に於ける民族心理の研究』提出者南村君『力学上より観たる社会観』提出者汀鳥君▲両君は有繋半素より熱狂する題目学者丈ある▲キク翁、ナン翁、モク君の三名風邪と事故にて欠社▲バク君来社するや下駄の緒を切らして縁起の悪い顔をしてゐる▲午后四時締切。（翠）

（明治四十四年九月二十九日）

▲給仕が見えないので工場に原稿を持つて行くと▲黒嶺君が山城さん日誌を書ひて下さい、と云つた▲今日は僕の番ぢやないと云つた▲それでも、貴方のゝが面白しろいから書きなさいと▲僕には面白ろくもクソもあつたものぢやないが、さう云はれて見ると愈々肩が凝らずには居られない▲サテ、何を書いて天下の耳目を聳やかさうとしてゐる際、家の憲坊が俥で彼岸祭の餅や肴を運んで呉れたからモク、バクの両君と編輯局から失敬して応接

所にコツソリと陣取つて泡盛と一緒に活動し始めた▲昨日の日誌にカスミ座は美少年揃ひとあつた▲僕も両性相愛の研究には大賛成だ▲南村と汀鳥の両君は一声にカスミ座開業披露の応接振りが中座以上だつたと吹聴してゐる▲モク君が黙然と一言なきは『男女の性欲の弱点と一夫一婦論』を読みながら片手に酒盃を持つてゐたからである。（下略）

（明治四十四年十月一日）

（上略）▲東京の仲吉君からイプセンもの、寄稿があつた▲バク、ナンの両君が朝から見えない▲僕と南翁とが二人きり▲遅くからモク君の浅黒い細顔が俥の幌から現はれて社の正門に這入つた▲之を二階から見てゐた僕は何んとなく一人の味方を得たやうに感じた。（下略）

（明治四十四年十月二日）

天気が怪しくなつて編輯室は障子を立てなければ筆が執れないと云ひ合ふてゐると▲恰度、野に下つて二三日しかならない山城半醒翁が満腹の経綸を吐かんずる勢で来社▲翁は是れから筆八丁口八丁腹八丁の三八二十四丁の体力心力を以て毎日社の為めに援助すると雄詰びた▲翁、幸に健在なれ▲雨が降り出した。酒を憶ひ出した。首里帰へりのモク君が又た雨ぢやとコボシた。（下略）

（明治四十四年十月六日）

原告と被告の二人前を自分一人に背負ふて法廷に立たねばならないペテン師の大彦殿は未だに自分の名義に残された『毎日紙』の印刷人たる大彦を相手に告発せないとは多分自ら告発しても結局自縄自縛の赤恥を掻くに違ひないと気付いてから観念しただらうと、編輯室での評判である。其処で『琉球紙』の『貞矯鑑』の向ふを張つて本社で、喜劇『自縄自縛』を仕組んで中座に演らしてはどうぢやと、誰かゞ言出すと、それぢやペテン師の

＊注46　正忠

山城正忠（一八八四〜一九四九年）は、沖縄県那覇市出身の歌人、小説家。上京して、医学を学ぶかたわら「新詩社」に入会し、与謝野晶子・鉄幹夫妻に師事し歌人となる。石川啄木と交流した。帰郷後、歯科医を開業する傍ら、『明星』、『スバル』等に短歌を投稿。『ホトトギス』に小説を発表した。沖縄に近代文学をもたらした。小説『九年母』が有名である。

大城彦五郎を中座の永村にさせると、新聞記者バク、ナンの両君と南翁の三人は平良、伊良波、新垣の三名に当てやうと既に登場人物の役割迄そろ〲〵話し出すると。（下略）

（明治四十四年十月七日）

（上略）▲同人お互の奔走に依り一千号の寄稿が今日も仰山に来た▲記者は手よりは足で書くといふ主義を不言実行してゐる南村君がどうしたものか本日欠社▲月城兄と一緒に正忠君の宅を叩くや、正忠君は今午睡から起されたといふ騒ぎで、午睡中美人の幻覚に襲はれてキマリが悪かつたと其の寝ボケタ顔から白い歯を出して話した▲昨夜の腹癒に工場と会計と編輯の人々が情意投合の上コレから飲まうぢやないかとソロ〲〵低気圧が動いて来た。（下略）

（明治四十四年十月八日）

日誌を書くのが蛇蝎よりも恐わがるモク君が愈々危篤になつて今では日誌恐怖病発癌症を起して困つたものぢやと同人中の評判に上つた▲築港の糸数君が品川技師の使ひにて来社、姑くの間懐旧談に花を咲かして去つた▲在京の田里君から『東京通信』を遣るとの意味で長い親切な手紙が来た。（下略）

（明治四十四年十月九日）

本日は一千号へ寄稿の締切日で何んとなく忙はしい気がした▲寄稿中には肩書の却々厳めしい人々から寄せられたのも多かった▲東京から久しぶり帰省した某教育家が社に来て近来沖縄の巡査の風彩が著しく地に落ちて全く子供らしいお顔揃ひで一寸泥棒に喰ひつかれて泣き出しさうぢやないかと云ふた▲今夜、工場では一千号の為に夜業せねばならないからお茶菓子を出しませうかと、会計の名城君が云つた。（下略）（明治四十四年十月十日）

東京の何んとかいふ文士が酔ふとスグ誰れに向つても野郎呼ばゝりするゲナ▲昨日の日誌にもモク君が吾輩に野郎よばゝりをした▲多分お酒に呑まれて覚えず誇大妄想狂の筆尖が他の自重心を辱侮しやうとしたぢやらう▲明後日の準備、忙殺中の夕暮、壺屋の三念病客から久しぶりに手紙が来た▲一千号の祝ひに俳句をやる考へであつたが到底出来なかつたといふ詫び事もあつた▲しかし三念君は日誌に書いてくれるなと云つた▲あまり死なんでゐるからシツコク見えて卑しいからと云つた。（下略）

（明治四十四年十月十二日）

□面を書くとて盥に墨を溶かすと彼処此処執筆者が出て来た▲此等の人々が何だか鳥の様な感じがした（麦）▲ビールが半打テーブルの上に置かれたが暫く手を付けるのが居ない▲突然ポンと抜く音がしたので南君だと思つて見かへつたら間違い麦君であつた（汀）▲そは〳〵した軽い気分に満たされてゐる（南）▲高相杰君来社、麦君麦酒を傾けながら筆談に耽ける、社友汀鳥君酔ふ日誌欄に飛び込む（モク）▲こゝで癪に障つて締切午後六時半。（翠）

（明治四十四年十月十三日）

昨日の千号祝ひが無暗に面白かつた余りツイ心の楔子《くさび》が抜けて了つて兄弟喧嘩を起して黙堂君、浪笛君[*注47]、南村君等に対して最も恐縮なる侮辱と怪我とを与へたゲナ▲之を今日登社すると、南翁やバク君などから聞かされて胸がヒヤ〳〵した。（下略）

（明治四十四年十月十五日）

（上略）▲常に冗談ばかりしてゐた竹雨君がお母さんを亡くしてから昨夜始めて平生に似合はぬマジメ腐つた顔で、編輯室の電灯にマジャ〳〵と現はれ出たので、私は思はず吹き出した▲傍にゐた麦君も白い歯を出しかけたが漸く努力をして下唇を咬み締めると折角の竹雨君も仕方なく苦笑した▲這んな話を□日振りに顔を見せてくれたナン君にバク君と一緒に想ひ出して云ふと▲私もいつか忌中の友を苦笑させたと語つた。（下略）

（明治四十四年十月十七日）

（上略）▲先日の失態を詫びながら顔におできが出来て出社しかねるから四五日はお暇を乞ふと首里からモク君の使ひが来た▲昨日の半醒翁□悪戯に皆んな七分の侮辱と三分の阿呆らしさにムツトしたと話合ふた▲支那人の

＊注47　浪笛
漢那浪笛《かんなろうてき》・本名憲行（一八八七～一九三九年）は、沖縄県那覇市出身の詩人、教師。図画専科教員の免許を取得し、那覇尋常高等小学校をはじめ、二〇余年にわたって教鞭をとった。明治末から昭和初期にかけて『沖縄毎日新聞』等に詩を発表して注目された。一九〇八年には、伊波月城、山城翠香らと「球陽文学会」を結成した。沖縄の近代詩を代表する詩人である。

高さんが自作の詩を持つて編輯室に来た▲高さんの美しい両つの頬には鮮かな血潮が染めて何んとなく秋らしく感ぜしめた▲倭人の悲哀を歌ふや秋の風。（下略）

（明治四十四年十月十九日）

▲昨夜、首里青年の秋季会に行つたバク、ナンの両君は酒に征服されてどつかへ逐電したと見えて給仕を呼びに宅へ遣つても両君とも留守ぢやたそうナ▲今日の編輯室は南翁と私とが二人きり、校正の代理をしたり觚《ふで》を操《あや》つたりしてた蔭□無聊を破つた（中略）▲工場の運天君は実に大人らしい處があるので彼と涵盃を献酬しながら互に情□を語り合ふとシンミリとした温みと懐かしさに涙ぐまれて夜を語り明せるほどのシンセリテイの人である▲昨夜ヤンチヤンの阿嘉嶺君に思ひ較べて運天君の真実に惚れた▲あゝ、至誠は万学を動かすものである。（下略）

（明治四十四年十月二十三日）

▲『琉球新報』の一日一句の宗匠連の句は揃ひも揃ふたゴツ〳〵ばかりの傑句揃ひであんなに邪道に迷ひ込んではもう済度し難いと誰れかゞ云ひ出すと▲さうだ、あれで一転機を示してゐるので寧ろ『月並へ帰へれ』と宣言し給へと他の一人が合槌を打つた▲今日も復た桂月の思想と声を盗んだ偽文豪が案内を乞はずに編輯室に闖入して『□家の盛衰』てふ博士論文を提出しやうとして見事に却下した。（下略）

（明治四十四年十月二十五日）

▲今日新しい冬帽子に誇つて登社すると麦君が美しく手にして之は可い幾くらだつたかといろ〳〵賞讃した揚句一寸帽子掛にかけはづして□光りのした縁の上に落した。（下略）

（明治四十四年十月二十九日）

▲朝、月城君と牛肉一竹の皮包を携へて牧志に星村君を叩く▲久しぶり三人鼎座してスキヤキを頬張り競ふてゐる最中、『琉球』の素月君が見えた▲素月君は今日は休むつもりで家にゐたら只今首里の泡盛総会へ行けと社から命令が来て是れから行く処ぢやと云つてゐた▲午后、社に出ると南翁と菊翁の両翁が頻りに執筆してゐる▲傍に正忠君が腰掛けてライブラリイから帰へりがけだと私に挨拶しながら□を見てゐる▲姑く、正忠君と私と□□に大里へ逐電したといふ狭浦君の話しに花が咲いた▲話

し中に何かの序に新婚旅行と妊娠旅行との滑稽論に移つた▲笑古[*注48]君が立派な紋付を著流して堂々と編輯室に這入つて来て革命軍はどうだと訊かれた▲今度の動乱は列国さへ干渉しなければ結局漢人萬歳になるぢやらうと私が云ひ出すと▲話が次第に□く活発した▲『沖縄』の実泉君が勿来翁の使ひにやつて来た▲黙堂、麦門冬、南村の三君は今日は日曜日だと独断したか孰れも欠社▲三君、明日は吾輩の番ぢやヨ。（下略）

（明治四十四年十月三十日）

▲昨日は家に引籠つて読書しやうとしたら月城、正忠の両君に折角の知識欲を破壊されて朝から夜へブラリと遊び暮した▲そして今日になつてもマダ昨夜の夢に趁《おは》れて目前《めさき》の原稿用紙に様々な□楽の絵が映る▲お茶が拙いから工場へ行つて訊くとマスター・オブ・ハンドルの蒲公が悪い井戸水を使つたからさうだといふ事が解ると▲少々怒りが肩になり叱りかゝらうと▲一寸、蒲公を見ると何んとなく蒲公の身の上が哀れになつた▲蒲公の生涯はあの真黒い短い汚《きたな》いハンドルに維持《つなが》れてゐるかと気が付くと私は今まで蒲公がどう叱られるかと気がねしてゐた工場の多くの人々の視線からソツと抜けて二階へ帰つた▲廻はる地球に、サテ住みながら廻はりかねたる金と欲……と誰かゞ低唱し始めると▲私もツイ釣り込まれて編輯室の神聖を忘れてゐると▲オイ〳〵、其麼《そんな》、黄ろい猫の声の真似をするナとたしなめる者がゐた▲モク君は臍の緒を切つてから始めて花婿の相伴者に頼まれたと云つてニコ〳〵顔。（下略）

（明治四十四年十一月一日）

▲天長の佳節を祝する為に合同日誌を書かうと云ふ話が出たがモク君が花婿の相伴で欠社したので翠君が同氏の代理として日誌をかけと吾輩に請求した余輩はモク君以上の慢性日誌恐怖病だから書けないといつたら何でも

*注48 笑古
真境名安興《まじきなあんこう》（一八七五～一九三三年）の雅号。那覇市首里出身の、沖縄研究者。沖縄県尋常中学校で、伊波普猷と同期で、東恩納寛惇と共に沖縄学の「御三家」と評された。第二代の県立図書館長となり文化運動、社会教育活動も行った。『沖縄一千年史』の著者として知られる。

い、からかけといつたそれぢや御免を蒙ると琉歌一首を捻り出した「よゝる□もとち花婿□なしな□つれやモク□君にたのて」といつたら一同ふき出して笑声室にこぼれた何んと聞かよいんでしやう（キク）▲小泉視学官の講話を聞きに行つて一つ失敗した沖縄の児童は鉛筆を甜る悪い癖がある云々と聞いて成程と感じてゐた僕が矢張り講話筆記の際鉛筆を甜めてゐるこの日誌を書くときも矢張り甜めてゐる習慣の力はえらいもんぢや（麦）▲斯の外南翁と南村の両君と僕の三人の合作は余り長くなるから之れで真平御免翠▲八時半締切。（翠）

（明治四十四年十一月三日）

▲先日松山校で教育会の催した講演会で小泉文部省視学官は何んでも沖縄の教育界は形式丈は他県に劣らぬほど進歩してゐるが其の内容に至りては依然として進歩してゐないと批評してゐたゲナ▲斯ういふ評言は単純なる考察の抽象的偏在性のもので何れの県の教育界に持つてゐても当箝□様な融通の利く悪実な鍼灸術でないかと思ふ。（下略）

（明治四十四年十一月五日）

▲三念を亡くして二日振りに編輯室に顔を出すと▲今に自分の遺るのから人事の総てが自分から離れて行くぢやらうと三念を想ひ出して又々悲観する（中略）▲片山県視学の放逐後はどんな偉い好視学が来県するかと誰れかゞ云ひ出す。（下略）

（明治四十四年十一月九日）

（上略）▲麦君は頻りに昨日の続きものに骨を折つて書いてゐる▲南翁は時々筆を置いて風月の土産話に花を咲かしてゐる▲菊翁は姑く校正を控へて寒さうに猪首を襟の中に縮めて両肱で腮を支えた□卓上に置いて何か壁と睨みくらをしてゐる▲月江君によりカンターの綽名から脱がれたといふ南村君の顔を見たさに腹痛を我慢して出勤するとお主は夜に入つても見えない▲愛子のお祝ひで強《したた》か嬉れしいかつたと見えて今日もモク君は出ない。（下略）

（明治四十四年十一月十一日）

▲工場の阿嘉嶺君が二階へ上がつて来て二面の記事は最う足りてゐますから日誌を書いて下さいと云つた（中略）▲モク君を除く外同人皆打ち揃ふて忙はしく動いてゐる。（下略）

（明治四十四年十一月十二日）

▲午前十時に三念の墓参に壺屋へ行つて追憶の悲しみを抱いて家に帰へると▲社から給仕が来て誰方《どうなた》も出られぬから諸見里さん一早く出て下さいと云つて給仕は去つた▲空腹を一生懸命に詰め込んで社に出ると▲南翁、菊翁がセイ〳〵働く▲五ツ紋のバク君は今首里から帰へたばかりと挨拶する▲こんなに日曜に沢山でゝは折角モク君の憲法を犯したものぢやと▲愚痴を云ひ〳〵日誌を書く。（下略）

（明治四十四年十一月十三日）

▲昨日一日休養した元気で出社すると▲まだ仲間が見えない、愚図々々してゐると南翁が見えたが、県庁と警察から帰社する間に、南翁が見えなくなつた▲姑くすると南村君が工場に来て誰れかと話してゐるので▲一寸二階から降りて見ると南村君は既にゐない▲麦君は祖母さんの命日で首里へ行つた▲日曜日一人出社主義を唱へた黙君が今日を□□に繰り上げたのか欠社▲これで僕の一人天下で鋏とペンとの両刀遣ひをしてゐると▲いつの間に湯屋へ行つたか菊翁が濡れ手拭を携へてラク〳〵と編輯室に帰へて、早速煙管を吐月峯に当てゝ、何んだか寂しいナと云つてゐる。（下略）（明治四十四年十一月十八日）

▲黙君が近来頓と出社しないので編輯室の仲間は様々に気を揉んでゐる▲中にも菊翁は一番心配してゐて彼れは平生シンチ持ちだから今頃は頗る苦しんでゐるぢやらうと頻りに云つてゐる▲それから菊翁と云つたから想ひ出したが兼ねて養豚主義の主唱者として社内嘖々の名を得たる菊翁が又々□□□を主唱して▲鶏千羽に山羊一頭に豚三千斤の雑煮の馳走をして喰つて見たいと云つてゐる▲山城半醒翁が先日郵便局の看板を書いたので正忠君が翠香君などに見せて批評させて見たいと云つてゐたさうだが▲今日でも□□揃ふて見に行かうかとしてゐる（中略）▲菊翁は今を最中に猫背になつて校正に熱中してゐる▲斯ういふ人物を人生の一部から引き割いて小説に描いて見たいといふ考へが電□やうに僕の頭脳に閃いた。（下略）

（明治四十四年十一月二十二日）

（上略）▲工場の毀はれた椅子にかゝつてゐる菊翁は思ひ切つた様に猫背になつて両膝を椅子の上に載せて貧乏振ひをしてゐる▲アマリ僕の事を書いて呉れると道から歩くのもキマリが悪いから書いて呉れるなと菊翁が云つてゐる。（下略）

（明治四十四年十一月三十日）

▲菊翁が懐疑の目を瞬はつてどうも俳句といふものはサツパリ解り難い▲殊に三四ヶ所もブツ切つてゐるので意味が解らんぢやないかと云ひ張つてゐる▲それから菊翁が君等の俳句も百年後でなければ解らぬと何処までも負け惜しみを云つてゐる▲昨日、嘉手納に製糖会社の試運転式を見に行つた南村君が丁度記事を書いてゐる最中に松村自由党が編輯室に無断に這入つて邪魔したので折角の試運転式の記事も滅茶々々になつたと南村君コボシてゐる▲本日午后二時頃に嘉手納とか云ふ若者が崇元寺前の石橋から落水して見事に首を刎ねて自刃したといふ話が朝から工場での悲劇談である▲斯んなに犬死をするよりはどうせ死ぬ覚悟だつたらナゼ革命軍に身を投じなかつたかと誰れかゞ云つてゐる▲恋か魔か、独り死ぬ身や、冷たかり。（下略）

（明治四十四年十二月二日）

▲昨日出なかつた埋め合せに午后一時に出社するとマダ仲間が見えない（中略）▲さア、精勤鶏屋の菊、麦の両君が電灯の明かつても見えない▲黙君は又々クサを起したか欠社。（下略）

（明治四十四年十二月五日）

▲毎日松村自由党が恰も日課の様に午後四時頃から編輯室へ闖入して記者の仕事を邪魔するので仕方なく警察へ電話をかけると▲自由党は虫が知らせたのか大きな凱歌を挙げて二階から下りて帰へったので一同は安心した▲今日首里方面へ行つた集金人の話に依ると朝武士郡長[*注49]へ新聞代三十五銭請求したさうだがナイと云はれて取れなかつたさうナ▲苟くも堂々たる郡長さへ三十五銭位ひないと云ふからには昨今如何に金融切迫といふことが推知される。（下略）

（明治四十四年十二月六日）

▲近頃は記者でない偽記者が空巣《あけす》覗ひをして編輯室まで闖入して跋扈して来た▲矢張りコレ等の野郎等は記者を馬鹿にすると同時に自己を欺いたシミツタレに違ひない（中略）▲此頃、メランコーリイの私には斯んなグルウミイの空気よりは早く逃れたいと一寸静粛なる美威に打たれてゐたが、ソレもホンの刹那で復た寂しく、侘しく、情けなくなつてきたので、大勢ゐる楼下の工場へ行くと▲幾くらか群集心理に捲込まれて気紛れになる▲とライブラリイの帰へりで月城、正忠、狭浦の三君が直ぐ工場に這入つて来て芝居見物に行かうかと云つた▲麦君も図

書館で約して置いたから行かうと正忠君が云つた▲ちや、行かうと序に南村君まで誘惑した。（下略）

（明治四十四年十二月十三日）

▲持病勝ちの黙堂君は既に危篤と聴いて心配してゐたが案外病気全快して今日からニコ〳〵出社▲今日の日誌のお蔭でデシャバリ連が社に見えなくなつたので黙堂君なほ〳〵陽気になつて酒を命じた▲多分病気全快祝ひのつもりか知れぬ▲月城と麦門冬の両君は酒を酌みつゝ、頻りに半醒翁の噂をしてゐる▲麻梧楼とか何んとか幾つも雅号を所有してゐる奴が近頃気取つた県下の俳汝附をやつてゐる▲惜しい事にはマダ〳〵新傾向といふことに対して自己の見識としての論拠が現はれてゐない▲併し感心なことには能くアレ丈近代の文学的（殊に小説）思潮の推移を抽象したナチユラリイズムとか新ロマンチックとかを噛ぢつてゐる事だ▲処□麻梧楼といふ人格が卑しいことは更へす〳〵も残念でないか▲楽山、落平、半夢諸氏が県下俳界の先覚者として其の句作の巧拙の如何は別問題として兎に角現在の通り新傾向に努力、奮励を尽してゐる精神に多少の尊敬を払ふべきものなるに無暗に彼等諸氏に対して学問素養ないなど、大胆な痴《たわけ》□を吐いてゐたのは識者□窃に眉を顰む所である。（下略）

（明治四十四年十二月十四日）

▲小雑報がないと何んだか寂しいから沖縄の紫明君を電話から話しかけると紫明君は親切に買つてくれた▲併し、唯だ二ツ貫つた材料を電話室から編輯室へ来るまで頭から落して了つた、どうも紫明君に対してスマナイ▲昨日欠社した面当てにか黙、麦、南の三君が電灯の明りまで出て来ナイ▲菊翁は校正をしながら二人画家を読んでゐる▲翁にバーナードショウを読んだかと無暗に問ひたくなる▲松村自由党が放糞一件で又々編輯室に怒鳴つた▲半醒翁の顔が久しぶりに編輯室に現はれて、オイ好い三面種子があるが聞かさうかと話出した。（下略）

＊注49　朝武士郡長
朝武士《あさぶし》干城《かんじょう》（?〜一九一九年）は、青森県出身。奈良原繁沖縄知事の下、一八九五年国頭役所長、郡制の実施に伴い国頭郡長になった。九八年に官選首里区長に任命され、中頭郡長も兼任し、十年間その職を務めた。「奈良原の子分」と評価された。

（明治四十四年十二月十六日）

▲精勤屋の名声嘖々たる麦君が近頃口□《□□□□》を仕出し二三日前から行衛不明になつて家に探しに遣つても行先きが解りませぬと可愛い妻君まで心配さうな顔で云つてゐたさうナ▲ハテ、面妖だと雪峰君が昨日も今日も家やら図書館やらを探し廻はつたとは余程運動になつて飯櫃が減つて麦君にモシ、アナタとお叱りをうけたかも知れぬとは誰れやらが皮肉▲警句屋の黙君が曽つて日曜日一人出社主義を実行した丈あつて近頃は又た隔日出社主義を始めてゐる▲菊翁、寄稿ものを校正しながら、どうも斯んな文体は解りかねるから没書したらどうかとアハヤ折角念入の文体を水の泡にフウとされ□つた。（下略）

（明治四十四年十二月十七日）

▲日誌が出るのを一番好きな工場の阿嘉嶺君が又々日誌の請求に二階へ上がつて来た▲酒を呑まぬと妙に真面目腐つてゐるが日が暮れて編輯室の机上に酒が置かれると馬鹿に気分がヨクなると麦君が云つてゐる▲久しぶりに南君が見えた▲月城君が酒杯を挙げつゝ支那革命の情況を話してゐる▲麦君が『沖縄』「昨日」にも翁といふ一字が見えて来たと云つてゐる、それよりも本社の黙君の黙といふ一字を追襲してゐるのは一寸おもしろくない。（下略）

（明治四十四年十二月二十日）

▲月江の蝙蝠傘をハンドラーの加那公が無断に使用して骨に破損を生ぜしめた▲月江怒つて直ぐに修繕を命ずると加那公すぐに傘直しに持つていつた修繕料大枚一銭であつた。（下略）

（明治四十五年一月十日）

▲身体から精神の箍《たが》が弛んでソノ儘ベットに三日間も置かれた私が今日から出社すると「琉球」の美人投票、顔触が私の目の前に押し付けられた▲アナタの三吉は僅か二点ですと▲会計の色男月江君から態々見せられた時は実際、色の褪《さ》め行く三吉は可哀想だとおもふた▲しかしアナタの三吉に至りては言語道断と刀に手をつける身をした▲昨夜、武家動物園から「いろは」に招待された麦君が昨夜やられたヨと云ひながらセイ〱と書いてゐると、いつの間にか月城、雪峰の両君に引張られて雨中を冒してどこへか行つた▲新婚の汀鳥君が編輯室に見える

と直ぐ女房の味ひはどうぢやと鋭く問ふてゐる仲間がゐる。（下略）

（明治四十五年一月十九日）

▲今日はどうしたものか皆さんお揃ひですナと今日に限つて遅参した菊翁が目を睜はつた▲これを天祐といふよりは寧ろ社祐といふた方が適評ぢやと誰れかが云つてゐる▲黙、麦、南の三君は処々を駆け回はつて来てから相変はらず飢饉日だと零してゐる▲本日支那から来た高さんに今頃は支那は雪が降つてゐるぢやらうと話しかけるとイヤ雪はナイ丁度本県の今の様な気候ぢやと云ふてゐる▲県庁の門を出る際、チラリと三吉の顔が目の中に這入つた、それから三吉は本日六十四点といふことから様々に考へたと誰かゞ帰へて来てから私に話すと▲三吉などに提灯を持つよりか、辻のウトバーに肩を持た方が幾くら便利か知れないと私が云はない前に傍にゐる経済家は云ふてゐる（中略）▲酒とか恋とかはもう私の心をそゝのかす事が出来なくなつて来た。（下略）

（明治四十五年一月二十四日）

▲「沖縄」紫の君が編輯室にきて「琉球」美人投票の話しから何か旨い儲ける仕事はないか子と頻りに私に話しかける▲しかし「琉球」のやうに我利一天張りで社会の関数を害するやうではイケないから何か綺麗ナ仕事でありたいものだと話合ふた▲若いヒヨロ〳〵先生が編輯室の閾に立ちて麦君に南村君はいませんかと尋ねかけて姑く話してゐると黙君が這入つて来て一ツの椅子に腰をかけるや夫子相変らず黙々然として若いヒヨロ〳〵先生を□戍《みまも》ふてゐる▲そのうち南村君が帰つて来て若い先生と話すそれがスムと若い先生は去つた▲去るとアレが元と沖縄にゐた黙だと麦君が告げると今まで黙々としてゐた黙君が彼奴か吾輩の雅号を無断に横領してゐたのはとブツ〳〵云つてゐる▲工場の松公は菊翁が出ないと非常な心配だといふのでソノ訳を聞くと菊翁が欠社すると校正が行き詰《つま》つて松公も随つて仕事が行き詰るといふ次第であるさうナ▲道理で今日松公は菊翁の顔を見てニコ〳〵と二階を降り昇りしてゐる。（下略）

（明治四十五年一月二十七日）

（上略）▲昨夜風月楼上で三社□盟□祝宴中に女酒豪一二君が頻り□「琉球」の美人投票の次には県下の女酒豪

を募集しなさいと酒気紛々とクダ巻いてゐたと話し出すとフム、一二□はんはイツカ社の日誌に酒豪投票云□を見たに相違ないと誰か〴〵クサしてゐる▲本県ではマダ新聞記者といふものが真解されてゐないから一ツ「□衣□宰相論」を書いたらどうぢやと編輯室の一方で喧しく話し合ふてゐる□会計の目の助君が礼の仕様がアマリぞんざいだと菊翁が丁寧にタシナメている。（下略）

（明治四十五年一月二十九日）

▲昨日から「沖縄」では「琉球」の美人投票の攻撃を始めてゐる▲ソノ論旨とする所は世を挙げて尽く醜業婦の提灯持ちにせしめて社会一般の風教を害するといふことを痛く悲憤してゐるやうだ▲吾輩もコノ意味で「琉球」の美人投票征伐には大賛成である▲しかし鉄面皮の醜業婦の御用新聞たる琉球子の如きは幾くら攻撃されても、お多福に吸つた旨い汁は吐かずにどし〳〵猛進するぢやらう▲今では学校の方も教員連が非常に怒ツてきて一切琉球新聞を取らずにしたらどうぢやとの或る学校での評判ださうナ▲コノ考へは苟も教育者たるもの、当然なる考へで亦励行すべき事であらう▲随分学生側でも美人投票に腐心する者が続々多くなつてきたやうだ▲学生の父兄たるもの須らく留意し可き時だとおもふ▲事務の類冠り君が褒められると勘違ひしたか、翠香さんコノ次は辻遊廓の各家各娼妓の定客を棄破抜いたらどうです、さうすると県下にウヨ〳〵してゐる似而非《にせ》紳士紳商の顔がバレて仕舞ひますからと得々と説いてゐる▲電灯の明らぬ前締切る。（翠）

（明治四十五年二月一日）

▲□□のやうな暗い恐ろしい風が鋭くジク〴〵と感覚を煽る夕暮には訳もなくシミツタレになる▲コロツプを刎ねて気の抜けたビール瓶の心を抱いたやうな私は寧ろ十七世紀に立帰へつてエピキユリイヤン派の隋眠哲学に抱かれた様な気がした▲昨日黒旋□君のいふたやうに社前の泉崎川は相変はらず赤く濁つて流れてゐる。ソノ川面《かはづら》をコハ相に引ッ込んでゐる社の石垣に根ざした榕樹の枝々は強い風に弄されて措き処に困つてゐる▲あゝ、弱きものは却つて幸福である、生中《なまなか》に風に抵抗するやうな枝だつたら一日も存在してゐなかつたであらうと飛んでもない事まで空想した▲麦門冬君のお姉様が遽かに亡くなられたといふ急報が首里から届いて来た時編輯室一同

は筆を擱いて雲時《しばらく》暗愁の心に包まれてゐた▲締切午后六時。（翠）

（明治四十五年二月三日）

（上略）▲恋も酒も味はる、中が色彩のある人生であるとも考へらる▲一週間も永く禁酒してゐた菊翁が歯痛みの全快祝ひとして態々給仕をお宅に遣りて古酒を取りに命じた▲コレを聞いた二名の社友が相恰を崩して編輯室を潤歩してゐる▲雲峰君が一言二言私に話すかと思ふと直ぐ消えて了つた。（下略）

（明治四十五年二月五日）

▲米の高くなつてから酒代も滅法界に高くなつた▲これでは貧乏記者の咽喉笛《のどぶえ》も干乾《ひぼし》になる訳だ▲それで社員一同打合せの結果自腹で驕るのを厳禁して醵金主義を実行しやうと誰れかゞ主唱すると▲テーブルの上に彼処ら此処らから小銭が雨の様に投げられた▲これを月城君が集めて直ちに酒を給仕に命ずるやうだ▲モク、ナンの両君が早引して少々味方に力弱く感じたが酒豪麦君がゐるので敢て月江君や菊翁などに負けはとるまいと覚悟した▲コヽまで日誌を書いてゐるうちソレ酒が見えると続いて狐壽子も見舞ふた▲先刻から見えなかつた雪峰君がコノお安くない時に眼鏡と共に見えた▲君帰へたらどうかと麦君が雪峰君に切出した▲酒はドウシイユウバア[＊注50]といふ俗語のあるためか亦一人の社友浪笛君が現れて来た。（下略）

（明治四十五年二月十一日）

▲「沖縄」では勿来翁が県下済々たる三十名士の意見をえたとして昨夕、祝賀会の席場で鬼の首でも取った様に小供らしく大威張で樺山校長と頻りに気焔の吹き競べをしてゐたと▲編輯室の話しの夕子に上つた▲何漠然として単に社会教育の方面からと云つて美人投票の良否を質問した処が結局是と非との単一なるアンチノミーの屁理屈を云ふに過ぎないぢやらうと平生から悪まれ口を叩くM君が罵り始める▲『琉球音楽の研究』を公表した平良羽衣君が来訪してイロ〳〵の話しを始め刻下金融界の不

＊注50　ドウシイユウバア＝ドウシイ　ユウバア
“友人を呼ぶ者”の意。

振なる所以を根本から研究したらどうですと寒くなるやうな気焔を吐いてゐる▲県庁帰へりの南君が愈々県視学は渡嘉敷さんに落ちたと云ふたので県下教育界の為めに大いに祝盃を挙げたい。（下略）

（明治四十五年二月十六日）

▲麦君がライブラリイやら華国会やら県庁やら大車輪に掻廻はつて来てドツサリと材料を机の上に積んでホツト息気《イキ》を吐いてニコ〳〵してゐるので誰れかゞ二号活字で本日我が社の活動振りを見よと揚言して但し明日からは怠けると書き添へたらどうぢやと云つてゐる▲何んとか云ふ先輩が君等の日誌は飲む事と喰ふ事ばかり書くから書かないやうにしたらどうかと同人に云つてゐたゲナ▲しかし恁んな忠告をして貰はうより琉球子の美人投票をやるなと忠告して貰ひたいものぢや。（下略）

（明治四十五年二月二十二日）

（上略）▲仲西へ私等一行が行つて帰へりにはキコシメタ連中だから危く畔道から踏み外して土左衛門になるものもゐるとか▲返へしに行つたスツテキを又た借りて転ばぬさきの杖にしてゐるぢやらうと私に云つてゐた▲処が昨日頭痛と雨模様とに気懸りして社へ出ずに一日休んでゐた私が本日社へ出て見ると菊翁が劈頭第一に君仲西へ行つて帰へりには怪我しなかつたかと皮肉のつもりで言つてゐる▲しかし昨日の日誌を書いた麦君は遉は当ての外れた事を書いたと殊勝気に沈黙してゐるので喧嘩腰も折れた▲物外さんが見えて雑談中漢那少佐の親戚に対する感心の行為を話された▲電灯が明かつてから蓬莱庵主人も見えて更に話に花が満開した。（下略）

（明治四十五年二月二十七日）

沖縄紙は日誌までも紊乱《びんらん》したものと見えて他の人格さへ侮辱せやうとしてゐる▲吾輩を尾類の孫と呼ばはりて不義の塊りなど、失敬な□言をしてゐる▲苟も尚徳王の家系を享けた吾輩の血統を唯夫れ父の母胎より批難するに至りては人格を侮辱した暴言である▲コノ見地から謂はしむれば歴々たる華族中にも所謂不義の孫が幾くらもゐる▲況んや宰相の孫オヤだ▲今更ら因習に囚はれた種子論を呶々するよりは各自の人格を陶冶した方が却つて先祖に対して孝道を尽すの一端ともなるべきものであらう▲料理屋喰ひ潰しの褌洗ひの義理といへばケシ一粒ほどもない黄金の為めなら生命《いのち》も二番と柄にない狂呆《けふほう》者の助太刀をするやうな親分を戴いてゐる荒木紫明とかいふ結核菌はヨクも柄にない人間の癖に人身攻撃をやつたとは▲ソレモ余り不思議でないのは性来が犬ぢやもの▲憚り様ながらコレでもマダ悪所へ行つても台馬から滴々魚の腐つた汁を吸うた事はありませんから子▲以後他人の人格を侮辱せない限りに何程でも論難攻撃し給へ▲他人の人格を尊重せざる者は自らの人格を侮辱せる反証なりと謂ふ言を些と味い給へ▲イヤ丹波あたりの穢多の子が本県へ迷ひ込んで一寸増長し過ぎたとすればマヅ許して遣はす。

（明治四十五年五月十三日）

今朝女の子を連れて石門の湯屋へ行つたら少し遅れて大城彦五郎君が見えたが一寸憚つて知らん振りしてゐると先方から丁寧にお叩頭《じぎ》をするので此方《こちら》は仕方なく挨拶した只だ裸になつた彦五郎君は私を背にして頻りに垢を落してゐる痩せた頸筋に大きな頭脳《あたま》を支えてソノ後頭部には世に謂ふ謀叛瘤があつたコレを見た一刹那私は三国志にある魏延の謀叛瘤云々の骨相談を想ひ出した平将門のも丁度彦五郎君の謀叛瘤に似てゐはしなかつたかと次に連想すると端なく屋良の阿麻和利勝連按司の後頭部にも屹度大彦君の様な謀叛瘤が出来てゐたであらうと考へた斯んな事を考へてゐる間に大彦君はサア〳〵と垢を流して湯槽から上つて私へ左様ならと云つて湯屋を出て行つた嗚呼彼れは謀叛瘤を持つて生れた悪縁で一生正義の人に立ち帰へる事が出来ないのであらう姑らくしてから私も子供を連れて湯屋を出た社へ出て皆んなへ大城彦五郎君を湯屋に出会《でくわ》して兼ねて噂のある謀叛瘤を今朝ツク〳〵と見た事を話すと皆んな笑つてゐる人間の骨相も却々馬鹿に出来ないのである。

（明治四十五年五月二十二日）

▲立井さんが遽かに斯の世を逝かれた▲立井さんと私とは別に親しい交際でもなかつた▲唯だ立井さんと一度スキ焼きをイジリながら親しく立井さんの前半生を聴き今日の活動振りと想ひ較べて大にコンベンシヨナルのお医者さんのレコードを逸した気概のある豪傑的の些と医者上りの後藤大臣のムードを始終持ち通してゐるやうな人だとおもふた▲兎に角本県の刀圭界《（とうけいかい）》では珍らしい人物に

違いない▲然し立井さんは生前大々的活動家であつたからソレ丈け他人に云へない大なる苦痛があつたといふ事は死前知己の人々から聞いた種々の事情を綜合してみると何んとなく悲惨なる偉人の面影を宿して空しく逝かれた様に痛感したのである▲明日は愈々衆議院議員選挙法実施祝賀会の琉球開闢以来の大飲み□和である▲コノ際本県民として誰れか祝盃を挙げざる者あらんやといひたい▲恁んな時は下戸も上戸も辛いの甘いの半々で須らく情意投合すべしだ▲どうも明日の事がイロ〳〵考へられて今夜は寝られんぢやらうとハヤ神経がトガテ来た▲月城南村の両君は合同親睦会へ打合せの為め農銀へ行き▲麦君亦□龍地中の水を吸ひ上げに些と隠れた▲サテ残んの留守兵菊翁と吾輩は時に利あらず酒を呼びて明日の戦闘準備を養はんやと猛けり狂ふ時に沛然として雨降らんずるの猛烈なる空模様！珍客比嘉朝盛君来たる、於戯《あゝ》ソレ愈々明日の下しらべ乎⁉▲今日□□私□哀□交々来りし感なくんばあらずだ。

（明治四十五年六月二十九日）

補論　山城翠香と田岡嶺雲

私は、一九九四年に『沖縄タイムス』紙の企画「人物列伝　沖縄の言論百年」で「山城翠香」を担当し、十月三日から十一月十八日まで、三十四回にわたって連載した。この企画は、「言論人を通して近代百年の言論史に迫る」というコンセプトであった。そして、全部の連載後『沖縄言論の百年』という単行本を出版する目的を持っていた。

全体の企画は、琉球大学の比屋根照夫教授（当時）と沖縄タイムス社を中心にした刊行委員会の会議で進められた。列伝に選ばれた言論人は、大田朝敷、真境名安興、伊波月城、島袋全発、末吉麦門冬、当間重慎、山城翠香らであった。私は、比屋根から「君には翠香が一番いいよ。翠香も詩人・評論家だから」と謎めいた推薦をいただいて、執筆担当が決まった。

連載後、何回か会議はあったが、理由が分からないまま、単行本出版は実現しなかった。残念である。原稿と新聞コピーは、長い間書庫で眠っていた。十三年後の二〇〇七年に、沖縄県教育庁文化課史料編集室の主任専門員に在職しているとき、山城翠香の「年譜」を作成する気が起こり、調査、執筆をした。ついでに、山城翠香著「机上餘瀝」目録と分類表を作成し、『史料編集室紀要』第三十二号（二〇〇七年三月）に発表した。

それまで、翠香の言論活動では、「河上肇舌禍事件への評論」と「琉球民族自覚の時代」、「乃木大将殉死事件への批判」を中心に注目して論じた。そして、『沖縄毎日新聞』を全部めくって「山城翠香の全言論活動」を調べたいものだ、と思いながらそのような研究活動の余裕は無かった。

それから、また十五年が経った。「もう翠香とは縁が切れただろう」と思っていた。『沖縄言論の百年』という単行本の話しは、音沙汰も無く、その間に沖縄大学の屋嘉比収が「島袋全発論」を深く研究し、一冊にまとめた『〈近代沖縄〉の知識人　島袋全発の軌跡』（吉川弘文館）が出版されただけであった。この沖縄思想史の力作へは、第三十一回（二〇一〇年度）「沖縄タイムス出版文化賞」が贈られた。

ところで、一昨年（二〇二二）突然不二出版の船橋治会長からお電話があり、お目にかかってみると何と「山城翠香論を出版したい」というお話であった。私が半信半疑でいると、会長は自ら調査し、コピーを取り、収集して来た資料を渡して下さった。そこには、私が見た事もない翠香の評論や論文があった。

船橋会長が収集して下さった資料のメインは、「山城翠香と田岡嶺雲関係の資料」だとのことであった。おまけに会長は、『田岡嶺雲全集』第五巻（法政大学出版局）を貸して下さった。この全集には、翠香と関係の深い「数奇伝」が収録されていた。さらに会長は、西田勝『田岡嶺雲論集成』（法政大学出版局）を寄贈して下さった。元法政大学教授で、文芸評論家だった西田は、嶺雲の全集も編集しており、日本に於ける田岡嶺雲研究の第一人者、と言っていいだろう。

そして、会長が渡して下さったコピー群には、私が今まで見たこともない翠香の作品が多数入っていた。その全貌は、本書の「Ⅱ「机上餘瀝」抄」と「Ⅲ　山城翠香セレクション」に収録された諸論考を読めば、見渡すことができる。これらの中で、まず注目されるのは「文壇奇才を失ふ」（大正元年九月二十日）と「嶺雲の死を悼む」（同年九月二十二日）であった。これに「数奇伝を読む　序文総まくり」（大正二年一月十日～二十一日）と、「数奇伝を読む　読後の印象」（同年一月二十三日～二月二日）の、何と十三回の連載が続く。なぜ翠香は、長い「田岡嶺雲論」を書いたのだろうか。

翠香は、一九一二（大正元）年九月七日に嶺雲が療養先の日光で没すると、その二週間足らずの後二十日には「文壇奇才を失ふ」（これは署名は無いが、彼の書いた社説であろう）を書いて紹介した。そして、さらに「嶺雲の死を悼む」（二十二日）で追悼文を書いているのである。

私たちはまず、「文壇奇才を失ふ」・「田岡嶺雲氏日光の客舎に逝く」の内容を見てみよう。この紹介文は、小見出し「不遇なる一生」と「氏の思想と著書」からできている。嶺雲の「一生」は後で検討することにして、ここでは「氏の思想と著書」を引用してみよう。

青年時代に愛読したのが主に老荘の書であつた故か氏の思想の根底は荘氏と共通の点があつたが、後ちカント、ヘーゲルなどの哲学書を読んで多少内容を豊富にし、ルソーの自由思想に接近してゐたやうである。氏の著書には「支那文学大綱」中の一編「嶺雲揺曳」「雲のちぎれ」「壺中記」「下獄記」等があるが殊に「嶺雲揺曳」は当時の哲学を感化する処浅くなかつたのである。

これを読むと、翠香の嶺雲思想理解がいかに的確であったかが分かる。彼は、嶺雲の著書を全て読んでいたであろうか。『嶺雲揺曳』を強調しているところを見ると、かなりの読み込みがあった、とは言える。ここで、一九一二（大正元）年頃の沖縄の読書界や翠香の読書遍歴について知りたいが、今はそれらを充分に調べる手がかりが無い。

それにしても、翠香がどのようにして嶺雲を知り、共感、傾倒していったかは興味が湧く。思えば、かつて山城翠香著「机上餘瀝」目録を作成し（『史料編集室紀要』第三十二号）その執筆分野の分類をしたことがある。その時確認した全七十九篇の内、何と半数近くの三十一篇が「思想」関係を論じた作品群であった。したがって、翠香の関心と評論の中心が思想問題や哲学問題にあった事が確認できる。それ故、翠香は教養として嶺雲の思想論や文芸批評を読み、吸収していたと言っていいだろう。その事は、引用した「氏の思想と著書」の文中に、荘子やカント、ヘーゲル、ルソーの思想家たちの名前を挙げていることからも分かる。

また、「I　山城翠香論」（本書五頁から）にも書いたように、翠香は西欧の思想家、文学者では、ニーチェ、ショーペンハウエル、イプセン、デカルト、スペンサー、スピノザ、メンデル、ダーウィン、ツルゲーネフなどの新知識を読み、日本の思想家、文学者は正宗白鳥や島崎藤村、田岡嶺雲から多くを学び支持したのである。

それ故、彼は嶺雲の死去に際し「嶺雲の死を悼む」（同一〇七頁）という追悼文が熱い心をもって書けたのだ。その文で翠香は、「噫、彼は数奇の人なりしよ」と書き、その略歴を的確に紹介している。そして、「其の根本思想にはショペンハウエルの思想が高く」そびえていると把握していた。

また、嶺雲の全体像を「明治文学史を三期に画して其の第二期の時代に於て苟も筆を以て世に立たんとする後輩者をして血液を沸騰せしめたものの中に新人田岡嶺雲の驍名を忘却すべからず」（「嶺雲の死を悼む」）と評価し位置付けた。

さらに翠香は、嶺雲の数奇に富む短い生涯を、「彼は明治二十三年一月故郷土佐より上京して水産伝習所を卒業後、更に文化大学漢文科の選科を卒業したる二十七年の翌年二月より雑誌『青年文』の主筆となる」とその要点を紹介し始める。

嶺雲は、「其後、中学校教師（佐州津山）、雑誌『文庫』（合併）、『朝報社』、『いばらき』新聞（主宰）、東亜学堂（上海）、従軍記者（北清事変）、『中國民報』、入獄（官吏侮辱）、『天鼓』師範学堂（蘇州）、『東亜新報』（主幹）等の種々の異なりたる境遇を経たり」（同）という壮絶な数奇なる人生を送った。

彼は「筆を振へば熱血迸る所、縦横の文字を成して天下の青年をして其の壮烈に憧憬せしめ以て各地に嶺雲宗の若き信徒を群生せしむるに至れり」（同）という。おそらく、翠香もその「嶺雲宗」の一人であったのだろう。嶺雲の「四十二年間の一生は、數奇の二字を以て蔽ふ、反抗、不平、熱烈、冷酷は断えず彼の胸中に盤旋して」と感受している。

そして、注目すべきことにすでに追悼文の段階で「今日に於て彼を追懐せば齋藤緑雨、北村透谷の二奇才を連想す。透谷も緑雨も共に轗軻不遇の文士に両つながら芸術の為めに倒れたるの二天才たらずんばあらず」と評価している点である。すでに、嶺雲と北村透谷との関係を連想している。

この翠香の追悼文の大正文壇に於ける評価を、比屋根照夫は次のように記している。「明治国家のもとにおいて、その著書の大半が発禁に会った異端の思想家の死を論説で取り上げ、その著書を正当に評価した地方新聞はおそらく全国的にもあまり類例がないのではないかと思われます」（『自由民権思想と沖縄』一七一頁）と高く評価している。

私が、「沖縄言論の百年　山城翠香」（本書「I　山城翠香論」）を書いた時点で知って言及できたのは、この追悼文の段階までであった。ところが今回、船橋会長の調査・収集で『沖縄毎日新聞』から大量の未見資料が発見され、送られて来た。その中に、なんと嶺雲の自叙伝について書かれた「数奇伝《さつきでん》を読む」が入っていた。この論文は、十三回にも及ぶ長い連載であった。数えてみると、一回の字数は約千四百字で、四百字原稿用紙の約三・五枚。それの十三回だとすると、字数で一万八千二百字、原稿用紙にして約四十六枚の分量である。この長さを、新聞連載でよく書いたものだと思う。

翠香の「数奇伝《さつきでん》を読む」は、読んでいて楽しかった。大きく二部からできていて、前半第一回から七回までが「序文総まくり」というサブタイトルが付けられている。これは、嶺雲の「数奇伝」に寄せられた、三宅雪嶺や河東碧梧桐、泉鏡花、徳田秋聲、堺利彦らを始めとする十六氏の序文を読んでその要点を紹介し寸評したものである。第一回の三宅雪嶺博士から始まり、二回で碧梧桐、泉鏡花、徳田秋聲、登張竹風、堺利彦（枯川）の序文が論じられている。第三回では、いきなり藤田剣峯の序文を「十六氏の序文中、最も劣等であつた」と批判している。そして、佐々醒雪や藤井紫影の序文と比較して紹介している。

続いて、第四回では国府犀東、千葉秀甫、鹿島櫻巷の序文について書かれている。そして、五回で大町桂月、笹川臨風、白河鯉洋の序文についてが続く。いよいよ、第六回の正岡芸陽序文をもって、十六人の紹介と批評が終わる。そして、第六回から七回にかけて、「総集編」とも言える論評で「総まくり」と成る。

翠香は、この『数奇伝』を読んで、「先生が、どうして十一も違つた年下の私共に敬愛されるぢやらう、四十二年間先生の生涯を活写した『数奇伝』を讀んだ人には自ら解るであらう⁉」（第一回）と言い、「生前に於て未だ一面識もなかつた私は先生の数種の著述と今度の『数奇伝』とで先生の性と想と力とが漸く解つて様々に想像した」（同）と述べている。

ここまでは、『数奇伝』に寄せられた「序文総まくり」の評論である。次に翠香は、いよいよ『数奇伝』の「読後の印象」を第八回から十三回の六回に亘って展開している。まず、八回目では「一　即ち凡人伝也」と「二　記憶に遺れる幼時」の順にその要点を紹介し批評を加えていく。その詳細な内容は、本書の「Ⅲ　山城翠香コレクション」（九十三頁から）をお読みいただきたい。

第九回では、「二　記憶に遺れる幼時」の章の内さらに、「空とぶ鶴」、「刀を差す」、「鰹の刺身」、「火事」、「麻疹に罹る」が細かく紹介され、感想を述べると同時に沖縄社会や自己の幼児体験とも比較している。次に第十回は、「三　臆病なりし少時」の章の「三ツ児の魂」、「学校で泣く」、「西郷の詩」が取り上げられている。ただし、続く「四　無言無形の伴侶」の章は、「錦絵と絵本」、「隔日発兌の新聞」、「小学とリードドル」、「草双紙に耽る」と、その内容の夕イトルを上げているが、「こゝには別に深い印象も残つてゐない」とその紹介と批評は載せてない。

第十一回目では、「五　自由民権論の感化」の章で、「維新の両意義」、「長髪胸に垂る、の人」、「独身の畸人」、「三尺の童子」、「水は方円の器による」が紹介されている。とりわけ、「三尺の童子」の中に、嶺雲がすでに小学校生の段階で自由民権運動に参加し、学校の習字教室を会場に演説会を開いていた記録は、重要であった。また、「六　郷関を出づ」の章では、「悲しき汽笛の声」、「南国の河童」、「山羊のやうな好老爺」、「火と水」、「赤襟買ひ」、「闇に迷ふ金剛山上」、「官制改革と胃病」が論じられている。

その詳細な紹介と論評は、第十二回目で展開されている。ここでは、嶺雲が「青雲の志」を持って出郷し、大阪の官立中学校に入学した前後の体験が語られている。そして、第十一回目と重複しながら、さらに「闇に迷ふ金剛山上」、「赤襟買ひ」、「火と水」、「山羊のやうな好老爺」、「南国の河童」、「悲しき汽笛の声」について論じている。

そして、とうとう最後の第十三回目である。ここで翠香は、「七　病蓐の五年」の章から「多病善愁是我生」と、「梟の鳴声」、「父の死」、「四匹の小鳥」を紹介している。続いて、「八　水産伝習生」の章からは、「蓐上の首途」、「初めての東京の印象」、「零点と百点」、「パンの付け焼」、「特色ある教師と生徒」を上げ寸評を加えている。これらの中では、特に「特色ある教師と生徒」で、内村鑑三先生が「夏期の房州に於ける実習の指導教師であつた」（「特色ある教師と生徒」『田岡嶺雲全集』第五巻五五〇頁）ことが印象深い。嶺雲は内村から、「偽君子となるな」と教えられたという。

さて、翠香の「数奇伝を読む　読後の印象」は残念ながらここで終わっている。私が、翠香の論文のみを読んでいたら、嶺雲の『数奇伝』もここまでしか知らなかったはずだ。しかし、私はありがたいことに船橋会長から『田岡嶺雲全集』第五巻を借りることができ、『数奇伝』を最後まで読み通す機会に恵まれた。

まだまだ、『数奇伝』は続く。その章のタイトルのみを引用すると、「九　初恋」、「十　平凡な学校生活」、「十一　鎖魂記」、「十二　自業自得の落魄」、「十三　滬上の一年」、「十四　従軍」、「十五　始めて家あり」、「十六　獄に下る」、「十七　生のひこばへ」、「十八　死の滅び」、「十九　戦争と新聞」、「二十　『天鼓』乱打」、「二十一　姑蘇の二年」、「二十二　病の哀へ」、「二十三　足のなえ」、「二十四　痾を養ふ」、「二十五　終に病む」となっている。

全二十五章から見ると、翠香が紹介し論じた八章は、約三分の一にしかすぎない。しかし、『数奇伝』の全体を読み通しても、翠香の「読後の印象」がとても要点を的確に把握していたことが分かる。そして、嶺雲の体験を沖縄の自分と比較することによって、翠香が嶺雲のどこから思想的、文学的に読み込み、影響を受けたかも、理解できる。

翠香の、「嶺雲の死を悼む」、「数奇伝を読む」で展開された一種の「田岡嶺雲論」は、現代の嶺雲研究と比べても遜色がない。これから、現代の嶺雲研究の第一人者と思われる西田勝の『田岡嶺雲論集成』（法政大学出版局）から学び引用しながら、翠香の論評のレベルを位置づけてみよう。

まず、私は翠香もそうであったように、嶺雲の全体像を優れた思想家、文学者、文芸評論家、ジャーナリストとして高く評価しておきたい。それを、より細かく整理しておくと、思想家としては小学時代から土佐の自由民権運動の結社「獄洋社」に入り、最年少の弁士となった早熟さ。北村透谷の評価と継承、その恋愛論と女性論の発展。日清戦争への非戦論。岡山時代の「官吏侮辱」弾圧、投獄事件。明治天皇制国家の下で、その著書の大半が発禁弾圧に遭った事等々を上げる事ができる。

次に、文芸評論家としては、「樋口一葉の『たけくらべ』を最初に認めた者」（西田勝「北村透谷の発展者としての田岡嶺雲」『田岡嶺雲論集成』十七頁）。「これらの作品を最初に認めて鏡花を新しい時代の代表選手の一人として強く文壇におしだしたのは、やはりこの田岡嶺雲です」（同十八頁）との事である。いち早く樋口一葉や泉鏡花の作品を認め、文壇に強くおしだしただけでも、嶺雲は文芸評論家として一流の仕事をやった、と評価していいだろう。

それだけでなく、嶺雲は「日露戦争後の『自然主義者にあらざれば文学者にあらず』といわれた自然主義全盛の時代に自然主義の批判的対立者として現われたということ」（同三十二頁）であった。つまり、嶺雲は「反自然主義」の泉鏡花や夏目漱石の側に立っていたのである。一方、「嶺雲・愛山論争」として有名な山路愛山との短歌や俳句を中心にめぐる文学論争で、嶺雲は民友社系の文学者を徹底的に批判したのである。

ジャーナリストとしての嶺雲の活躍は、その全体像を詳細につかみ検討する余裕はない。彼が就職し活躍したジャーナリズムだけでも、一八九五（明治二十八）年、投書雑誌『青年文』の主筆となり、次に九六年『万朝報』の論説記者となった。更に水戸へ赴き新聞『いばらき』の主筆になった。

しかし、そこも辞め一九〇〇年『九州日報』の特派員として北清事変（義和団の乱）に従軍したが、自由な取材が許されなかった。その後、岡山県発行の『中國民報』の主筆となるが、教科書検定をめぐる県知事や視学官の収賄を告発した。だが、逆に「官吏侮辱罪」に問われ、控訴審で逆転有罪になり、三ヶ月間岡山刑務所に服役した。

それから、〇四（明治三十七）年『中國民報』社を辞め上京し、翌年雑誌『天鼓』を創刊した。さらに、その翌年には白河鯉洋らと新聞『東亜新報』を始めた。嶺雲が東京、茨城、九州、中国、岡山、再び東京と転戦しながら、主筆以上のジャーナリストとしての仕事を展開したことが、良く分かる。特に、『中國民報』主筆としての投獄事件は、嶺雲が時の権力者を恐れぬ言論人であったことの証左であろう。

さて、私は大急ぎで田岡嶺雲の全体像の要点を提示してきたが、西田勝は「思想家としての田岡嶺雲」（『田岡嶺雲論集成』）でより詳細に研究し論を立てている。その項目だけを引用すると、「大学自由論」、「天皇制観」、「連亜論」、「朝鮮観」、「女性解放論」となっている。

それらの中の「天皇制観」は、あちこちで触れられている重要な問題なので、それを引用してみると、「その的を射た鋭い天皇制批判のために嶺雲は日露戦争の終り頃に『壺中観《こちゅうかん》』という題名の評論集を出しますが、それを発端に彼の書物が四冊までも発売禁止になっているのです。そしてその四冊というのは、嶺雲が日露戦争以降に出した評論集のほとんどすべてに渡ります。そういう意味で彼は、文学者・思想家として戦前の天皇制政府によって生き埋めの刑に処せられたということができるでしょう」（同三十頁）と西田は述べている。

嶺雲は、新聞記者から物書きとして独立するのを願っていた。そこで最も成りたかったのが、文学者・文芸評論家としての活動であった。そのために彼は『天鼓』を創刊し、文芸評論家としては夏目漱石と木下尚江の才能に注目し積極的に論評した。また、与謝野晶子の詩『君死に給ふこと勿れ』を批判的に擁護（『天鼓』）したのである。嶺雲が、どんなに文学者・文芸評論家を重視していたかが良く分かる。

以上で、言論人嶺雲の文学者・思想家としての主要な点の概観は終わる。最後に、翠香と嶺雲の関係をいま一度整理して検討してみよう。まず、翠香はかなり早い時期から嶺雲の著作を読み、「嶺雲宗の若き信徒」の一人になったのではないか。ひょっとしたら、投書雑誌『青年文』を読んでいたかも知れない。そして、一九一三（大正二）年の一月には「何時かな読まうと思ふてゐた『数奇伝』は新年の休暇に読んで了つた」（数奇伝を読む）と言う。一方、単行本では『嶺雲揺曳』も読んでいたことが、想像できる。何度もその書名に触れ、「殊に『嶺雲揺曳』は当時の哲学を感化する所浅くなかった」と述べているからである。また、翠香の同僚であった記者・俳人の末吉麦門冬も、「社には嶺雲好きの人はかりで嶺雲揺曳だの雲のゆくへだのと云ふ書物は皆んな一度は彼等の机上に置かれたものである」（「田岡嶺雲と云ふ人」『沖縄毎日新聞』大正元年九月二十三日）と証言している。

翠香は、嶺雲から主に思想面から影響を受けていたと言えるだろう。とりわけ、自由民権運動を体験し、天皇制を批判し、岡山での下獄体験を持ち、著書が発売禁止を受け、反権力、反体制の論陣を張った嶺雲から、その思想・論説を学んだと思う。それが、翠香の河上肇擁護や乃木大将殉死事件批判になったのではないか。

一方、文芸評論の方では、翠香が活躍できる場はそれ程無かった。彼は、文学作品の少ない沖縄でその評論の筆先は、主に芝居・演劇に向かったと思う。そして、嶺雲が反自然主義の論陣を張ったのに対し、翠香は正宗白鳥や島崎藤村をはじめとする自然主義の文学に共感していた。

ジャーナリストとしての嶺雲は、関東から中国大陸にかけて新聞雑誌で活躍した。その記事のいくつかは、確実に翠香にも届いていたであろう。ただ、今ふり返ると翠香の記者生活はあまりにも短すぎた。現在までの資料によれば、一九一一（明治四十四）年から一五（大正四）年までの活動しか確認できない。わずか五年の期間である。一番本人が残念であっただろう。

それでも、翠香は沖縄からよくも嶺雲に注目し、その感化を受けていたものだと思う。しかも、嶺雲の著書は『壺中観』以降発売禁止となっていれば、どのようにしてその論説を読むことができただろうか。おまけに、田岡嶺雲は反体制の思想家・文学者であった。

山城翠香は、よくぞこの異端の思想家・文学者に私淑し、追悼文まで書いたものだと思う。そして、琉球の地方新聞から中央の言論人をよく読み込み評価した。その先駆性を高く記念したいものだ。

さて、ここまで書き終えたところで、船橋会長から二〇一五（平成二十七）年十一月号に西田勝が執筆した「田岡嶺雲と沖縄」（「日本古書通信」第一〇三六号・二〇一五年十一月号）という貴重な資料が届いた。やはり、西田は翠香・沖縄と嶺雲の関係を読んでいた。

西田は、「最近、田岡嶺雲の死を悼む文章の数々が、当時の沖縄の新聞に掲載されていることが分かり、まさか嶺雲の影響が沖縄の知識人にまで及び、しかも彼らをこのように深くとらえていたとは……、と驚いている」と書き出している。

また、「これらの文章の存在を私に教えてくれたのは、沖縄に移住し、近代沖縄のメディアを調査している、不二出版会長の船橋治さんである」と、その研究のいきさつを述べている。

そして、西田は翠香の「嶺雲の死を悼む」や麦門冬の「田岡嶺雲と云ふ人」等の文章の要旨を紹介すると同時に、彼らの略歴を書いている。西田は、麦門冬の文章で「一九〇四年秋、嶺雲が『天鼓』創刊のために上京してきた直後、石川半山に招かれて講演会の講師をつとめた」、「その会場が神田美土代《みとしろ》町の青年会館で、演題が『世界史により見たる日露戦観』であり、戦争の歴史を三期に分け、『部落対部落』・『国家対国家』・『人種対人種』としたことなどを知ることができた」と、興味深い資料を得て読めた喜びを書いている。

また、翠香の「数奇伝を読む」の骨子を紹介し、「連載一三回、四〇〇字詰原稿用紙で四二枚に及ぶ、書評としては異例の大作である」と驚き、この長文の書評は「評者自身のこの時点での思想の開陳でもあった」と位置づけている。

このように、田岡嶺雲研究の第一人者である西田勝教授から、沖縄の若きジャーナリスト・思想家の山城翠香、末吉麦門冬の「嶺雲論」は高く評価された、と言っていい。したがって、日本のジャーナリズム研究史、社会思想史の中で山城翠香や田岡嶺雲の研究と位置づけは、まだまだ多くの課題があると言えよう。

あとがき

やっと、ここまで来た。一九九四年『沖縄タイムス』紙に「山城翠香」評伝を連載してから三〇年が過ぎた。翠香への評価は高まった、と言えるが広まったとは言えない。

新聞原稿と新聞コピーは、長く書庫で眠ったママであった。とても一冊に成って出版されるとは、思ってもみなかった。今でも、この単行本が出版事業として成り立つか、心もとない。

それでも、「山城翠香と田岡嶺雲」の日本思想史、言論史、ジャーナリズム史、文学史等に於ける、学問、研究上の価値は高く無視できないであろう。この二人の思想家は、これまでる、述べてきたように、近代日本史を論ずるときに不可欠の仕事をやり遂げた。

惜しむらくは、二人とも早逝で、ジャーナリストとしての仕事も短命に終わったが、量的には少なくとも、内容的には密度の高い重要な論説を展開した。特に翠香は、内国植民地の沖縄で恵まれない経済生活の中でも、堂々と日本全国を相手に論陣を張った。

私（たち）は、この二人の思想家を長く研究し、顕彰し、継承していきたいと思う。思想や言論は、たとえ量は少なく、マイナーでも、ラジカルであれば、確実に伝承され広く影響を与えて行くことを確信している。

本書は、「まえがき」にも書いたように、不二出版船橋治会長の慧眼、情熱、研究者顔負けの資料調査、収集なくしては成立しなかった。その隠れた業績は、長く記念されなければならない。そして船橋会長は、私の中で寝ていた

「山城翠香論」を叩き起こして下さった。また、小林淳子社長には私たちの柔軟な追加、加筆の編集・執筆作業を黙って暖かく見守っていただいた。

さらに、本書の編集は担当の乗木大朗さんの能力と努力に負うことが大きい。とりわけ、読みづらい古い新聞史料のコピーから、翠香の論説を解読、入力する作業は大変であっただろう。これら不二出版のご尽力で、山城翠香は近代史の中に永遠に蘇った。共に慶び感謝したいと思う。(二〇二四年一月)

山城翠香「机上餘瀝」目録

注１　各タイトルは、記事の内容をもとに本書編者（高良勉）が付したものである。

注２　タイトルを太字で記した記事は、本書「Ⅱ「机上餘瀝」抄」に収録。

注３　*印を付した記事は、『机上餘瀝―翠香の遺稿―』（山城長正自費出版、1988年）に未収録の記事である。

年	月/日	主な概要	分野
1911年（明治44）			
	4/1	**①中学時代の旧師立津先生の思い出について***	教育
		②哲学とは何ぞや*	哲学
	4/3	**①去華堂主人・河上肇先生を迎えて***	思想
	4/8	①河上肇の本県評と地元新聞の反応について	思想
		②東京の安元碧海著『人物地理』への書評	地理
	4/11	①河上肇の講演に対する三新聞の反応について	思想
	4/12	**①帝国劇場の出現と新旧演劇論・琉球演劇の個性論***	演劇
	4/13	**①沖縄座、明治座、中座の演劇と琉球の個性について***	演劇
	4/14	**①沖縄座、明治座、中座の演劇を批評した理由***	演劇
		②物質的文明と精神的文明について	思想
	4/15	**①本県の思想界、文芸界、美術界と新青年の思想家***	思想
		②文学博士井上哲次郎の自然主義観への批判*	文学
	4/17	**①想像感覚と本能的実感について***	思想
		②個人主義と国家主義の関係について*	
	4/18	**①島村抱月の「新文章論」（『文章世界』）への感想***	文学
		②中村星湖君の「南国の話」への批判*	文学
		③安元碧海君の所謂「沖縄人物地理」への批判*	地理
	4/19	**①科学を統一した哲学と認識論と暑さ寒さの感覚***	哲学
		②心理学と本県人の小自我について*	思想
	4/20	**①寄付心と虚栄心。人間の生存本能について***	思想
	4/21	②河上肇の講演を擁護した木水生の批評への感想	思想
		①伊波普猷の談話「琉球の音楽」への感想	音楽

	②本県の疾病患者を熊本の収容所に送ったこと	医療
	③軽症の乞食と疾病患者への対策について	医療
4/22	①中座で佐藤紅碧脚本『妻』を観劇した批評	演劇
	②寄付心の本質論に対する南翠氏の批判への反論	思想
4/24	**①心的表現たる欲求と「認識哲学」の重要性***	哲学
	②歴史研究者と南北朝の正閏問題について*	歴史
4/25	①電気仕掛『胡蝶の舞』の試演を見ての感想	演劇
	②正宗白鳥と国木田独歩の婦人論について	文芸
4/26	①農業銀行が日に不景気なることについて	経済
	②時代精神より生まれたる個性発揮の声について	思想
4/27	①本県の銀行、会社の鑑査役について	経営
	②ニーチェとショペンハウエルについて	思想
4/28	①貸座敷業者と之に傾せる者の健康診断の県令指示	衛生
	②『精神病診断及治療学』の読後感想	医学
4/29	①世人の所謂人情について	思想
5/1	①瓦斯会社設立に際し賄賂の噂について	経済
5/4	①旧劇と新劇について	演劇
5/7	①夫婦と嫉妬について	思想
5/13	①自己と他人との交際と虚栄心について	思想
5/16	①正宗白鳥『モルヒネ』(『文章世界』5月号)の感想	文学
5/23	①新聞記者生活について	思想
6/1	①文芸院の創立について	文学
6/6	①沖縄実業銀行の経営批判	経営
	②貸座敷業者に対する総検査の批判	衛生
6/13	①武石署長と貸座敷業者に対する健康診断について議論して	衛生
6/15	①「死生観」と戦争と平和について	思想
6/20	①山城正忠「九年母」(『ホトトギス』6月)の批評	文学
6/24	①那覇人と首里人への批判と理想の政治家	思想
6/27	①県視学片山君への批判	教育
7/3	①小説を批評するときの態度について	文学
7/15	①比屋根春樹君のダヌンチオ「死の勝利」批評文への感想	文学
7/18	①早大生の仲吉良光評論への批判	文学
7/24	①炎熱とは何か	哲学

7/30	①伊波普猷『琉球史の趨勢』を読んで	思想
8/3	①京都帝国大学の法科大学廃止論への批判	教育
8/8	①豈敢生なる者の肺労療養所排斥に対する批判	医学
8/13	**①中座の『たつま八郎兵衛』劇評***	演劇
8/14	**①上間正雄君の脚本『ペルリの船』劇評***	演劇
8/15	①水鳴渡久地朝徳君の死について	追悼
8/27	①県下の宗教界への批判	宗教
9/11	①横山雅男氏の『琉球偉人伝』批判への反論	思想
9/14	①琉球民族の奴隷根性について	思想
9/16	①河上肇の新思想と琉球の民族性について	思想
10/7	①西園寺内閣発足への批判	政治
11/16	①三念高江洲康健君の死について	追悼
1912年（明治45）		
6/30	①立井宗雄氏の死と人間の生死観	思想
7/4	①二区三郡合同の沖縄青年倶楽部建設について	政治
7/6	①中座に芝居『柳生飛騨守』等を観劇して	演劇
7/10	①米価高騰への批判	経済
7/11	①他人の思想ないし時代精神を研究し批判する態度	思想
	②ダーウィン『種の起源』と進化論について	思想
7/13	①現代の宗教について	宗教
7/14	①本県下の宗教界について	宗教
7/24	①真正なる遊民の本県にも続出せんことを	思想
7/25	①真正の遊民と本県の遊民の実情	思想
7/26	①在野の実力即ち権威ある遊民への期待	思想
1912年（大正元）		
8/31	①琉球民族の滅亡の声について	思想
9/2	①保税の軽減と帝国主義の根本的改善を	思想

※本目録の初出は、高嶺朝誠（高良勉）「山城翠香の年譜・資料紹介」（『史料編集室紀要』第三十二号、沖縄県文化振興会公文書管理部史料編集室、二〇〇七年三月）。本書収録に際して、加筆を施した。

山城翠香　略年譜

年	山城翠香（長馨）年譜	年	沖縄県・山城翠香関係史
1882(明治15)	沖縄県那覇区西町で生まれる	1882	第1回県費留学生派遣
		1886(明治19)	12月24日　弟・山城長秀生まれる
		1888(明治21)	5月28日　島袋全發生まれる
1894(明治27)	高江洲康健(三念)を壺屋に訪ねるか？	1894	日清戦争が起きる 2月　普猷、月城の妹・伊波尚子が生まれる
1895(明治28)	沖縄県立中学校に入学か？		
		1899(明治32)	4月3日　伊波月城が沖縄県立中学を卒業
1904(明治37)	長男・山城長憲生まれる(23歳)	1904(明治37)	日露戦争が起きる
		1905(明治38)	島袋全發が沖縄県立中学を卒業
		1906(明治39)	初の文学士・伊波普猷が帰郷した
		1907(明治40)	島袋全發第7高等学校造志館に入学
1908(明治41)	8月　「球陽文芸会」を伊波普猷、伊波月城、島袋全發らと結成。文化講演会を開催し演題「血笑記を評す」で講演(27歳)	1908	当間重慎らが『沖縄毎日新聞』を創刊
		1909(明治42)	初の県会議員選挙が行われる 当間重慎が県議に当選 伊波月城が『沖縄毎日新聞』記者となる
1910(明治43)	5月　沖縄県立図書館に『校訂五山文学全集詩文部』等の蔵書を寄贈	1910	島袋全發京都帝国大学法学部入学
1911(明治44)	1月1日号から4回にわたって『沖縄毎日新聞』に「琉球に生まれたる悲哀を告白して琉球民族の自覚時代に論及する」論文を発表 1月　伊波月城、末吉麦門冬と『沖縄毎日新聞』に「毎日文壇」を開設 3月　『沖縄毎日新聞』に入社(30歳) 3月11日「入社の辞」掲載 3月15日「編集日誌」執筆 3月18日「艦隊訪問記」を連載(～20)	1911	4月1日　河上肇が琉球調査へ来る 4月3日　河上肇が松山尋常小学校で講演 4月4日　比嘉春潮は「大洋子の日録」に河上肇講演の要旨と感想を記録 4月5日　『琉球新報』が河上肇批判「河上肇舌禍事件」となる 『沖縄毎日新聞』河上講演に好評

4月8日、11日、21日に「机上餘瀝」で河上肇擁護
7月18日　ダヌンチオの『死の勝利』の評価をめぐって仲吉良光と論争
12月16日　沖縄毎日新聞に「八重山の風土病研究を何故に政府の事業に附せざる歟」の論説を発表
この年に常設コーナーのコラム「机上餘瀝」を48篇以上を執筆した

1912(大正元)
3月　次男・長正生まれる
9月22日　沖縄毎日新聞に「嶺雲の死を悼む」と題し、田岡嶺雲追悼文を発表
9月26日　沖縄毎日新聞に「現代文明の一転機を象徴する殉死」を発表。乃木将軍の殉死を批判する
この年に常設コーナーのコラム「机上餘瀝」を11篇以上を執筆した

1913(大正2)
1月　田岡嶺雲の「数奇傳を読む」を連載(1・10〜2・2)
2月　「机上餘瀝」の執筆終わる

1915(大正4)　楚南明徳、真栄田勝朗らと新聞『沖縄警醒新報』を創刊

1919(大正8)　八重山にてマラリアで死去。享年38歳

4月9日　河上肇が久米明倫堂で講演の後沖縄を去る
4月19日、20日、『沖縄毎日新聞』に「木水生」の署名で河上肇への「謝辞」が載る

1912　明治天皇逝去。乃木将軍が殉死。年号が大正となる。
沖縄で初めての衆議院議員選挙が行われ、高嶺朝教、岸本賀昌が当選
伊波月城が「国頭青年会」へ参加し本部半島を一周した。
伊波尚子が県立第一高等女学校を卒業

1914(大正3)
第一次世界大戦が起こる
島袋全發が京都大学法学部を卒業・帰郷して沖縄毎日新聞記者となる

1915　島袋全發が那覇市役所書記となる
1916(大正5)
伊波月城が『沖縄毎日新報』の社長になる
2月弟・長秀が伊波尚子と結婚

1919　衆議院選挙法が改正され、宮古・八重山を加え定員5人となる。
宮古・八重山にコレラ流行。

〈参考文献〉
大田昌秀『沖縄の民衆意識』(弘文堂新社, 1967年)
沖縄タイムス大百科事典刊行委員会『沖縄大百科事典』(沖縄タイムス社, 1983年)
新城栄徳「近代沖縄の新聞人群像」(『新沖縄文学』第76号, 沖縄タイムス社, 1988年)
高良　勉「山城翠香」(『沖縄タイムス』1994年10月3日〜11月18日)
仲程昌徳「伊波月城・略年譜」(『伊波月城』リブロポート, 1988年)
比屋根照夫『自由民権思想と沖縄』(研文出版, 1982年)
富名腰尚友「島袋全發・略年譜」(『沖縄童謡集』平凡社・東洋文庫, 1972年)
山城翠香『机上餘瀝』(山城長正自費出版, 1988年)

初出一覧

・序文　奇跡的に――まえがき――　…書き下ろし

・〈Ⅰ〉山城翠香論　…『沖縄タイムス』一九九四年一〇月三日～同年一一月一八日連載「人物列伝　沖縄言論の百年」第一八七回～第二二〇回（総三四回）。本書収録に際して、加筆を施した。

・〈Ⅱ〉「机上餘瀝」抄　…『沖縄毎日新聞』、初出年月日は収録各記事の末尾に付した。

・〈Ⅲ〉山城翠香セレクション　…『沖縄毎日新聞』、初出年月日は収録各記事の末尾に付した。

・〈Ⅳ〉「編輯日誌」「編輯の後」一覧　…『沖縄毎日新聞』、初出年月日は収録各記事の末尾に付した。

・補論　山城翠香と田岡嶺雲　…書き下ろし

・あとがき　…書き下ろし

・山城翠香　略年譜　／　山城翠香「机上餘瀝」目録　…高嶺朝誠（高良勉）「山城翠香の年譜・資料紹介」（『史料編集室紀要』第三二号、沖縄県文化振興会公文書管理部史料編集室、二〇〇七年三月）。本書収録に際して、加筆を施した。

提供一覧

【写真】

カバー・口絵①②④⑤⑥⑦⑧⑨　照屋泉氏
口絵③　沖縄タイムス社（『沖縄大百科事典』上巻、沖縄タイムス社、一九八三年四月）
口絵⑩⑪⑱　那覇市歴史博物館（『生誕百年記念アルバム　伊波普猷』伊波普猷生誕百年記念会、一九七六年九月）
口絵⑬　那覇市歴史博物館（『激動の記録　那覇百年のあゆみ』那覇市企画部市史編集室、一九八〇年三月）
口絵⑭　沖縄タイムス社（『比嘉春潮全集』第四巻、沖縄タイムス社、一九七一年一一月）
口絵⑫⑮　新城栄徳氏
口絵⑲　沖縄タイムス社（『沖縄大百科事典』下巻、沖縄タイムス社、一九八三年四月）
口絵㉕　玉城直子氏

【第Ⅰ部初出記事】

『沖縄タイムス』朝刊一九九四年一〇月三日～一一月一八日、沖縄タイムス社提供

＊付記＊　右の方々のほか、山川カツ子様や野原京子様には、山城家の情報についてのご教示をはじめ、照屋泉様や玉城直子様への連絡等にあたってたいへんお世話になりました。記して感謝を申し上げます。

編著者紹介

高良　勉（たから　べん）

詩人・批評家。1949年沖縄島南城市玉城生まれ。本名・高嶺朝誠（たかみねちょうせい）。沖縄大学客員教授。日本現代詩人会会員。日本詩人クラブ会員。詩と批評『ＫＡＮＡ』同人。詩誌『海流』主宰。新沖縄フォーラム『けーし風』同人。思想同人誌『うるまネシア』同人。元沖縄県立高校教諭。元沖縄県史料編集室主任専門員。

著書に、第７詩集『絶対零度の近く』（思潮社、2002年）、第８詩集『ガマ』（思潮社、2009年）、第10詩集『群島から』（思潮社、2020年）、NHK生活人新書『ウチナーグチ（沖縄語）練習帖』（NHK出版、2005年）、岩波新書『沖縄生活誌』（岩波書店、2005年）、第４評論集『魂振り——琉球文化・芸術論』（未來社、2011年）、第５評論集『言振り　詩・文学論』（未來社、2015年）など多数。その他共編、共著書多数。

詩集『岬』で第７回山之口貘賞受賞。1985年沖縄タイムス芸術選賞奨励賞受賞。2012年第46回沖縄タイムス芸術選賞大賞・文学受賞。

山城翠香《やましろすいこう》——短命《たんめい》のジャーナリスト——

二〇二四年三月一五日　第一刷発行

編著者　高良　勉

発行者　小林淳子
発行所　不二出版株式会社
〒一一二-〇〇〇五
東京都文京区水道二-一〇-一〇
電話　〇三（五九八一）六七〇四
振替　〇〇一六〇・二・九四〇八四
http://www.fujishuppan.co.jp

組版／印刷／製本　昴印刷

ISBN 978-4-8350-8585-2 C3095

不二出版　関連図書

民衆史の狼火を　追悼 色川大吉

民衆史の地平、色川史学という山脈――。追悼記事64編、『沖縄と色川大吉』書評11編他収録。

三木健編　2022年5月刊
四六判・並製・210頁　ISBN 978-4-8350-8542-5
定価　1,980円(本体価格1,800円+税10%)
〈主な収録内容〉
〈序文〉追悼 色川大吉先生(我部政男)
Ⅰ　色川大吉　追悼記事集成
新川明・鎌田慧・渡辺京二・成田龍一・我部政男・実川悠太・望月由孝・新井勝紘・大門正克・桜井厚・奥武則・高島千代・下嶋哲朗・成田龍一・増田弘邦・鈴木義治ほか
Ⅱ　『沖縄と色川大吉』書評録
安里英子・砂川哲雄・三木健・伊佐眞一・伊高浩昭・戸邉秀明・大里知子・成田龍一ほか
〈特別寄稿〉色川さん、ありがとう(上野千鶴子)　〈編集後記〉色川山脈の登山道(三木健)

沖縄と色川大吉

――沖縄の歴史の底辺に埋もれた民衆思想の鉱脈《エッセンス》を、真の自立への〈未発の契機〉として編み直す。

三木健編著／
色川大吉・新川明・川満信一・比屋根照夫・我部政男・仲程昌徳・上間常道・下嶋哲朗・増田弘邦・仲松昌次著
2021年9月刊　A5判・並製・344頁　定価2,530円(本体価格2,300円+税10%)　ISBN 978-4-8350-8474-9
〈主な収録内容〉
序―沖縄の文化・精神・友情に触発され―(色川大吉)
第Ⅰ部　沖縄への視座(色川大吉)　1、自由民権と沖縄／2、民衆史の旅／3、民俗誌探訪／4、沖縄の未来へ／5、随想
第Ⅱ部　沖縄からの視座
精神の挑発者―「色川大吉著作集」刊行によせて―(新川明)／色川大吉さんと私(川満信一)／沖縄・アジアと色川史学(比屋根照夫)／連なる激流(我部政男)／色川大吉と南島の民衆史(三木健)／色川大吉さんのこと(仲程昌徳)／色川さんと「自分史」(上間常道)／集団自決と民衆史(下嶋哲朗)／色川大吉「民衆精神史=民衆思想史」開拓の原点(増田弘邦)／民衆史に触発されて(仲松昌次)／色川大吉さんを訪ねて(我部政男)／民衆思想史の原野を開墾―色川大吉『明治精神史』から五〇年―(我部政男)／民衆史家・色川大吉の思想―八ケ岳南麓の山荘に訪ねる―(三木健)
色川民衆史の地平―「あとがき」に代えて―(三木健)

「島ぐるみ闘争」はどう準備されたか　沖縄が目指す〈あま世〉への道

1950年代にわき起こった「島ぐるみ闘争」は、どのようにして生み出されたのか――。

森宣雄・鳥山淳編著／国場幸太郎・新川明・林京子・由井晶子・新崎盛暉・加藤哲郎・長元朝浩・冨山一郎著
2013年10月刊　A5判・並製・288頁　定価1,980円(本体1,800円+税10%)　ISBN 978-4-8350-7545-7
〈主な収録内容〉
第Ⅰ部　「オール沖縄」平和・自治運動の起源(森宣雄)
第Ⅱ部　沖縄の人びとの歩み―戦世から占領下のくらしと抵抗(国場幸太郎・著、森宣雄・編)
第Ⅲ部　人との出会い 伝え継ぐこと
生きる―夫・林義巳のこと(林京子)／オンリー・イエスタデイ――九五〇年代沖縄と国場幸太郎(長元朝浩)／東京沖縄学生と国場幸太郎さん(由井晶子)／いわゆる「国場事件」をめぐって(新川明)／国場幸太郎さんのこと―「封印」が解かれるまで(新崎盛暉)／明晰な人―国場幸太郎の帝国主義論(冨山一郎)／民衆の飢えと哀しみのなかを歩んだ人―国場幸太郎さんと松田清さん(森宣雄)／金澤幸雄さんと金澤資料について(加藤哲郎)